中国创业投资网络发展及影响因素研究

周育红 ◎ 著

·广州·

图书在版编目（CIP）数据

中国创业投资网络发展及影响因素研究/周育红著. —广州：华南理工大学出版社，2020.8
ISBN 978-7-5623-6453-5

Ⅰ.①中… Ⅱ.①周… Ⅲ.①创业投资-研究-中国 Ⅳ.①F832.48

中国版本图书馆 CIP 数据核字（2020）第 152021 号

中国创业投资网络发展及影响因素研究
周育红 著

出 版 人：卢家明
出版发行：华南理工大学出版社
　　　　　（广州五山华南理工大学 17 号楼　邮编：510640）
　　　　　　http://www.scutpress.com.cn　E-mail: scutc13@scut.edu.cn
　　　　　营销部电话：020-87113487　87111048（传真）
策划编辑：谢茉莉
责任编辑：谢茉莉
责任校对：曾映玲
印 刷 者：广州市人杰彩印厂
开　　本：787mm×1092mm　1/16　印张：15.5　字数：340 千
版　　次：2020 年 8 月第 1 版　2020 年 8 月第 1 次印刷
定　　价：68.00 元

版权所有　盗版必究　　印装差错　负责调换

前　言

2020年正值中国创业投资兴起20周年，本书创新性地从社会网络结构的视角考察我国创业投资20年来的发展状况，以此献礼中国创业投资20周年。创业投资被誉为"创新经济发展的助推器"，是构成创业创新体系的重要部分。而优质的创业投资网络有利于地区创新资源的高效配置，从而推动地区创新经济的发展。

本研究基于社会网络理论和创业投资理论，利用过去20年投资于中国境内初创企业的创业投资事件，构建出历年的创业投资网络，从网络关系维度（关系强度、关系质量）、网络结构维度（关系密度、规模、嵌入度、小世界网络、网络凝聚子群、核）、网络位置维度（中心度、结构洞）等方面，系统、全面地分析了我国创业投资网络的成因、演进、发展、绩效效应及对地区创新的影响，最后构建出创业投资协同创新网络，以促进区域创新经济的发展。

首先，全面回顾了我国创业投资及其网络有史以来的发展。在理论综述与背景分析的基础上，从网络中心性、网络凝聚子群等网络属性角度分析中国创业投资网络的动态发展轨迹，采用核塌缩图与核塌缩序列的方法来分析我国创业投资网络核心的显现过程，揭示我国创业投资网络整体的演变与发展。然后，观察创业投资机构的多种属性变量在网络结构中变化的规律，找出规律最强的属性变量——所有权性质，将创业投资机构按照中资、外资、合资的性质分类，比较其网络属性随时间变化的特点并与美国硅谷进行比较，从时间、地区、不同性质的创业投资机构三个层面进行交叉比较分析，总结出中国创业投资网络20年来的研究发现：中国创投网络规模在逐年增加，但是网络质量却有下滑趋势；不同所有权性质的创投机构在网络中的位置有明显区别；在合作的创投网络中，外资创投机构一贯占据网络核心，合资创投机构善于学习，网络地位不断增强，而中资创投机构则表现较消极，处于弱势地位，忽视网络建设的中资创投机构的快速增加影响了中国创业投资网络质量。

其次，分析创业投资网络演进的动因。基于前述部分对中国创业投资网络发展状况的初探，继续深入挖掘整体网络发展的动因。研究发现，外资创业投资机构数目的增加会显著地引起网络平均度数中心度相对变化的增加及网络的平均接近中心度提高；合资创业投资机构则对网络的中间中心度影响最显著；

中资创业投资机构数目的相对增加会显著地影响网络的平均度数中心度、接近中心度及中间中心度。外资积极争取、合资努力学习、中资不够积极的网络态度造成其截然不同的网络表现，导致不同性质的创投数目的累加显著影响网络指标的变化。此外，进一步从创投机构特异性知识、网络地位、网络关系强度等方面分析其对机构网络位置的重要衡量指标——结构洞位置演变的影响。研究发现，从长期来看，过去占据结构洞位置的创投并不会由于一直享受结构洞位置带来的信息优势和控制优势，而占据更多的结构洞位置；对于高网络地位的创投机构来说，网络地位越高，未来占据结构洞位置的程度反而越低；对于特异性知识资源丰富的创投而言，从以往嵌入的网络中获得的特异质知识资源越丰富，未来更倾向于占据更少的结构洞位置；此外，强关系网络将正向调节创投机构的多个指标对创投机构未来占据结构洞程度的影响，包括过去占据结构洞位置的程度、网络地位、特异性知识资源等。

再次，从微观创投机构投资绩效的角度，分析创业投资机构的网络位置对创业企业成功创业的影响。利用我国境内 1996—2015 年的创业投资数据，包括 3416 家创业投资机构对 11 175 家创业企业的 15 446 轮次创业投资事件，构建网络，以 2019 年 12 月 31 日前的所有创业投资机构退出事件——共计 13 555 次作为绩效测算数据，选用随机效应不平衡面板数据回归模型、二值离散选择模型中的 Logit 模型等，研究创投机构网络位置对微观创业企业投资绩效的影响。内容包括两方面：网络位置是不同性质创业投资机构对投资绩效影响的中介变量，制度环境对资本来源影响投资绩效的调节作用以网络位置为中介。

接下来，从宏观地区创新绩效的视角，分析创业投资网络对地区创新绩效的影响。参照《全球创新指数报告 2019》（即 GII2019），以全球排名前三的科技集聚国——中国、美国与德国为对象，选取我国京津冀、长三角、珠三角，美国硅谷、128 公路，以及德国整体共六大技术集聚区与创投集聚区作为样本，以 1995—2015 年的共 53 119 起投资事件，构建 17 年的 102 张创投网络，再加上近 20 年的地区创新数据，实证创业投资网络对地区创新绩效的影响。构建中美德三国六地 17 年的创业投资网络图，通过理论分析选择创投资源流通配置效率测试指标——小世界网络指标对三国六地创投网络进行对比，探讨六地区小世界网络的异同与可能造成的影响。同时，利用专利相关的单一指标法，对六地区历年的区域创新系统产出进行对比，寻找中美德三国六地创新共同的趋势及差别，揭示了创业投资小世界网络结构对区域创新系统产出的积极作用及其在不同创新发明者间的异质性。

最后，将微观创新主体、中观创业投资合作关系网络、宏观地区创新经济相结合，介绍了创业投资协同创新过程中所涉及的主体（创业投资机构、企业、政府、高校或科研机构、中介机构等）之间的协同关系，分析了其协同创新原理，运用博弈论方法论证各主体公平共享、协作互助的可行性，归纳协同网络对创业投资业及地区创新经济的影响，为构建创业投资协同创新网络以促进地区创新经济发展提供可行的参考建议。

本书第七章由华南理工大学经济与金融学院硕士生罗晓蔓撰写，在此表示感谢。同时感谢叶锦、王峥、张世泽、梁结欣一行对本书的支持。在撰写本书时，我们力求数据详实、逻辑清晰，如有不足之处，敬请各位读者不吝指正。

周育红

2020 年 7 月

目 录

第1章 绪论 ·· 1
  1.1 研究背景 ·· 1
  1.2 基本概念的界定 ·· 6
  1.3 研究内容 ·· 14
  1.4 研究思路与研究方法 ·· 15

第2章 创业投资网络的成因、属性及作用 ·· 18
  2.1 创业投资网络成因 ··· 18
  2.2 创业投资网络属性 ··· 19
  2.3 创业投资网络的作用 ·· 22
  2.4 创业投资网络的投资绩效效应 ··· 26
  2.5 创业投资网络的研究方法 ··· 27

第3章 中国创业投资网络的演进与发展 ··· 32
  3.1 数据的来源 ··· 32
  3.2 分析方法 ·· 32
  3.3 网络属性指标的确定 ·· 33
  3.4 实证研究结果及分析 ·· 37
  3.5 中国创业投资网络动态演进实证分析结论 ································ 52

第4章 不同性质创业投资机构数目变化对中国创业投资网络动态演进的影响
·· 54
  4.1 不同性质创业投资机构在中国的发展概况 ································ 54
  4.2 不同性质创业投资机构数目变化对中国创业投资网络的影响分析 ········ 61
  4.3 实证结果与分析 ·· 63

第5章 创投机构结构洞位置演变的影响因素 ·· 69
  5.1 网络地位、强关系与弱关系、结构洞理论 ································ 69
  5.2 创投机构结构洞位置演变的影响因素 ····································· 74
  5.3 研究设计 ·· 80
  5.4 实证结果与分析 ·· 83
  5.5 案例：追踪 IDG 资本结构洞位置演变 ···································· 101

第6章 创业投资网络对投资绩效的影响 ·········· 106
6.1 网络资源观、投资战略理论与投资后管理理论·········· 106
6.2 研究设计 ·········· 108
6.3 实证结果及分析 ·········· 113

第7章 网络位置在所有权性质与投资绩效间的中介作用 ·········· 125
7.1 所有权性质、创业投资网络与投资绩效 ·········· 125
7.2 研究设计 ·········· 129
7.3 创业投资机构的性质对投资绩效的影响研究 ·········· 130
7.4 创业投资机构的所有权性质对创业投资网络的影响 ·········· 133
7.5 创业投资机构的网络地位对投资绩效的中介作用 ·········· 139
7.6 对中介效应中的多重共线性分析 ·········· 145
7.7 稳健性检验 ·········· 146
7.8 对实证结果的讨论 ·········· 150

第8章 制度环境在所有权性质与投资绩效间的调节作用以网络位置为中介 ·········· 151
8.1 制度环境、资本来源与投资绩效 ·········· 151
8.2 研究设计 ·········· 157
8.3 实证结果与分析 ·········· 161

第9章 创业投资网络对地区创新绩效的影响 ·········· 174
9.1 创业投资小世界网络结构与地区创新绩效 ·········· 174
9.2 研究方案设计 ·········· 177
9.3 实证结果与分析 ·········· 183

第10章 构建创业投资协同创新网络 ·········· 199
10.1 创业投资协同创新网络 ·········· 199
10.2 创业投资的协同创新网络内部博弈分析 ·········· 206
10.3 构建优质创业投资协同创新网络的建议 ·········· 217

参考文献 ·········· 226

第1章 绪 论

1.1 研究背景

1.1.1 现实背景

当美国的创新经济迸发出强大的生命力,取得了令世界瞩目的成绩时,各国学者纷纷开始探索其产生的原因,并发现以网络形式存在的创业投资(后文简称"创投")改变着美国的创新程序,推动着美国创新经济的发展(Florida 等,1988)。不少学者将创业投资誉为"经济增长的发动机"(钱苹等,2007;姚铮等,2011),因为创业投资机构会用专业的眼光去寻找优质的创业企业对其投入资金并帮助其成长(Hochberg 等,2007;陈思等,2017),这有利于地区创新资源的高效配置、提升自主创新能力、扩大就业,从而促进地区经济的发展(Ferrary 等,2009;王兰芳等,2017;温军等,2018)。

1985 年,我国以颁布《关于科学技术体制改革的决定》及成立第一家创业投资公司——中国高技术风险投资公司的方式掀开了我国创业投资的第一页。但我国创业投资真正的兴起是在中国政协 1998 年底第一号提案《关于尽快发展中国风险投资事业的提案》提出后,此时,国内创业投资的理论研究迅速形成了热潮,实践活动也不断扩大。迈入 21 世纪,受世界创业投资低潮的影响,2002—2005 年我国创业投资进入了调整期,在 2006 年后,我国创业投资事业进入了快速发展期(成思危,2008)。中资创投机构发展迅猛,在 2009 年底,中资创投在募资规模和募资数量上全面超越外资创投,成为中国创投的主导力量。截至 2019 年 5 月底,已备案创业投资基金 7055 只,基金规模 1.01 万亿元,中资创投基金规模已超过美国,成为全球第一①。我国创业投资的发展能取得如此不俗的表现,离不开以下几点原因。

1. 中国政局稳定、经济持续发展支撑起创业投资在中国大有所为

从 2003 年开始的 5 年时间里,我国经济都保持了 GDP 增长率超过 10% 的快速发展。受全球金融危机的影响,2008 年的中国经济经历了从偏热到 GDP 增速下降的转变。但即便是这样,我国 2008 年的 GDP 仍有 314 045.4 亿元,增长率为 9.6%。此后的 3 年,虽然全球正遭遇着金融危机带来的沉重影响,但我国依然保持

---

①数据来源:中国证券投资基金业协会指导编写的《全球创投风投行业年度白皮书(2019)》。

着政局稳定、经济持续快速增长的大好局面,GDP 增长率每年均超过 9%(图 1-1)。2014 年,中国经济步入新常态,增长速度虽放缓,但经济增长率仍趋于平稳,中国经济整体呈稳增长状态。

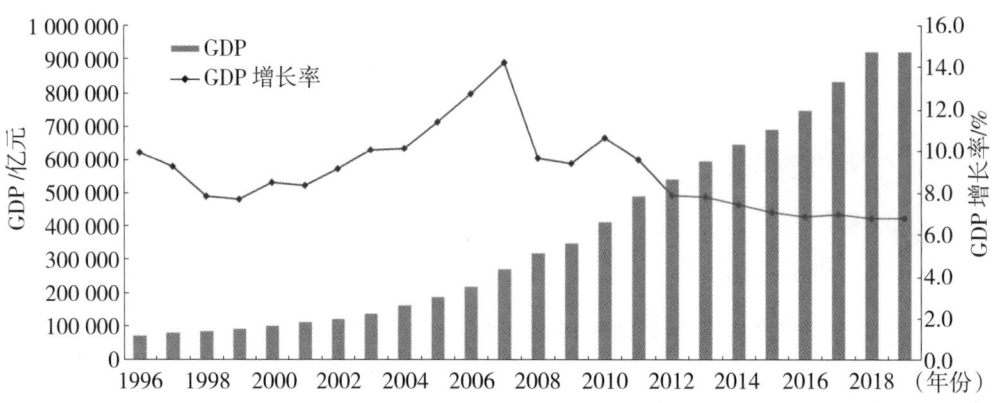

图 1-1　1996—2019 年中国 GDP 总值及年度增长情况

资料来源:根据国家统计局网站 http://www.stats.gov.cn 公布的数据整理。

2. 政府相关政策的导向支持创业投资的发展

首先,在政策大方向上,中共中央、国务院早在 2006 年初召开的科技大会上就提出了建设创新型国家的宏伟目标。党的十八大更明确提出"科技创新是提高社会生产力和综合国力的战略支撑,必须摆在国家发展全局的核心位置",强调要坚持走中国特色自主创新道路、实施创新驱动发展战略。2016 年,《国家创新驱动发展战略纲要》由中共中央、国务院发布,自 5 月起正式实施。创新型国家建设、创新驱动发展战略的关键在于依靠创新来推动国家经济发展。而创业投资正是将创新转化为产品、技术和现实生产力的助力泵,所以,各国政府纷纷颁布政策大力支持创业投资的发展。其次,券商、全国社保基金、保险基金等多类金融资本获准自主进行股权投资,这在一定程度上扩大了创业资本的来源渠道,又疏通了创业投资的退出渠道。再次,2004 年 5 月中小企业板在深圳正式启动,2009 年 10 月创业板正式启动,2013 年 12 月新三板正式扩容至全国,2019 年 6 月科创板正式开板,这些政策举措拓宽了创业投资的退出渠道,为创业投资催生大量退出机会。另外,通过多年来的努力,政府创业投资引导基金的杠杆效应逐步显现,带领中国本土创业投资基金强势崛起。

3. 相关立法、政策配套意见逐步健全

2006 年 1 月实行的《中华人民共和国公司法》《中华人民共和国证券法》,2006 年 3 月实施的《创业投资企业管理暂行办法》,2007 年 2 月发布的《关于促进创业投资企业发展有关税收政策的通知》,2007 年 6 月实施的《企业破产法》《合伙企业法》,2008 年 1 月 1 日正式施行的新《企业所得税法》,以及 2009 年 4 月 30 日发布的《关于实施创业投资企业所得税优惠问题的通知》进一步加强了对创业投资的扶持;2010年10月13日发布的《关于豁免国有创业投资机构和国有创业投资引导基金国有股转持义务有关问题的通知》进一步提高了国有资本从事创业投资的积极性;2016年9月,人大常委会修订《中华人民共和国外资企业法》等四部法律,对外商投资开始逐步应用备案制,全面实施准入前国民待遇加负面清单管理的新模式,同年,《国务院关于促进创业投资持续健康发展的若干意见》出台,从培育多元创业投资主体、拓宽创业投资资金来源、优化市场环境、完善退出机制等八个方面进一步引导创业投资行业发展;2018年7月《国家税务总局关于创业投资企业和天使投资个人税收政策有关问题的公告》发布,保证税收优惠政策精准落地;2020年1月1日开始实施的《中华人民共和国外商投资法》在营造中外资创投机构公平竞争的市场环境方面迈出了一大步。与此同时,各地方政府在国家政策、法律法规指引下,结合地方经济发展水平和创业投资发展情况与特点,相继出台了多部地方性政策法规鼓励当地创业投资的发展。

事实上,通过整理过往创业投资相关数据(图1-2、图1-3)可知,从2010年起,我国创业投资规模整体上了一个台阶,在2014—2016年期间我国创业投资行业规模迅速增长,2015年是我国创投迅猛增长的一个标志年份,进入2015年,创投市场经历了3年的非理性繁荣,到2018年由于资产端的收紧,投资经理年初高喊资本市场寒冬,但全年数据却十分令人意外,融资总额创近年新高。进入2019年后,市场严冬正式到来,多项数据显示创投市场趋于疲软。随着资本寒冬的到来,创业投资融资数量与融资金额几近腰斩[1],行业开始呈现颓势,市场全面进入回调期,行业整体投资节奏放缓,从迅猛发展回归理性常态。

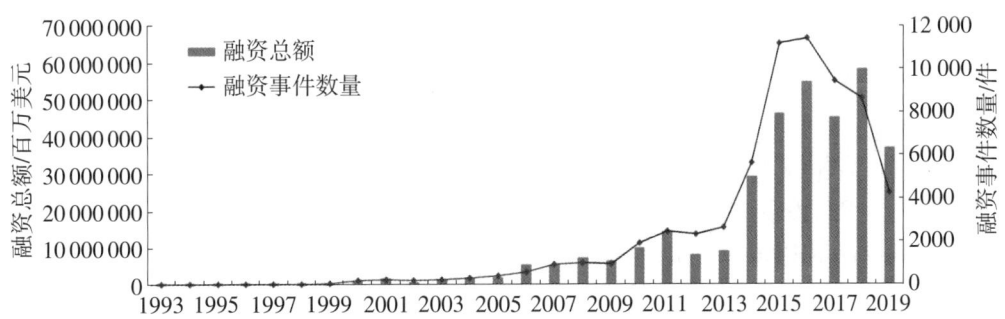

图1-2　1993—2019年中国创业投资市场融资事件数量及金额
资料来源:根据投中集团专业私募股权数据收集商CVScource数据库[2]数据整理。

---

[1] 参考自投中研究院2019年PE/VC年报。
[2] 投中集团是一家专注于中国投资市场的信息咨询机构,CVSource数据库是ChinaVenture投中集团旗下专业的金融数据产品,其着重于收集国内的私募股权数据。

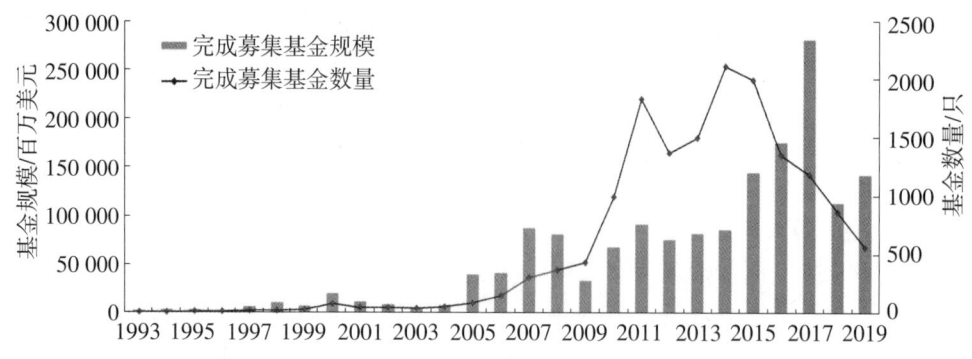

图1-3 1993—2019年创业投资市场完成募集基金情况

资料来源：根据投中集团专业私募股权数据收集商CVScource数据库数据整理。

在投资弹药不足和项目成本高的大环境下，无论是头部机构还是中小机构都在放缓自身的投资节奏，精投优投，致力于挑选高质量的投资项目。至2019年3月，我国VC/PE基金管理人（家）总量已达14 669，已远超美国该项数值1261[①]。中国创业投资机构越来越多，如何更好地筛选创业项目，如何更好地为初创企业提供投资后的增值服务，如何务实地找到更合适的退出渠道，这是创业投资机构为提高自身投资绩效必须面对的问题。作为具有高风险性、低流动性特点的创业投资，通过网络化可以帮助实现共享信息、共享人力资源、分散风险，最大限度地为创业企业增值，从而提高创业投资自身的绩效（Abell等，2007；Hochberg等，2007；Ewens，2010）。

1.1.2 理论背景

纵观现有创业投资研究文献，创业投资的理论研究最早始于对创业投资的宏观研究，包括对创业投资的作用、环境和发展等方面的研究（Gompers，1994；Cumming等，2003）。随着发达国家的创业投资相关数据库的完善，在20世纪90年代中后期，学者们对创业投资的研究逐步转向微观层面，包括对创业投资决策、与创业企业的相互关系、投资后管理、退出等方面的研究，其中不乏涉及实证研究的文章（Sahlman，1990；Lerner，1994，1995；Gompers等，1996；Shepherd，1999）。

随着人们对创业投资研究的深入，越来越多的学者发现创业投资作为一种特殊的投资行为，它不仅需要对创业企业投入资金，更为重要的是，它会利用自身的社会关系网络为创业企业增加价值。社会网络理论的兴起并日渐成熟，为研究社会行为的微观层面与宏观层面之间搭起了一座桥梁（Granovetter，1985）。于是，社会网络理论为研究创业投资行为开辟了一种新的研究视角，即从社会网络结构的视角来研究创业投资行为。2007年，以Hochberg等在国际顶级学术期刊 *Journal of Finance*

---

① 数据来源：投中研究院报告《2019年一季度中美创投市场对比》。

刊载创业投资网络绩效效应的论文为标志，创业投资网络的研究迅速成为外国学者在创业投资研究领域的前沿热点问题。

1.1.3 研究意义

网络化发展是创业投资行业的一个显著特征（Hochberg 等，2007），任何创业投资机构都会主动或被动地置身于网络化发展的中观环境[①]之中，借助网络寻求投资机会、分担投资风险、最大限度地为创业企业增值，并提高自身绩效（Abell 等，2007；Ewens，2010）。创业投资网络与区域经济繁荣紧密相关，政策制定者可以通过了解区域创业投资网络的发展状态，制定出政策促进创业活动以刺激经济的发展（MacLean 等，2010）。Castilla（2003）认为社会网络理论比传统的区域发展理论能够更好地说明地区创新经济优势，并指出拥有紧密合作的创业投资网络是硅谷比 128 公路取得更优异的成绩的原因。可见，优质的创业投资网络对创新经济的发展有巨大的促进作用。

中国五千年文明积累起来的管理思想博大精深，其中就包括在中国市场上不容忽视的社会网络关系的运作（Parnell，2005）。创业投资作为经济增长的发动机（胡海峰等，2005），不仅需要给创业企业投入资金，同时需要利用其拥有的社会网络帮助创业企业成长（Florida 等，1988），创业投资的网络化发展可以实现创业投资机构的高绩效，可以实现创新资源的高效配置，创业投资网络在新兴经济体的制度变迁中也发挥着重要作用（Ahlstrom 等，2010）。我国的创业投资于 1999 年蓬勃兴起，在经历了调整期后于 2006 年进入快速发展期。随着创投风投的资金越来越多地流入亚太和欧洲地区，中国创业生态系统迅速升级，尤其是在 2015 年"大众创业、万众创新"政策的推动下，中国创投行业取得了长足的进步，成为最快崛起的国家。到 2018 年，虽投资经理年初高喊资本市场寒冬，但全年数据却十分令人意外，投资总额创万亿新高[②]，融资规模也破万亿。行业规模上升了，那么质量如何？在我国全面深化经济体制改革和加快转变经济发展方式的关键时期，我国的创业投资网络能否有助于实现创新资源的高效配置、形成有利于创新创造的文化发展环境，能否有效地支持我国实施创新驱动发展战略从而促进中国经济持续健康发展，此时从社会网络结构的角度来考察中国创业投资的发展状况、总结创投网络发展的经验教训，不仅是必要的，而且是及时的。

[①] Granovetter（1973）在其论文"The Strength of Weak Ties"中提出社会网络理论是要在微观行为与宏观行为之间建立一座桥。因此，我们把企业的网络环境称为中观环境。

[②] 西南证券研究报告：《中美 VC/PE 年度分析与展望》。

1.2 基本概念的界定

1.2.1 创业投资

创业投资（venture capital）的概念于20世纪40年代起源于美国，它是美国第一家创业投资公司 J. H. Whitney & Co. 的执行合伙人 Benno Schmidt 为将该公司业务区别于一般的投行业务而首先提出的[①]。迄今为止国内外对"venture capital"的概念阐述并未完全统一。美国创业投资协会（NVCA）认为，创业投资是由职业金融家投入新兴的、发展迅速的、有巨大竞争潜力的企业中的一种权益资本[②]。欧洲创业投资协会（EVCA）认为，创业投资是专门的投资机构向有巨大成长潜力的未上市企业提供资金获取股权以参与管理的投资行为[③]。经济合作与发展组织（OECD）对创业投资的表述为，创业投资是一种为有较大发展潜力的新建企业或中小企业提供股权并促进这些中小企业形成和发展的资本[④]。虽然这些权威机构对"venture capital"的具体表述不同，但是均表达出了"venture capital"与一般股权投资的区别：一是对新建的或成立不久的小中企业的股权投资，不是对成熟企业或上市公司的投资；二是对企业不仅仅是资金的投入，还需要为企业提供增值服务以期获取投资收益。

在我国，"venture capital"本来就是个舶来词，但翻译过来到底是"创业投资"还是"风险投资"或者是"创业风险投资"一直都存在着争议。成思危（1999）和刘曼红（2004）认为，译为"风险投资"可以对投资所蕴藏的风险起到警示的作用。而刘健钧（1999）等则认为"venture capital"主要是用于支持创业型的企业而进行的投资，所以应该突出"创业投资"。"创业风险投资"则是一种中庸的观点。在笔者看来，这只是对同一概念的不同译法，持"风险投资"观点的学者并没有否定其对创业企业的支持，而持"创业投资"观点的学者也并不否定其所蕴藏的风险，这是同一概念包含的不同特点而已。

投资均有风险，且"venture capital"并不是风险最大的投资。同时，"venture capital"之所以得到各国政府的重视和鼓励，皆因其对本国创业企业的大力支持，发展本国"venture capital"有利于本国创新精神的营造和本国经济的发展。"创业投

[①] Udayan Gupta, *Done Deals: Venture Capitalists Tell Their Stories*, Publisher: Harvard Business Press, 2000: 98-99。

[②] 参考 http://www.nvca.org。

[③] 参考 http://www.evca.com。

[④] OECD, "Venture Capital and Innovation", GD, 1996 (168), p5, https://www.oecd.org/sti/inno/2102064.pdf。

资"可以更好地体现"venture capital"的要旨，所以本研究采用"创业投资"的译法。

本研究将创业投资定义为，投资于初创企业的中长期权益资本，并需要通过投资后管理帮助初创企业增值，在创业企业增值后通过退出企业而获得资本收益的金融资本。"创业投资"的特点归纳为：①中长期的股权投资，投资的时间相对较长，风险相对较大；②投资对象是初创企业，而不是成熟企业或上市公司；③不仅提供资金支持，而且要在投入资金以后利用创业投资机构的经验、关系和各种知识来帮助创业企业增加价值；④在企业的初创期进行投资，当企业发展到相对成熟后即退出创业企业从而实现自身的资本增值，再进行新一轮创业投资。

1.2.2 创业资本的投资者、创业投资机构、创业企业

创业资本的投资者、创业投资机构和创业企业是创业投资运作的全过程至少要包括的三类主体。

创业资本的投资者（venture investor）就是创业投资公司的股东，对于以有限合伙制形式组建起的创业基金来说，创业资本的投资者就是有限合伙人，他们的主要行为是在市场上寻找满意的创业投资机构或者一般合伙人以对其进行投资或者投入资金供其管理；在投资之后，他们将力图对创业投资机构或者一般合伙人进行有效的激励和监督，以保障自身的投资收益和实现收益最大化。

创业投资机构（venture capital firms），即创业投资公司或创业投资基金，是运作创业资本实现资本增值的主体，是创业投资体系的核心部分，是连接投资者和投资对象的金融中介。创业投资机构通过募集创业投资资金、评估创业企业、投资创业企业、投资后管理、退出创业企业的全过程，完成创业资本增值过程，同时承担创业企业失败的风险、分享创业企业成功的收益。

在创业投资市场上，一方面是具有巨大增长潜力的投资机会（创业企业），另一方面是寻求高回报、不怕高风险的投资人。创业投资机构的职责是发现二者的需求，并使机会与资本联系起来。在创业投资这种特殊的金融方式下，资金流从投资者到创业投资机构，再通过创业投资机构注入经过筛选的优质创业企业。创业投资机构的核心作用在于解决好下述问题：①寻找有资金需求的优质创业企业，促成创业资本与高速成长机会的结合。②参与到所投资的创业企业的管理和决策中，帮助创业企业快速成长。③负责创业资本的运作过程，选择合适的途径和时机退出创业企业，实现创业资本的增值，同时，对不良业绩承担相应责任。

创业企业（venture business）是创业投资机构的投资对象，即处于企业发展早期或发展期阶段的企业，在国外又称"风险企业（venture firm）""初创企业（start-ups）""组合公司（portfolio company）"。创业企业一般是指技术密集、人才密集、资金密集、经营管理高效化，从事高新技术产品开发或具有高速成长潜力的企业。

但是，并不是所有的创业企业都适合引入创业投资资金，一般而言，创业企业会出于以下几点原因而选择向创业投资机构融资：①缺少创业资金；②希望利用创业投资机构的网络关系和资源帮助自身成长；③希望获得创业投资家在管理、财务、法律方面经验的支持。同时，创业企业也会出于以下的原因而不向创业投资机构融资：①创业投资机构的利益和目标与创业者相背离；②创业投资家过度干涉新创公司的经营；③双方对公司的发展规划有明显的分歧。

1.2.3 企业的发展阶段

本研究对企业发展阶段的界定采用CVSource数据库所用的方法，从投资机构的角度根据企业的产品、服务、生产规模、收入水平、盈利状况等方面的情况，将企业的发展阶段分为企业发展的早期、发展期、扩张期、获利期。

早期企业包括种子期和创建期企业。种子期企业主要处于产品、服务研发的起步阶段，企业刚刚组建或正在筹建，还未组建管理团队，处于无市场收入状态。创建期企业则拥有还未投入生产和应用的初级产品和服务，经营计划比较粗略，管理团队尚不完整，处于几乎没有用户和市场收入的状态。

发展期企业指已基本完成技术研发，产品或服务已基本定型但未大规模投产，盈利模式不稳定、用户数量逐步增加，但收入远少于支出的企业。直到该阶段末期，企业才完成产品和服务定型，着手实施市场拓展计划。

扩张期企业指生产、销售和服务体系已较完善，开始实现大规模生产、销售，盈利模式稳定，并开始考虑上市计划的企业。

获利期企业指能够通过自身力量实现增长，有多种定型产品，已实现大规模生产、销售，拥有稳定的市场占有率和较高的市场收入，通常情况下已实现盈利。

1.2.4 不同性质的创业投资机构

厉以宁（2004）认为，创业投资机构性质的划分可以按照中国创业投资机构的所有者构成来划分，根据出资人的性质和出资比例可以将中国创业投资机构的性质分为四种类型：①国有独资的创业投资机构，其资金基本上由地方财政直接提供或由国有独资公司安排；②政府参股的创业投资机构，其资金一部分由地方财政直接提供或由国有独资公司安排，另一部分由国内其他机构、自然人提供；③国内企业设立的创业投资机构（又称民间机构），其资金全部由国内企业（国有独资公司除外）、金融机构和国内其他机构和自然人提供；④外国独资或合资创业投资机构。创业投资机构的性质不同意味着资本来源也不同。

本研究对创业投资机构的性质划分采用厉以宁（2004）所用的方式，并在其基础上进行一定的合并，将创业投资机构的性质按照资本来源的不同划分为中资创业投资机构、外资创业投资机构、合资创业投资机构。

1.2.5 创业投资网络

学者们普遍认为,创业投资在两个方面与其他的投资方式有所不同。首先,创业投资需要投资者用自己专业的眼光去审视创业企业的发展前景,将创业资本投入更加优质的创业企业,有利于创新资源的高效配置。其次,创业投资不仅要对创业企业投入资金,而且还要扶持它们成长,向它们提供增值服务(Large 等,2008;金永红等,2016;温军等,2018)。因此,学者们认为,创业投资网络是以创业投资机构为中心而构建起来的关系网络,这种关系网络蕴藏着丰富的社会资本,对于搜寻优质的投资机会、孵育创业企业具有很大的帮助(Hochberg 等,2007;Weber,2009;MacLean 等,2010)。

综观既有创业投资网络的研究文献,不同的学者给出了不同的创业投资网络的概念,但仔细观察,可以发现学者们对创业投资网络的界定主要呈现出两种不同的观点。一种观点认为,创业投资网络就是创业投资机构通过对创业企业进行联合投资而形成的联合投资网络(Sorenson 等,2001,2008;Abell 等,2007;Hochberg 等,2007,2010)。在这个网络中,行动主体是指创业投资机构,行动主体之间的连接关系则指创业投资机构之间由联合投资行为形成的关系。另一种观点则认为,创业投资网络是以创业投资机构为中心,通过在现实中已经发生的多重合作关系与相关利益者形成的合作关系网络(Weber,2009,2011;MacLean 等,2010)。这种观点把创业投资网络看成是创业投资机构与其他利益相关者之间形成的一系列一维或二维关系网络。显然,这两种观点在界定创业投资网络时采用了不同的视角和范围。

有关创业投资网络概念的分歧主要表现在网络构成主体和网络范围两个方面。由表 1-1 可见,创业投资网络是一种企业间合作关系网络。根据第一种观点,企业间的这种合作仅限于同行业横向合作,但第二种观点把企业上下游的纵向合作关系也包括在创业投资网络中。这两种观点只是概念界定的范围不同,内容并无矛盾之处,后者包含前者。因此,可以把第一种观点视为狭义的创业投资网络观,即创业投资机构间由联合投资关系形成的联合投资网络,而把第二种观点视为广义的创业投资网络观,即创业投资机构在特定的政治、经济、文化背景下,为了营造更加有利的生存环境而与利益相关者结成的多种合作关系网络。这里的利益相关者包括有限合伙人、股东、大学、政府机构、创业企业、其他创业投资机构、大公司、会计师事务所、律师事务所、投资银行等。

表1-1 创业投资网络概念界定方面的分歧

创业投资网络	主体		网络范围	代表性学者（年份）
	行动主体	关系		
第一种观点	创业投资机构	联合投资	联合投资网络	Hochberg 等（2007, 2010），Hopp（2008, 2010a, 2010b）
第二种观点	创业投资机构与利益相关者	创业投资机构在创业投资运作过程中与利益相关者形成的各种合作关系	①创业投资机构与资金提供者形成的融资网络；②与成功企业家、律师、会计师、科研机构、大学等结成的寻找投资机会的网络；③与律师事务所、会计师事务所、市场调研公司和咨询公司等专业服务机构形成的专业服务网络；④与以往的投资对象、猎头公司和可靠同行等结成的为创业企业增值的网络	Florida 等（1988）
			在 Florida 和 Kenney（1988）研究的基础上添加了第五层网络，即撤资服务网络，创业投资机构与券商、律师、收购创业企业的公司结成的网络	Sapienza 等（2000）
			投资对象选择网络、创业企业监管网络、增值服务网络、退出网络	Ahlstrom 等（2010）
			公司创业投资与创业企业、集团战略事业部结成的三方关系网络	Weber 等（2009, 2011）
			企业家与创业投资家之间结成的网络	Batjargal 等（2004），Zhang 等（2008）

根据网络在创业投资运作过程中所起的不同作用，我们可把广义的创业投资网络分为由创业投资机构与有限合伙人（或股东）合作形成的融资网络，由创业投资机构与大学、政府机构等投资项目推荐人结成的投资项目来源网络，创业投资机构之间合作而成的联合投资网络，创业投资机构与创业企业结成的投资企业网络以及创业投资机构与各种专业中介机构和大公司合作而成的退出网络五种（图1-4）。

正如 Hochberg（2007）所言，联合投资网络是创业投资网络研究的一个自然的起点，所以本书将对由联合投资关系构成的狭义的创业投资网络展开研究，该网络的行动主体是创业投资机构，连接关系指创业投资机构间的联合投资行为。

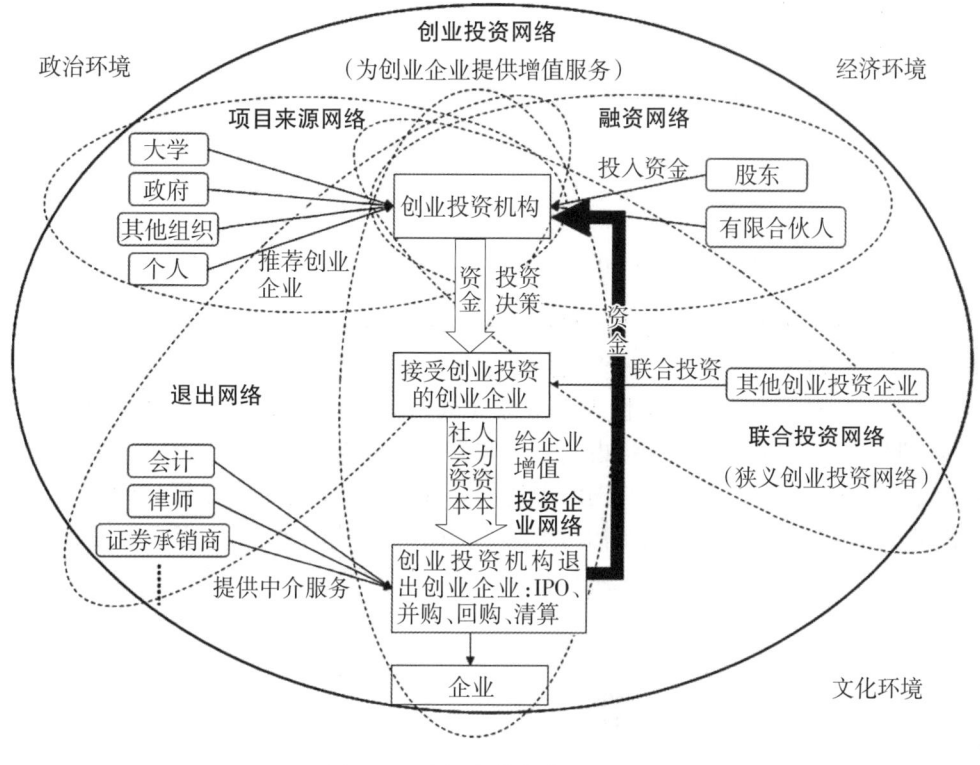

图1-4 创业投资网络的概念图

1.2.6 结构洞

结构洞（structural holes）的概念最早由美国学者 Burt 于 1992 年提出，它指的是社会网络中部分个体之间有直接联系的关系，但与另外一部分个体不发生直接联系的关系或关系间断的现象，从网络整体上来看好像是网络结构中出现了洞穴。Burt 用结构洞来表示非冗余的联系，认为非冗余的联系人被结构洞所连接，一个结构洞是两个参与者之间非冗余的联系。

以图 1-5、图 1-6 的例子来详细解释，网络中有四个参与者甲、乙、丙、丁，在图 1-5 中，丁希望把信息传递给甲、乙，但只需要把信息传递给甲即可，因为甲可以把信息传递给乙，可见，对于丁来说，甲和丁的关系、乙和丁的关系是冗余的。而在图 1-6 中，丁和甲、乙、丙中的任意两者之间的关系结构就是一个结构洞。因为甲和乙都与丁有关系，但是甲和乙之间不存在任何关系，相当于网络中出现了一个洞穴，丁如果希望把信息传递给甲、乙，需要分别通知，对于丁来说，甲和丁的关系与乙和丁的关系是非冗余的。因此，可以说丁占据了甲、乙之间的结构洞，丁和甲丙、乙丙之间的关系也如此，因此丁一共占据了甲乙、甲丙、乙丙之间的三个结构洞。

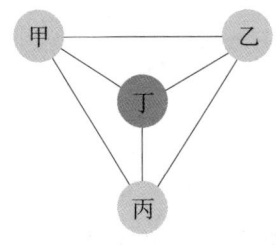 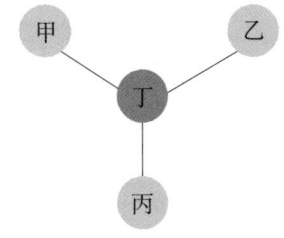

图 1-5　关系闭合的信息流动网　　　　图 1-6　有结构洞的信息流动网

当然，仅仅从关系缺失的角度并不能完全说明结构洞。判断结构洞的标准有两个：凝聚性和对等性。凝聚性的含义是，如果一个参与者的两个联络者之间存在直接的关系，凝聚力加大，冗余性也会增强（刘军，2014）。例如，在派系中就不存在结构洞。对等性的理念在于考虑到了丁与其他网络成员甲、乙、丙之间的间接关系。如果网络中的两个参与者与网络中的同一部分参与者之间共享同样的关系，那就意味着这两个参与者之间是结构对等的，如图 1-7 中的甲、乙。甲和乙之间没有直接的联系，但是每个人的关系网却是一样的，因此从丁的角度来看，这两方提供的信息是冗余的。

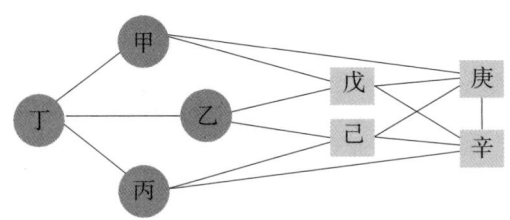

图 1-7　结构对等性

1.2.7　小世界网络

继 Milgram（1967）提出"六度分割理论"奠定了小世界网络概念的雏形后，Watts（1999）进一步归纳了小世界网络应该具有至少三个特征：首先，网络是巨大的，包含相当多的成员；其次，网络是稀疏的，每个成员直接联系的对象，相对总体而言极小；再次，网络应该是去中心化的。

小世界网络结构具有高连通性与高聚类性（Watts 等，1998；Watts，1999），高度的连通性意味着可以更快地进行创新资源传输（比如知识），更容易获取远距离创新资源（如 Burt，2004；Fleming 等，2006；Sullivan 等，2014）。高度的聚类性有利于第三方关系网的扩大与重复联系增加，从而促进合作、信任与风险共担（Granovetter，1985；Bruggeman，2008；Alizadeh 等，2017）。不仅如此，高度聚类性更使得创新资源在跨群落以及群落内的传输更有效率（Reagans 等，2003；Schilling 等，2007）。小世界网络结构还具有相对稳定性。小世界网络结构中相对而言处于中心位置的创新参与者更愿意与其他创新参与者合作,即使较多创新参与者间关系断裂也不会使网络发生崩解,因此小世界网络结构具有较好的稳定性,能产生强力而持久的影响(Kogut等,2001)。

1.2.8 创业投资协同创新网络

创业投资协同创新网络是指以助推符合社会经济发展潮流的创业企业发展为共同目标,以创业投资机构为资源传导核心,以资金流或信息流为联结,协同其他创新主体,基于互惠互利、长期稳定的协作关系,对创业企业进行投资和服务,实现资源优化配置,最终帮助创业企业成长并实现各方协同效应的开放性网络。创投协同创新网络是广义创业投资网络的实现模式。

创业投资机构是协同创新网络的资源传导方,主导着资金的流向,网络中一切信息、知识交互都是围绕创业投资资金流展开的,以达到对创业企业最大的资源支持。被投资企业(创业企业)则通过吸收各种创新资源,比如创投的资金支持、政府的政策支持、研究机构的科研成果、中介机构的中介服务,在整合自身现有技术能力的基础上发挥创业企业的创新能力,实现网络的协同效应,使各方从中直接获利。

协同创新网络中的节点即各创新主体,包括创业投资机构、创业企业、大学、科研机构、银行、事务所等中介机构、政府以及其他相关企业。创投协同创新网络的联结,是非线性、交叉式、开放性的,存在于创业投资机构与网络中其他创新主体间的正式和非正式的协同创新中,也存在于其他主体自发形成的协同创新中(图1-8)。创业企业作为创投协同创新网络的最终作用方,它的成功上市或并购,是各方利益得以保障的关键。

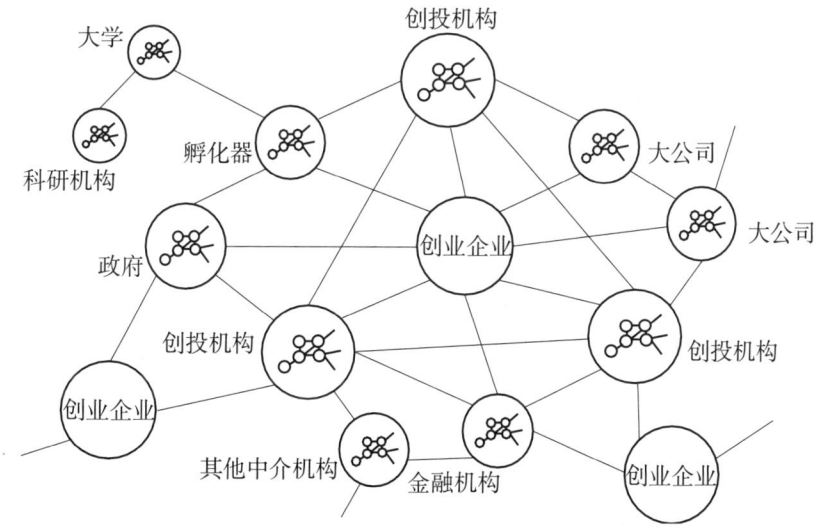

图1-8 非线性、交叉式、开放性的创业投资的协同创新网络

1.3 研究内容

本研究基于过去20年间投资于中国境内创业企业的全部创业投资事件构建出历年的创业投资网络，回顾我国创业投资及其网络20年来的演进与发展；将微观创业企业、中观创业投资网络、宏观地区创新经济相结合，系统性地探究创业投资网络发展的动因，分析创业投资网络的作用，包括对微观创业企业成长的作用及对宏观地区创新绩效的作用；以理论紧密结合发展实践，探索创业投资与地区创新经济协同发展的规律，提出构建创业投资协同创新网络的理论，并给出相关政策建议。主要内容如下：

第一，采用近20年中4437家创业投资机构对13 229家中国境内初创企业进行的18 432轮投资事件的全数据构建创业投资网络，从网络中心性、网络凝聚子群等网络属性角度分析中国创业投资网络的动态发展轨迹，采用核塌缩图与核塌缩序列的方法来揭示我国创业投资网络核心的逐步显现过程。然后，将创业投资机构的多种属性指标放入网络，观察其在网络结构中随时间的变化规律，找出规律最强的属性变量——所有权性质。接下来，将创业投资机构按照中资、外资、合资的性质分类，比较其网络属性随时间变化的特点并与美国硅谷进行比较，从时间、地区、不同性质创业投资机构三个层面进行交叉比较，分析得出中国创业投资网络20年来的发展特点及整体的演变规律。

第二，分析创业投资网络演进的动因。基于前述部分对中国创业投资网络发展状况的初探，继续深入挖掘整体网络发展的动因，证实不同性质创业投资机构数目变化对中国创业投资整体网络动态演进的影响，厘清推动创业投资网络演进的动力主体。此外，进一步从创投机构特异性知识、网络地位、网络关系强度等方面分析其对机构网络位置的重要衡量指标——结构洞位置演变的影响，提出微观创投机构网络位置的演变动因。

第三，从微观创投机构投资绩效的角度，分析创业投资机构的网络位置对创业企业成功创业的影响。利用我国1996—2015年的创业投资数据（包括3416家创业投资机构对11 175家创业企业的15 446轮次创业投资事件构建网络），以2019年12月31日前的所有创业投资机构退出事件（共计13 555次）作为绩效测算数据，研究创投机构网络位置对微观创业企业投资绩效的影响，包括：①网络位置对投资绩效的直接影响；②网络位置在不同性质创业投资机构对投资绩效影响的中介作用；③网络位置在制度环境对资本来源影响投资绩效的调节作用中所起的中介作用，网络位置能部分中介制度环境对投资绩效的影响，同时网络位置也是资本来源和制度环境交互作用对投资绩效产生影响的中介。

第四，从宏观地区创新绩效的视角，分析创业投资网络对地区创新绩效的影响。参照《全球创新指数报告2019》（即GII2019），以全球TOP3的科技集聚国，中国、美国与德国为对象，选取京津冀、长三角、珠三角、硅谷、128公路与德国整体共六大技术集聚区与创投集聚区作为样本，以1995—2015年的共53119起投资事件构建17年102张创投网络及近20年的地区创新数据，实证创业投资网络对地区创新绩效的影响。构建中美德三国六地的17年的创业投资网络图，通过理论分析选择创投资源流通配置效率测度指标——小世界网络指标对三国六地创投网络进行对比，探讨六地区小世界网络的异同与可能造成的影响。同时，利用专利相关的单一指标法，对六地区历年的区域创新系统产出进行对比，寻找中美德三国六地创新共同的趋势及差别，揭示创业投资小世界网络结构对区域创新系统产出的积极作用，及其作用在不同创新发明者间的异质性。

第五，将微观创新主体、中观创业投资合作关系网络、宏观地区创新经济相结合，构建创业投资协同创新网络。介绍了创业投资协同创新过程中所涉及的主体（创业投资机构、企业、政府、高校或科研机构、中介机构等）之间的协同关系，分析了其协同创新原理，运用博弈论方法论证各主体公平共享，协作互助的可行性，归纳协同网络对创业投资业及地区创新经济的影响，最后为构建创业投资协同创新网络以促进地区创新经济发展提供可行的参考建议。

1.4 研究思路与研究方法

1.4.1 研究思路

本研究遵循从"提出问题"到"分析问题"，再到"解决问题"的思路，完成"从创业投资网络理论到中国创业投资网络的实践"，再"从中国创业投资网络的实践到对创业投资网络理论的改进"的思维过程。

主体部分推进思路：首先，采用社会网络分析方法分析中国创业投资网络的动态演进，同时与硅谷的创业投资网络进行比较，得出中国创业投资网络的发展轨迹和存在的问题。其次，针对上一部分观察到的问题——忽视网络建设的中资创业投资机构数目增加以至于整体网络质量变差，作进一步实证检验，即检验不同所有权性质的创业投资机构的数目变化对中国创业投资网络动态演进的影响，厘清推动创业投资网络演进的动力主体。再次，从微观创投机构投资绩效的角度，分析创业投资机构的网络位置对创业企业成功创业的影响。研究创投机构网络位置对微观创业企业投资绩效的影响。其四，从宏观地区创新绩效的视角，分析创业投资网络对地区创新绩效的影响。构建中美德三国六地17年的创业投资网络图，通过理论分析选择创投资源流通配置效率测度指标——小世界网络指标对三国六地创投网络进行对比，探讨六地区小世界网络的异同，证实创业投资网络对地区创新绩效的影响。最后，将微观创新主体、中观创业投资合作关系网络、宏观地区创新经济相结合，介绍创业投资协同创新过程中所涉及的主体（创业投资机构、企业、政府、高校或科研机构、中介机构等）之间的协同关系，分析其协同创新原理，运用博弈论方法论证各主体公平共享、协作互助的可行性，归纳协同网络对创业投资业及地区创新经济的影响,最后为构建创业投资协同创新网络以促进地区创新经济发展提供可行的参考建议。

1.4.2 研究方法

1. 在理论分析的基础上进行实证研究

本课题的主要研究方法包括文献研究、实证研究,分析问题的方法有社会网络分析、比较分析、统计分析(包括描述性分析、相关分析、面板数据回归分析、中介效应分析等)。我们采用社会网络分析方法构建创业投资网络,用 UCINET6.289 软件计算网络的相应测度指标,用 Netdraw2.097 软件绘制出网络图,用 Stata12.0 进行相关的统计分析。实证分析数据主要来源于 ChinaVenture 集团的 CVsource 数据库①,对其中的部分缺失数据则用清科数据库②的数据作补充。证券市场的相关数据则来源于万得(Wind)中国金融数据库③。具体研究方法如下:

首先采用文献研究的方法对中外该领域的研究成果进行梳理,得出目前创业投资网络理论的研究现状,提出相应研究命题。然后将理论分析贯穿于实证研究,对现有理论进行逻辑演绎并提出假设,在实证检验假设的过程中使理论得到升华。在实证研究方面具体运用以下方法。

第一,社会网络分析法。由于社会网络分析法以"关系数据"为基础,本研究以创业投资机构为网络主体,以联合投资关系为线,构建网络。考虑到合作关系对结果影响的滞后性和持续性,使用前4年移动窗口的创业投资事件构建当年创业投资网络,利用度数中心度、中间中心度、接近中心度及其相应的中心势来分析创业投资网络的中心性,运用成分、派系、$n-$派系、$k-$核来考察中国创业投资网络的凝聚子群,采用核塌缩图与核塌缩序列的方法来分析我国创业投资网络核心的显现过程,揭示我国创业投资网络整体的演变与发展。

第二,比较分析法。将中国的创业投资网络指标值与硅谷的创业投资网络进行比较,分析中国创业投资网络的发展态势。此外,在研究创业投资网络对宏观区域创新绩效影响的部分,为防止围绕个别案例研究而导致偏差,选取我国京津冀、长三角、珠三角及美国硅谷、128公路与德国整体共六大技术集聚区与创业投资集聚区20年的网络进行比较,深入探讨了三国六地的小世界网络的异同,对多地数据证据进行实证检验,寻找共同的逻辑复现,验证创业投资小世界网络对区域创新绩效的影响机理。利用专利相关的单一指标法,对不同角度下六区历年的区域创新系统产出进行对比研究,归纳中美德三国六地创新的共同趋势或者差异。

第三,多方动态博弈分析法。以创业投资网络对区域创新的影响机理等前述部分内容为基础,提出博弈基本假定,构建创业投资协同创新网络内部博弈模型,囊

---

① CVsource 数据库是国内收集私募股权相关数据最为齐全的数据收集商,其相关介绍可参见 http://www.chinaventuregroup.com.cn/database/cvsource.shtml。

② 请参见:http://www.zdbchina.com/。

③ 请参见:http://www.wind.com.cn/。

括创业投资机构、创业企业、政府部门、孵化器、金融中介等多个博弈主体。将强调控、弱调控作为政府的行动,再以重视协同创新、懈怠协同创新作为创投机构等其他利益相关者的行动,测算不同主体在不同策略组合下的收益,得到博弈收益矩阵。下一步,根据各方收益函数求解均衡策略点,找寻政府部门引导各网络主体进行协同创新的最优路径,为政府部门推动构建优质的创业投资协同创新网络提供可行建议。

第四,统计分析方法。运用描述性统计方法展示中国历年创业投资以及创业投资网络的发展历程,并运用推断统计方法进一步证实网络发展动因、网络作用等,如建立转换变量模型检验不同性质创业投资机构对中国创业投资网络动态演进的影响,运用向量自回归模型(VAR)后,对变量间的因果关系进行 Granger 因果检验;采用随机效应不平衡面板数据回归模型,检验创业投资机构的网络位置对投资绩效的影响、网络位置在所有权性质与投资绩效之间所起的中介效应等;选用二值离散选择模型中的 Logit 模型及三阶段回归模型,检验制度环境在资本来源与投资绩效间的调节作用及网络位置在其间的中介作用等。

2. 归纳法与演绎法相结合

采用归纳法对中国创业投资网络的动态演进特点和规律进行实证研究,并在此基础上,运用演绎法结合现有的理论对中国创业投资网络的绩效效应进行实证研究,具体见图 1-9。图中步骤①~④为归纳法,步骤⑤~⑬为演绎法。

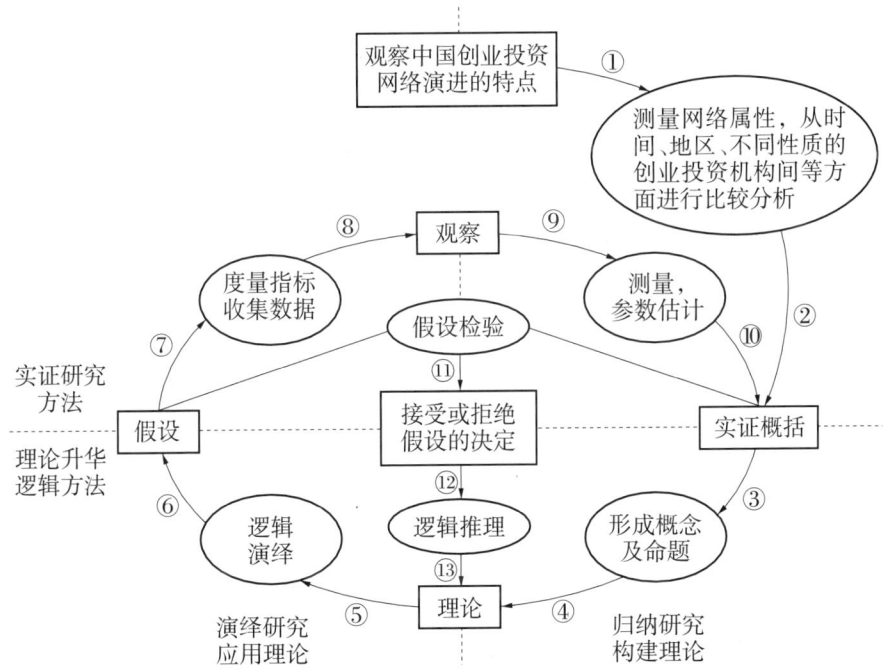

图 1-9 演绎法与归纳法运用

第 2 章 创业投资网络的成因、属性及作用

创业投资网络理论研究的诞生应该归功于社会网络理论及创业投资理论的发展。社会网络理论诞生于 20 世纪 30 年代，到了 70 年代通过 Harrison White 等学者的努力在哈佛大学得到了复兴，于 80 年代开始蓬勃发展（Freeman，2008）。与此同时，创业投资实践于 20 世纪 40 年代在美国兴起，并取得了巨大的成功。20 世纪 70 年代和 80 年代，创业投资这种全新的投、融资方式因其对经济发展的巨大促进作用而迅速在世界各地得到了普及，对创业投资的理论研究随之快速发展。此时，对创业投资网络的研究也在创业投资研究热中初露端倪。Bygrave（1987）是第一个提出应该从网络视角去研究创业投资辛迪加行为的学者。Florida 等（1988）把创业投资网络看作是一种由资金融通、潜在投资机会识别、专业服务机构和创业企业增值四种相互重叠的网络构成的复合网络，并且认为正是这种网络改变了美国的创新模式，加快了美国技术变革进程。当时的创业投资网络研究仅限于探讨一些诸如何谓创业投资网络、为何要开展创业投资网络研究此类的简单问题，这证实了创业投资网络的存在，肯定了创业投资网络的作用，并且认为创业投资网络能够极大地促进创新、信息共享、风险分担，加快技术变革。在随后的几十年间，创业投资网络的两大基础理论——社会网络理论与创业投资理论渐成体系，创业投资网络研究渐渐成为学者们的关注热点，包括创业投资网络的成因、属性、作用以及绩效效应等。

2.1 创业投资网络成因

从投资者即创投机构的角度来看，创业投资网络的成因主要是风险共担、资源共享、能力互补与领导层的紧密关系。Bygrave 是最早分析创业投资网络成因的学者，他在 1987 年就以 464 家创业投资机构在 1966—1982 年期间对 1501 家创业企业进行的联合投资为样本，构建了一个资源交换模型来分析联合投资网络的成因，结果发现联合投资网络的主要成因是创业投资所固有的不确定性。创业投资机构与同行建立错综复杂的联合投资网络关系，是为了共享创新、技术、人员等方面的信息以应对创业投资的不确定性。1988 年，Bygrave 深入探讨了联合投资网络的成因和作用问题，结果发现分享投资机会、分散投资风险、共享相关信息以应对不确定的环境是驱动创业投资机构结成同行间的联合投资网络的主要原因。

创业投资网络的结成是面对创业投资固有的高投资风险及环境的不确定性的反应（Lerner，1994；Hopp 等，2011；Alex，2018），而失败的教训则促进了网络的扩

大（Bygrave，1987）。其中，"多面手型"创投机构由于面临着投资于多行业带来的更多的不确定性与风险，在避免失败与风险方面更依赖创业投资网络（Alex，2018）。

从投资对象即创业企业的角度看，Florida 等（1988）发现帮助创业企业成长、为创业企业增值是创业投资培养自身创业投资网络的主要原因。地区内创业企业的表现对创业投资网络的形成也有重要影响。Florida 等（2006）通过研究发现帮助创业企业成长是创业机构发展自身网络、提高实力的重要原因，而周育红（2013）则进一步发现创业企业的成熟度、所处行业和地区的投资热情有助于创业投资网络的形成。

前述研究均基于整体网络的视角解释网络成因，也有学者在前人基础上深入分析了创业投资网络中各种具体合作关系的成因。例如，Hopp（2008，2010a，2010b）先后三次探究了驱使创业投资机构结成联合投资关系的原因。作者采用汤姆森创业投资经济学数据库中 1995—2005 年德国创业投资机构在完成 2373 个投资项目过程中形成的联合投资网络的数据，通过 Logistic 回归分析发现了以下三个联合投资关系的成因：一是行业经验差异，具有不同行业经验的创业投资机构通过联合投资关系可以实现优势互补；二是战略考虑，创业投资机构会出于战略考虑决定是否建立合作关系，通常合作关系会在优势互补而不是地位相同的创业投资机构之间建立；三是合作失败的教训迫使创业投资机构要引入新的伙伴。Sorenson 等（2008）对联合投资网络中的"远距离关系"进行了探讨。这里的远距离关系是指地理位置或投资行业相差较远的创业投资机构间形成的联合投资关系。作者以 1985—2007 年美国创业投资机构对 7976 家创业企业进行的 20 930 宗联合投资事件为样本进行研究后发现，创业企业的成熟度及其所处行业和地区的投资热情以及创业投资机构联合投资的规模、联合投资网络其他成员的关系密度都有助于远距离关系的形成。Watkins（2010）采用定性方法对创业投资机构与大型跨国企业建立合作关系的原因进行了探索性的分析。他对 30 家英国创业投资机构的一般合伙人进行了半结构化的深度访谈，分析访谈结果发现创业投资机构与大型跨国企业建立合作伙伴关系的动机是追求互补性、跨区域知识和专业技能。具体来说，创业投资机构与大企业建立正式或半正式的战略伙伴关系旨在帮助自己评价潜在投资对象，并通过大公司并购获得退出机会。

综上所述，学者们从创业投资机构、创业企业的角度探讨创业投资网络的成因。另外，对于创业投资网络内部存在的各种合作关系，学者们也进行了考察，多集中于探究联合投资关系、远距离关系、创业投资机构与大公司的战略伙伴关系等的成因。

2.2 创业投资网络属性

创业投资网络属性就是创业投资网络的性质和特点。不同的地区、创业投资机构、创业企业都会因为其所属创业投资网络的属性不同而获得不同程度的信息和资源,并因此拥有不同程度的竞争优势。通过梳理文献,可以将创业投资网络属性的研究归纳为以下三个维度八种属性指标。

2.2.1 网络关系

从网络关系维度描述创业投资网络属性的指标有关系质量、关系持久度和关系强度(Granovetter,1973)。网络关系的质量即合作对象的权力和地位,通常采用波纳西茨权力指数(Bonacich power)或特征向量中心度(eigenvector centrality)来测量。与地位高、权力大的利益相关者建立合作关系可以提高创业投资网络关系的质量,从而有助于提高投资绩效(Abell 等,2007;伍晶等,2016)。例如与成熟的公众公司建立良好的关系就可以提高创业投资网络的关系质量,为新创企业提供它们所需的其他资源,从而有利于提高创业投资绩效(Lindsey,2008)。网络关系持久性是衡量网络关系稳定性的一个重要指标。创业投资机构通过长期的业务运营与利益相关者结成的关系具有一定的持久性,这种持久的关系能增强彼此间的信任,使得创业投资机构在创业投资网络中提高自身的信誉度,并对投资绩效产生正向影响(Nahata,2008;Dunbar 等,2008)。同时,良好的信誉度又会反过来影响创业投资机构参与联合投资的程度。总的来说,信誉越高,创业投资机构参与联合投资的动力就越小;而联盟中其他创业投资机构的信誉度越高,创业投资机构参与联合投资的动力就越大(Clercq 等,2008)。网络关系的强度是指关系的紧密度及亲密性。机构间信息交换的频率和质量越高,网络关系的强度就越大(Clercq 等,2006;Uzzi,1997)。因为网络关系强度可以评估关系的可靠性(Gulati,1995;胡刘芬等,2018),帮助减少监督成本(Granovetter,1985),并有利于通过网络对创业企业进行人力资源管理(Carvalho 等,2008),所以与亲密的伙伴合作、有较大的网络关系强度作为支撑,可以提高投资绩效(Clercq 等,2008)。

2.2.2 网络结构

从网络结构维度描述网络属性的指标有关系密度、规模、嵌入度(Freeman,1979;Batjargal 等,2004;Boase 等,2006)。关系密度是一个描述网络结构形态的重要指标。一般而言,团体的关系密度越高,其成员合作行动的可能性就越大。创业投资网络关系密度越大,就越能有效限制新进入者的进入:关系密度每增加一个标准差,就可以阻止1/3的新进入者进入(Hochberg 等,2010);创业投资网络成员之间的关系密度越大,创业投资机构间的远距离关系就越容易形成(Sorenson 等,2008;胡刘芬等,2018)。与此同时,创业投资网络密度越大,也越有可能给创业投资机构的投资人(如有限合伙人)带来隐蔽的财务风险(Checkley,2009)。在创业投资网络中,网络规模通常用创业投资机构及利益相关者的数量来测度。一般来说,网络规模越大,创业投资机构通过网络获得新的信息和专业知识的可能性就越大,因而有利于利用网络来增加价值和提高投资绩效（Lindsey，2008；姚铮等，2019）。但是，随着网络规模的不断扩大，机会主义和社会懈怠的负面影响也会凸显，因此，创业投资网络规模和创业投资绩效之间存在一定的正相关性，但并非线性关系（Clercq等，2008）。此外，创业投资网络规模越大，就越有利于远距离关系的形成（Sorenson等，2008），创业投资网络规模会受行业经验的影响而动态演化（Hopp，2010a）。Echols等（2005）认为，创业投资网络嵌入度是指某一创业投资机构涉入创业投资网络的程度，可用网络冗余度/网络规模来测度，并且有实证证明，创业投资机构的网络嵌入度越高，就越有利于产品差异化及渠道差异化战略取得成功，因而越有可能获得更好的投资绩效。

另外，还有不少学者从网络结构的维度分析了区域创业投资网络结构的特点（寸晓宏等，2014；Varga等，2017）。硅谷作为最成功的高科技产业园区，自然就成了学者们重点关注的地区，与美国其他高新技术园区（如128公路）相比，硅谷的创业投资网络结构具有网络密度、网络中心度较高，孤立的群体（components）非常少和关系紧密的小群体（cliques）非常多的特点，这些特点使得在硅谷交流信息和分享经验变得更加容易（Castilla等，2000），正是这样的创业投资网络大大促进了硅谷的繁荣（Castilla，2003），并且也是硅谷可持续创新能力的重要来源（Ferrary等，2009）。

2.2.3 网络位置

从网络位置维度描述网络属性的指标有网络中心度、结构洞（Freeman，1979；Burt，1992）。中心度是一个测度网络成员所处的网络位置的重要指标，也是一个测度网络成员在网络中拥有的权力的量化指标。创业投资机构通常处在多元化创业投资网络的中心位置，创业投资机构在创业企业创立之初就能凭借自己占据的网络中心位置帮助它们降低成长风险、克服创新障碍、配备人力资源，最终帮助它们取得创业成功（Florida等，1988；蔡宁等，2015）。结构洞是另一个测度网络位置的重要指标，能为其占据者带来信息和控制权，因此，占据结构洞位置的网络成员比其他成员更具优势（Burt，1992）。创业投资机构通常占据着广义创业投资网络的结构洞位置，因此可以帮助创业企业跨越自身的边界，更方便地与同一创业投资机构投资的其他创业企业开展合作，甚至缔结战略联盟（Lindsey，2008）。同样地，处于结构洞位置的公司创业投资，在投资创业企业之前是创业企业与集团战略事业部的经纪人，在投资创业企业之后则扮演着经纪人、调停者和干预者的角色，公司创业投资所处的网络位置有利于跨组织知识转移和创新（Weber，2009）。此外，还有学者通过研究发现，创业投资机构占据的网络位置越有利，业绩就越好（Hochberg等，2007；周伶等，2014；孙淑伟等，2018），网络位置相同的创业投资机构之间不大可能建立合作关系（Hopp，2008）。新创业投资公司的网络位置通常由公司创始人社会资本和地位、资源禀赋、与有声望的创业投资机构交往的能力、提高创业企业业绩的能力、追寻投资机会的紧迫感和努力程度这五个因素共同决定（Fund等，2008）。分拆型创业投资机构（即从母公司分拆出来的创业投资机构）能比其他类型的创业投资机构更容易获得较高的网络中心度，而且能更快地接近网络中心的位置（Ewens，2010）。

2.3　创业投资网络的作用

通过梳理文献，我们可以把创业投资网络的作用从宏观层面和微观层面进行归纳（表2-1）。

表2-1　创业投资网络作用

作用		具体内容	研究者
宏观层面	促进创新经济的发展	创业投资家利用所控制的网络降低新企业成立时的风险，助其克服创新的障碍，并扮演技术守门员角色，加速技术变革的进程，促进经济发展	Florida等（1988）
		硅谷密集的创业投资网络使得创业投资机构之间的信息交流和经验分享变得容易，合作更突出，从而促进创新经济发展	Castilla等（2000），Castilla（2003）
		创业投资机构与其利益相关者在创业投资网络中相互依赖、相互影响，成就了硅谷独特的完善而稳健的复杂网络系统，从而促进硅谷创新经济的发展	Ferrary等（2009）
	辅助完善政策制度	通过建立创业投资并购程序框架模型，检验网络环境，了解区域创业投资网络的发展状态，从而帮助政府更好地制定政策	MacLean等（2010）
		在新兴经济体，当正式制度很弱或当正式制度正在慢慢建立时，网络和其他的非正式制度可以补充甚至替代不完善的正式制度	Ahlstrom等（2010）
微观层面	对创业投资机构制定战略的影响	密集的创业投资网络可以有效地限制外来者的进入，从而增强现有创业投资机构与企业家的议价能力，所以提高现有网络密度是一个重要战略	Hochberg等（2010）
		作为质量信号，网络优势地位可以在市场间转移，本国网络有利于跨国扩张	Guler等（2010）
		具有较高金融专业知识水平的创业投资者较少投资于早期阶段企业，网络地位可以放大这种影响	Dimov等（2007）
		创业投资机构的网络嵌入度越高，越有利于企业间的联系，缩短信息传递距离，有利于差异化战略取得成功	Echols等（2005）

续表 2-1

作用		具体内容	研究者
微观层面	为创业企业增值	创业投资机构利用网络将无形资产（可信度、名誉资产、对创业企业的检验和认证等）转移给创业企业，并为创业企业提供推广活动（将创业企业介绍给利益相关者、帮助创业企业谈判、达成交易），从而为企业增值	Large 等（2008），Fitza 等（2009）
		创业投资家通过网络，帮助创业企业进行高层人力资源管理，帮助创业企业制定战略和运营计划，帮助其进行市场营销，从而为创业企业增值	Carvalho 等（2008），Bernile 等（2007）
		利用创业投资机构与创业企业构建起来的网络，可以在拥有共同投资人的不同企业间模糊企业边界，促成战略合作	Lindsey（2008）

2.3.1 对宏观经济的促进作用

Castilla（2003）认为社会网络理论能比传统的区域发展理论更好地说明硅谷与众不同的区域优势，合作的社会网络结构决定了区域的发展水平，紧密的联合投资网络是硅谷繁荣的原因。Castilla 开创了对地区创业投资网络进行系统分析和比较研究的先河，他从普华永道会计师事务所 Money-Tree-Historical 数据库中收集了 1995—1998 年硅谷的 111 家创业投资机构及其投资的 1787 家公司，以及 128 公路的 91 家创业投资机构及投资的 1163 家公司的数据，并以度数中心性、接近中心性、中间中心性、成分、派系、k-核等测度指标勾勒出两地的静态创业投资网络，采用文献分析和比较研究的方法，比较硅谷与 128 公路各方面的异同，发现以市场为中心的区域发展理论无法解释硅谷与 128 公路的区别，但是社会网络理论可以从网络结构的角度解释硅谷的优势：创业投资网络稠密、网络中心度指标高、单打独斗的成员少、合作紧密的小圈子多。硅谷的这些特点使得硅谷的信息交流和经验分享变得更加容易（Castilla 等，2000），合作气氛浓厚，正是创业投资网络的这些特点促进了硅谷的繁荣（Castilla，2003），成为硅谷可持续创新能力的重要源泉（Ferrary 等，2009）。Lindsey（2008）、Weber（2009）以创业投资自身网络为分析视角，从投资、融资、退出、联合投资四个角度，研究分析创业投资和与其存在的多重合作关系及其他利益主体之间的关系和作用，为研究创业投资推动区域创新体系中的内部创新机理提供了新的切入点。创业投资在区域内通过其创业投资网络与区域创新体系内各构成要素之间形成着千丝万缕的联系，而创业投资本身的融资作用、选择作用、标识作用、集体学习作用和嵌入作用（寸晓宏等，2014）通过与网络中其他个体相互作用帮助区域创新系统，克服市场失灵，增强稳健性，实现持续创新。

Ferrary 等（2009）用复杂网络理论去分析硅谷的创新能力，他们将经济看成复杂网络，节点为企业，连线由各种经济和财务关系组成，认为合作的创业投资网络支持了硅谷复杂创新系统的稳定性，成就了硅谷独特的完善而稳健的复杂网络系统，从而促进了硅谷创新经济的发展。MacLean 等（2010）则认为没有发达创业投资网络的地区更需要促进创业活动以刺激经济的发展，创业投资网络与区域繁荣紧密相关，他们建立了包括系统特点、政府因素、人员因素在内的创业投资网络环境下的创业投资并购程序框架模型，政策制定者可以通过此模型了解区域创业投资网络的发展状态，从而制定出是否需要集中区域优势解决区域的不足，或平衡区域发展等方面的政策。Ahlstrom 等（2010）则专门对新兴经济体创业投资网络的作用进行了定性的探索性研究，他们认为新兴经济体在制度变迁过程中，创业投资网络和其他的非正式制度可以补充甚至替代不完善的正式制度。

从上述研究的实证结果看，大多数研究都支持发达的创业投资网络有利于宏观经济的发展这一观点。

2.3.2 对创业投资机构及创业企业的作用

1. 对创业投资机构制定竞争战略的影响

首先，密集的创业投资网络可以有效地限制外来者的进入。Hochberg 等（2010）收集了 1975—2003 年所有美国创业投资基金的投资数据，证明了创业投资网络密度越大越能有效地限制外来者的进入，从而提高创业投资家与企业家讨价还价的能力，降低成本。新进入者可以通过与当地创业投资机构建立合作关系以克服进入壁垒，但是现任者会对引入新进入者的创业投资机构实施惩罚，不再与他们合作。其次，创业投资机构的网络优势地位有利于跨地区扩张。Guler 等（2010）收集了 1990—2002 年 216 家美国创业投资机构对 920 家创业企业在 45 个不同国家进行的 1714 轮投资的数据，证实作为质量信号的网络优势地位是可以从一个市场转移到另一个市场的，本国的网络有利于形成公司的跨国扩张。Sorenson 等（2001）也证实了创业投资网络可以跨越边界传递信息，没有中心位置的创业投资机构倾向于本地投资，处于网络轴位置的创业投资机构经常进行跨区域和跨行业投资。同样，施国平等（2018）发现创投机构在联合投资网络中占据中心位置有助于创投资本筹集，创投机构与有限合伙人网络中心位置的 LP 建立联结有助于创投资本筹集。可见，在依靠私人信息或高度信任而进行交易的创业投资行业中，拥有网络优势地位的成员在市场交换中拥有空间扩张的优先权。再次，创业投资机构的网络地位对其制定投资决策时起到调节作用。Dimov 等（2007）以美国的 108 家创业投资作为研究样本，证实高管拥有较高的金融专业知识会使创业投资机构较少投资于早期阶段的企业，如果创业投资机构的网络地位高的话将会放大这种关系。Meuleman 等（2009）则收集了英国 80 家私募股权机构进行的 1122 项并购事件数据，研究得出，代理成本与联合投资之间存在反向变动关系，这种反向变动关系会被领投投资机构的信誉和网络地位削弱。

2. 为创业企业增值的作用

一旦创业投资机构将资本注入创业企业，就会将其在创业投资网络中长期积累起来的社会资本转移给创业企业,拉动服务提供商网络,包括猎头、专利律师、投资银行等社会资本来帮助企业成功(谈毅等,2017;黄福广等,2018)。Large 等(2008)为了更好说明创业投资机构与利益相关者的网络对创业企业的非金融增值作用,对前人的研究做了很好的归纳(表2-2),认为创业投资机构利用利益相关者网络对创业企业的非金融价值增加作用主要体现在合法化及推广两个方面。合法化是指将创业投资机构的可信度、名誉资产、对创业企业的检验和认证转移给创业企业,为企业增值。推广是指创业投资机构通过与利益相关者长期合作而形成的关系网,为创业企业提供推广活动,将创业企业介绍给利益相关者,帮助创业企业谈判、达成交易。

表2-2 从外部导向看利益相关者网络对创业投资非金融增值的作用文献梳理

	合法化:可信度、名誉、合法性、检验、认证	推广:提供推广活动、介绍、谈判、达成交易
综合	Steier 等(1995),Gabrielsson 等(2002),Saetre(2003),Torres 等(2003)	Steier 等(1995),Gabrielsson 等(2002)
创业投资家、银行和其他金融机构	Timmons 等(1986),Fried 等(1995),Dolvin(2005)	Timmons 等(1986),Gomez-Mejia 等(1990),Ehrlich 等(1994),Fried 等(1995),Gabrielsson 等(2002),Maula 等(2005)
主要客户	Timmons 等(1986),Fried 等(1995)	Timmons 等(1986),Gorman 等(1989),Ehrlich 等(1994),Steier 等(1995),Maula 等(2005)
领投人、潜在并购人		Ehrlich 等(1994),Fried 和 Hisrich(1995),Maula 等(2005)
主要供应商	Timmons 等(1986)	Timmons 等(1986),Gorman 等(1989),Ehrlich 等(1994)
潜在 CEO、企业高管	Fried 等(1995)	Maula 等(2005)

在创业投资行业中,网络的良好发展能使创业投资机构变得更有竞争力,为创业企业提供与会计师和市场咨询师接触交流的机会(Barkus 等,2009),以及与声誉卓越的承销商合作的机会(Chahine 等,2007)。可以说,创业投资家通过网络帮助自身形成战略,发展专业能力,并转移声誉资产和网络资源以及别的无形资产给创业企业(Fitza 等,2009),帮助创业企业成长,同时也使自身实力得到加强。

2.4 创业投资网络的投资绩效效应

网络是创业投资行业的显著特征，任何创业投资机构都会主动或被动地置身于这个网络环境当中。那么创业投资机构需不需要努力地营造自身的网络环境呢？这取决于创业投资网络对投资绩效的影响。

Hochberg 等（2007）与 Abell 等（2007）先后在 *Journal of Finance* 和 *Management Decision* 上发表文章，专门研究创业投资网络对投资绩效的影响。他们均采用了社会网络理论中的五个指标去测度创业投资网络，这五个指标是度数中心度、点入中心度、点出中心度、中间中心度、特征向量中心度，它们分别表示有过合作的创业投资公司数量、被邀请合作的次数、发出合作邀请的次数、中介能力、网络地位。该研究采用成功退出率（即成功地通过首发上市或并购的方式退出创业企业的占比）作为衡量投资绩效的指标。两者的不同是：Hochberg 等研究的是美国的创业投资，Abell 等研究的是英国及欧洲大陆的创业投资；Hochberg 等构建网络的时间窗口是 5 年，而 Abell 等是 3 年；Abell 等仅从基金层面研究了创业投资网络对绩效的影响，而 Hochberg 等则从基金和组合公司两个层面分别研究了网络对绩效的影响。几位学者经过实证研究最后得出相同的结论：五个指标对投资绩效都有显著的正向影响，也就是说在募集基金时就有较好网络地位的创业投资家具有显著较好的投资绩效。Hochberg 等还发现，五个网络测度间具有不同的显著性：有过合作的创业投资公司数量、被邀请合作的次数及网络地位对投资绩效影响更大，而中介能力作用最小。这说明提升网络地位是一个值得所有创业投资机构认真考虑的重要战略。

Hochberg 等的研究结论具有普适性，认为网络好的创业投资家可以取得更好的绩效。Echols 等（2005）则认为忽略公司的具体情况而泛泛讨论网络结构的好坏是不够的，而且过于笼统，无法证明对具体公司而言哪种网络结构更好。通过将公司战略、网络嵌入性结合起来分析其对投资绩效的影响，对 1995—1998 年美国的 80 家创业投资机构以及涉及的 369 宗 IPO 事件进行实证分析，发现用差异化战略与网络嵌入度的相互作用去解释投资绩效是效果显著的，产品差异化、渠道差异化战略会与网络的嵌入性发生相互作用而决定公司绩效，当网络嵌入度高时，被投资公司独特的产品和分销渠道会对公司绩效有更积极的影响。因此得出，企业在制定竞争战略时应充分地考虑到公司间合作的网络关系，大多数研究在谈论竞争战略时往往忽略了合作关系的重要性，而公司间的竞合关系是同时存在的，如何将竞争战略与合作网络相互融合应该在今后的研究中予以更多的关注。

Ewens（2010）在其博士论文中从另外一个角度说明了网络对投资绩效的影响。他发现从创业投资母公司中分拆出来的新创业投资公司比普通的新创业投资公司有更高的退出绩效。更高的退出绩效是因为母公司对新公司的潜在资产——社会网络发生转移。分拆出的新公司因此能够以更快的速度到达一个更核心的网络位置，与更有经验的创业投资者合作,所以能获得一个更高的退出回报。

蔡宁等(2015)研究发现,风投的网络中心度越高,越有可能抑制投资不足的情况,但也推动了公司的过度投资,而联合投资可能影响风投网络位置的上述作用。当风投采取联合投资时,网络中心度对投资不足的抑制作用以及对投资过度的推动作用,都要强于风投独立出资的情况;并且,当风险投资退出公司、关系网络断裂时,公司投资效率受到的上述影响也随之消失。上述研究结论表明,关系网络带来的信息优势将影响风险投资对所投资的公司产生的作用。此外,风投在 IPO 后进入、公司产权性质、公司现金流情况等也会对网络作用产生一定影响。

罗吉等(2017)在动态识别风险投资网络社群基础上,分析了社群特征以及群间差异,进而对风险投资网络社群对机构投资绩效的直接影响进行了实证检验,并考察自中心网络聚集对网络社群与投资绩效的调节作用。该研究发现,我国风险投资网络存在明显的社群现象;网络社群在投资阶段、行业以及项目地理分布属性方面均呈现群内差异小、群间差异大的特征,网络社群专业化明显;机构的社群成员身份对其投资绩效有显著的促进作用,自中心网络聚集程度对网络社群与投资绩效具有显著的正向调节作用。

综上所述,学者们通过实证研究得出的结论几乎都支持了网络优势有利于投资绩效的提高这一结论。因此,在创业投资行业营造自身的网络优势是所有创业投资机构必须予以重视的问题(Abell 等,2007;蔡宁等,2015;严子淳等,2018)。

2.5　创业投资网络的研究方法

在定性研究方面,MacLean 等(2010)为了解没有发达创业投资网络的地区的创业投资并购情况,进行了探索性案例研究。他们采用纵向案例研究的方法,运用过程研究的方式收集数据,对 20 项创业投资并购业务中涉及的 10 名企业家和 6 名投资人进行了半结构式访谈,建立包括系统特点、政府因素、人员因素在内的创业投资网络环境下的创业投资并购程序框架模型,模型给出了创业投资网络发展状态的决定因素,并将此模型应用于德国的新布伦瑞克省,发现新布伦瑞克省创业投资网络的发展处于中间地带,并以此为依据向政府和相关部门提出政策建议。Watkins(2010)对 30 家英国创业投资机构的一般合伙人进行半结构化的深度访谈,对如何利用与外部合作伙伴的合作与网络进而获取互补性、跨区域知识和专业技能以适应全球化竞争,进行了定性的探索性研究。

Ahlstrom 等(2010)为了研究创业投资网络在新兴经济体中的特殊作用,于 1999—2003 年对东亚的新兴经济体中 60 名领先的创业投资经理人和 5 名官员进行了 65 次半结构化的深入访谈,将定性数据分析、深入访谈、人种分析、案例研究相结合,建立了一个理解新兴经济体创业资本实践的模型,模型特别关注到了网络的影响。Weber 等(2009,2011)先后两次从动态社会网络视角对公司创业投资

（CVC）三方关系（即公司创业投资、母公司的战略事业部、创业企业的三方关系）进行了基于扎根理论的探索性研究，其精选出 2002 年发生在德国的 6 个分别属于不同母公司的 CVC 项目，每个 CVC 项目包括两个独立的 CVC 三方关系（一个成功，另一个不是很成功），并对这 12 个 CVC 三方关系进行纵向多案例研究，通过 34 次半结构化深度访谈，举证分析了创业投资社会网络系统和社会资本（社会负债）的形成和转化过程，发现创业投资网络和社会资本会使得知识转移和创新更加容易，但是由于网络结构和个人因素也可能会使社会资本转变为社会负债从而阻碍知识转移和创新。

比较研究方面，Castilla（2003）从普华永道会计师事务所 Money-Tree-Historical 数据库中收集了 1995—1998 年硅谷的 111 家创业投资机构及其投资的 1787 家公司的数据，128 公路的 91 家创业投资机构及投资的 1163 家公司的数据，采用文献分析和比较研究的方法，比较了硅谷与 128 公路的经济环境、政策环境和文化环境，认为这些都没办法说明硅谷突出的创新能力，但是从社会网络结构的角度进行比较就会发现硅谷的优势在于其特殊的社会网络结构。Checkley（2009）则从 PEI 及 IE 数据库中收集了 1993—2003 年英国最好的、至少被一家机构基金投资的 20 家创业投资机构和涉及的 73 家机构基金、218 项投资项目的相关数据，计算出其中创业投资网络隐藏的系统风险，并将其与由七个随机抽样模型得到的随机风险相比较，发现实际投资网络中隐藏的系统风险显著高于随机实验中的随机风险。

在采用回归分析方法的文献中，有小部分是采用问卷调查及现场访谈的方式收集数据，更多的则是使用数据库数据，包括 Thomson Financial 中的 Venture Economics 或 VentureXpert 数据库中的数据。而大部分文献采用了社会网络分析法对相关的创业投资网络属性数据进行描述，其他则以定性的方式描述网络情况，然后再转换成虚拟变量进行分析。一些研究采用了 Logistic 回归模型进行分析，其中多篇涉及的被解释变量是"是否加入新伙伴"或者"是否联合投资"。表 2-3 为 10 篇具有代表性的对创业投资网络进行研究的文献及其研究方法和内容。

表2-3 创业投资网络研究代表性文献

作者	提出的问题	被解释变量	解释变量	调节变量	数据来源	数据组成	数据分析方法
Guler, Guillén (2010)	本国的网络对跨国扩张的影响是什么	i创业投资公司是否会于t年进入j国家	社会地位（权力中心度）、经纪优势（Burt的反符号约束指数）	第i个创业投资于t-1年前在j国家是否有过合作伙伴	Thomson Financial的Venture Economics数据库	1990—2002年216家美国创业投资公司对920家创业企业于45个不同国家进行的1714轮投资	分段指数模型，稀有事件Logistic回归
Hopp C. (2010)	行业和投资经验对领投者选择合作伙伴的影响是什么	是选择原来的伙伴"1"还是新伙伴"0"	行业经验、累计行业经验、首次行业交易、行业经验在中上水平、合作伙伴行业经验、联合投资失败率		Thomson Financial的Venture Economics数据库	1995—2005年德国447家创业投资公司对964家创业企业进行的2373轮投资，122次加入新伙伴关系，537次强原伙伴关系	三阶层Logistic回归
Ewens (2010)	从母公司分拆出的子公司的竞争优势是什么；母公司的不利影响是什么	子公司的绩效	权力中心度、联合投资的金额、联合投资时的年龄	是否从母公司分拆出来的子公司	道·琼斯子公司维护的Venture-Source、Venture One数据库	1987—2007年6819家创业投资机构对16849家创业企业的457轮投资	对分拆子公司与一般新公司的比较研究，Probit回归
Meuleman (2009)	对于辛迪加代理成本与关系、领投者声誉地位和名声对此关系的影响是什么	是否辛迪加	代理成本	信誉，网络地位（用degree表示）	管理收购研究中心（CMBOR）、英国风险投资协会（BVCA）、欧洲风险投资协会（EVCA）、Venture Economics数据库补充	1993—2006年英国80家私募股权公司涉及的1122件并购事件	Logistic回归

续表 2-3

作者	提出的问题	被解释变量	解释变量	调节变量	数据来源	数据组成	数据分析方法
Zhang, Soutaris, Soh, Wong (2008)	创业家在什么情况下更喜欢利用网络关系接近投资者而不是市场融资的方法	利用网络关系接近投融资系统的比例	职业地位、行业经验	营销和管理的技巧	先导性访谈、问卷调查	对16名企业家做先导性访谈，然后发放调查问卷，得到102家新加坡企业、124家北京企业数据	有序概率回归
Hopp C. (2008)	联投时，创业投资机构间是否有竞争；领投人会如何选择合作伙伴	没有被邀请参加联合投资	结构类似性、规则类似性、以往的投资经验、去年的投资经验		Thomson Financial 的 Venture Economics 数据库	1995—2005年德国2400件创业投资的交易数据	稀有事件 Logistic 回归
Sorenson, Stuart (2008)	什么因素使创业投资中的远距关系形成	远距关系形成的可能性	模型1：与目标公司的地理距离、行业距离；模型2：与目标公司的地理距离、行业距离	模型2：地区热度、行业热度、投资轮次、投资规模、联投规模、以前的合作者数目	Thomson Financial 的 VentureXpert，即 Venture Economics 数据库	1985—2007年创业投资机构对美国的7976家创业企业的230 230件首次投资事件	条件 Logistic 回归、个案控制的条件多元 Logistic 回归
Hochberg (2007)	创业投资联合投资网络对投资绩效有什么影响	投资绩效	网络度数中心度、点出度、点入度、权力中心度、中间中心度		Thomson Financial 的 Venture Economics 数据库	1980—1999年成立的3469个创业投资基金，1974家创业投资机构，47 705轮投资事件	回归分析

续表 2-3

作者	提出的问题	被解释变量	解释变量	调节变量	数据来源	数据组成	数据分析方法
Dimov, Shepherd, Sutcliffe (2007)	创业投资高管金融知识对投资阶段的影响是什么；公司声誉和地位的调节作用是什么	是否投资处于早期阶段的公司	具有金融专业知识的高管的百分比、公司的声誉、公司地位（权力中心度）	公司声誉、公司地位	Thomson Financial 的 VentureXpert 数据库	1997—2002 年美国 108 家投资 20 家以上创业企业且含对无线通信行业联合投资的投资机构	最小二乘回归分析
Echols, Tsai (2005)	差异化战略与企业绩效有什么关系；网络嵌入性对企业有什么影响	创业投资绩效	产品差异化、渠道差异化、网络嵌入性	网络嵌入性	SDC 企业上市报告、Thomson 的 VentureXpert 等数据库	1995 年 1 月 1 日至 1998 年 12 月 31 日 80 家创业投资机构，369 次创业企业 IPO 的相关数据	泊松回归

第3章 中国创业投资网络的演进与发展

我国的创业投资于1997年蓬勃兴起，于2006年进入快速发展期，2012年投资于中国境内及在中国境内注册的创业投资机构已多达3205家①，到2016年底，创业投资机构数量已达10 822家②。经过20余年的快速发展，我国创业投资的规模上升了，那么发展过程中的网络质量又如何呢？在我国全面深化经济体制改革和加快转变经济发展方式的关键时期，我国的创业投资网络能否持续有效地支持我国实施创新驱动发展战略③？是否有利于培养我国人民的创业精神、营造创新氛围，促进中国经济持续健康发展？因此，本章将从社会网络结构的角度回顾中国创业投资的发展状况。

3.1 数据的来源

本研究的数据主要来源于ChinaVenture集团的CVSource数据库，对其中的部分缺失数据则用清科数据库的数据作补充。数据涉及时间为1989—2016年，剔除投资机构等属性缺失数据后，得到包括4437家创业投资机构对13 229家中国境内初创企业进行的18 432件投资事件，其中联合投资事件共5028件，占比达27.29%。

3.2 分析方法

首先，采用社会网络分析方法构建出各年度的中国创投网络图；然后将创投机构的各项属性指标（所有权性质、总部所在地、成立时间、CVC、金融背景、政府背景等）放入网络图中观察其规律，找出网络演进过程中规律性最强的属性指标——创投机构的所有权性质；接下来将网络属性指标结合创投机构的所有权性质分析中国创业投资网络随时间演进的规律，并与硅谷的创投网络指标值进行比较，最后得出实证结论。

社会网络分析专注于某区域现存的一系列经济单位的连接关系，并用点与线刻画出经济单位间的网络结构（Wasserman等，1994），以便从中观层面（Granovetter，

---

① 数据来源于CVSource数据库，请参见 http://www.chinaventuregroup.com.cn/database/apply.shtml。
② 数据参考中国风险投资研究院编著的《中国风险投资年鉴2015—2016》。
③ 见2012年11月8日中共中央前总书记胡锦涛代表十七届中央委员会在中共第十八次代表大会上作的报告《坚定不移沿着中国特色社会主义道路前进为全面建成小康社会而奋斗》。

1973)、结构的角度了解区域发展的特点，并找出关键的个体和有影响的小团体（MacLean 等，2010）。创投机构是通过投资创业企业—创业企业价值增加—退出创业企业的过程而实现自身价值的提高的。在创投机构不断投资、退出创业企业的过程中，创投机构间的网络关系就发生了变化（Hochberg 等，2007）。因此，每年的网络都用到包括本年在内的前几年的联合投资关系来构建可以更好地捕捉到这个动态变化的过程。为了与 Castilla（2003）对硅谷创业投资网络的研究数据进行比较，本研究采用与其相同的方法构建网络，即每年的创业投资网络都由包括本年在内的前 4 年的创业投资事件来构建，在这 4 年内投资于中国境内创业企业的创业投资机构都会出现在网络图中，而只要在 4 年中共同投资于同一家创业企业的创业投资机构之间就会有一条连接线。依此方法，本研究从 1997—2016 年每年构建一张创业投资网络图。由于 1996 年以前，我国的创业投资还处于酝酿时期，彼时的创业投资机构数目还很少，所投资的创业企业也不多（成思危，2008），联合投资的事件就更少了，所以 1996 年的创业投资网络由 1989—1996 年的 29 个创业投资机构涉及的 50 轮创业投资事件构成。这样我们就总共构建了 21 年的创业投资网络。

3.3 网络属性指标的确定

创业投资网络属性即创业投资网络的性质和特点，不同地区、创业投资机构和创业企业都会因为所在网络的网络属性不同，而获得不同质量的信息、资源和竞争优势（周育红等，2012）。Castilla（2003）在得出社会网络理论能比传统的区域发展理论更好地说明硅谷与众不同的区域优势的结论时，用了如表 3-1 所示的指标去分析硅谷的创业投资网络的特点，并认为硅谷比 128 公路更加成功的原因在于硅谷的创业投资网络合作关系稠密、网络中心度指标高、单打独斗的成员少、合作紧密的小圈子多。下面将参照 Castilla 所用的网络属性测量指标从中心性与凝聚子群两个角度分析中国创业投资网络结构的演进轨迹。

表 3-1 1998 年硅谷的创业投资网络属性指标值（1995—1998 年硅谷的 111 家创业投资机构）

与其他创业投资机构的连接次数	0	1~3	4~6	7~9	10 以上
占比/%	29.70	40.50	15.30	7.20	7.20
	均值	标准差	最小值	最大值	网络中心势/%
度数中心度	2.81	3.35	0	15	11.28
标准化的度数中心度	2.56	3.04	0	13.64	11.28
标准化的接近中心度	2.11	0.82	0.9	2.71	1.23
标准化的中间中心度	0.96	1.79	0	9.34	8.46
网络密度/%	2.50				

续表 3-1

与其他创业投资机构的连接次数	0	1~3	4~6	7~9	10 以上
成分（最小规模为2）	2				
派系（最小规模为3）	45				
2-派系（最小规模10）	70				
k-核	2				

3.3.1 测度网络中心性指标

测度创业投资网络关系最常用的指标是点的中心度（centrality），它是评价某创业投资机构在其所处的社会网络中的权力、影响力及社会声望的重要指标（Hochberg 等，2007，2010；Abell 等，2007；罗吉等，2016）。而网络中心势则指整个网络的中心化程度，利用它可以评价创业投资机构某种特征在整个网络中分布的不均衡程度（Scott，2009）。以下将用度数中心度（degree centrality）、中间中心度（betweenness centrality）、接近中心度（closeness centrality）及其相应的中心势从不同的角度去分析创业投资网络的中心性。

首先，某点的度数中心度就是某点在网络中与其直接相连的其他点的个数。其计算公式为式（3-1），其中 Cd_i 指第 i 个创业投资机构的度数中心度，p_{ij} 是创业投资机构 i 与创业投资机构 j 之间的连接关系数，如果它们之间没有连接则取值为 0。在创业投资网络中，度数中心度越高则与其直接合作的人越多、能分享到更多好的投资机会，享受更专业更全面的"智囊团"、进入更大的资金池进行联合投资，影响力越大（Hochberg 等，2007），该创业投资机构越居于局部网络的中心（Nieminen，1974）。为了在具有不同规模的网络间比较度数中心度，Freeman（1979）提出了标准化的度数中心度（normalised degree）的概念，它是指本点的度数中心度与网络中最大可能的度数中心度之比，计算公式为式（3-2）。Castilla（2003）用硅谷所有创业投资机构的平均度数中心度来说明硅谷创业投资网络平均的合作紧密程度、反映出硅谷的合作氛围。我们同样计算出每年中国创业投资网络中所有创业投资机构的平均度数中心度，反映在我国创业投资网络中创业投资机构合作状况随着时间推移的变化。度数中心势（degree centralization）是描述整个网络中个体间度数中心度集中趋势的指标，在它的计算公式如式（3-3）中，分子部分是网络中的最大度数中心度与其他各点度数中心度的离差之和，分母部分是可能存在的最大离差之和。显然，在集权化程度最高的星形网络中（图3-1）这个离差的总和最大，其度数中心势为100%。在创业投资网络中，度数中心势反映了整个网络创业投资机构间合作能力的不均衡

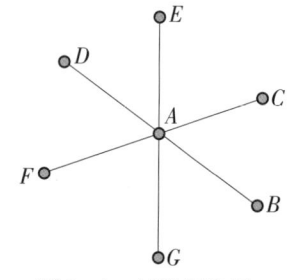

图 3-1 星形网络图

程度。

$$Cd_i = \sum_j p_{ij} \qquad (3-1)$$

$$Cnd_i = \frac{\sum_j p_{ij}}{n-1} \qquad (3-2)$$

$$C_D = \frac{\sum_i (C_{dmax} - C_i)}{\max[\sum(C_{dmax} - C_i)]} \qquad (3-3)①$$

其次，点的中间中心度是指一个点在多大程度上位于网络中其他点的"中间"，能在多大程度上控制其他点（Marsden，1982）。当创业投资机构 VC_1 与创业投资机构 VC_2 以距离 2 相连而不是直接相连，那创业投资机构 VC_1 与创业投资机构 VC_2 之间就存在一个"结构洞"，结构洞的存在使得连接两点的第三个创业投资机构扮演了经纪人或者中介的角色，并且这个中间人还可以从被连接的两派的冲突或分离中获益，所以也可称之为"渔利者（tertius gauden）"（Marsden，1982；Burt，2008）。如果说度数中心度是测量网络中创业投资机构的直接合作能力，那么中间中心度就是测量某创业投资机构的中介能力和控制能力，是将没有联系的具有互补性技能或者互补性投资机会的创业投资机构聚集在一起的能力（Hochberg 等，2007）。某点 i 对网络中除自身之外的所有点扮演中介的能力即中间中心度，其计算公式为式（3-4）。标准化的中间中心度（normalised betweenness）是指点 i 的中间中心度与相同规模的网络中最大可能的中间中心度之比，计算公式为式（3-5）。网络平均标准中间中心度是指网络中创业投资机构的平均中介能力，中间中心势（betweenness centralization）表示创业投资网络中创业投资机构间中介能力的不均衡程度，公式为式（3-6），分子部分是网络中各点中间中心度的最大值与其他各点中间中心度的离差之和，分母部分是这个离差之和的最大可能值。

$$Cb_i = \sum_j \sum_k b_{jk}(i) \qquad (3-4)$$

$$Cnb_i = \frac{2C_{bi}}{n^2 - 3n + 2} \qquad (3-5)$$

$$C_B = \frac{\sum_i (C_{bmax} - C_{bi})}{n^3 - 4n^2 + 5n - 2} \qquad (3-6)$$

再次，点 i 的接近中心度通常用该点与网络中其他各点的距离之和来表示，计算公式为式（3-7）。如果一个点与其他许多点的距离都很近，那么它在交易过程中就较少依赖于他人，此点就具有较高的接近中心度（Freeman，1979，1980）。如

---

① 具体推导过程请参见 Freeman L C, *Centrality in social networks: conceptual clarification*, Social Networks, 1979, 1: 224-234.

果说中间中心度是度量某点在网络中控制他人能力的指标,那么接近中心度就是度量在网络中不受他人控制的能力大小的指标。为了比较来自不同规模网络的点的接近中心度的大小,我们采用标准化的接近中心度(normalised closeness)来计算 i 点接近中心度,计算公式为式(3-8)。一个网络的接近中心势(closeness centralization)是指网络中创业投资机构间不受他人控制能力的集中趋势或者不均衡程度,计算公式为式(3-9)。与度数中心势、中间中心势类似,星形网络具有百分之百的接近中心势,该网络的接近中心度不均衡程度最大,而完备网络的接近中心势为0,网络中各点具有相同的接近中心度,网络中的接近中心度完全均衡。

$$Cc_i^{-1} = \sum_{j=1}^{n} d_{ij} \qquad (3-7)$$

$$Cnc_i = \frac{\sum_j (d_{max} - d_{ij})}{(n-1)} \qquad (3-8)$$

$$C_c = \frac{\sum (C'_{Rci} - C'_{Rci})}{(n-2)(n-1)}(2n-3) \qquad (3-9)$$

3.3.2 测度网络凝聚子群的指标

许多社会网络的研究者都认同,研究网络结构的重要内容是分析网络中存在的凝聚子群(cohesive subgroups)(Collins, 1988; Freeman, 1992; Wasserman 等, 1994)。下面将用四个指标分别从四个角度来考察中国创业投资网络的凝聚子群。

(1)根据子群内外关系建立的凝聚子群——成分(component),是最大的相关联的子群。本研究分析的每个成分至少由两个成员组成且内部成员一定存在关联,属于不同成分的成员间没有任何关联。关系紧密的网络一般由一个大的成分占据主导地位,如果网络中成分越多,说明没任何联系的小团体越多,当地创业投资机构间合作氛围越差(Castilla, 2003)。

(2)建立在互惠性基础上的凝聚子群——派系(cliques),是至少包含三个点的最大完备子群。派系内的任何两点都是直接相连的,所以派系是指连接关系相当紧密的小团体。

(3)建立在可达性和直径基础上的凝聚子群——n-派系(n-cliques),指的是网络中的任何两点之间的距离最大不超过 n 的子群。在创业投资网络图中,创业投资机构间的关系不是必然直接相连的,间接关系也不应该被忽视,于是计算出成员不少于10个的2-派系,也就是说,此子群中创业投资机构间不必然邻接,但是它们之间的距离最大不超过2,成员不少于10。

(4)建立在点度数基础上的凝聚子群——k-核(k-core),在网络中某子图中的点至少与该子图中的 k 个其他点邻接,这个子图就是 k-核。k-核就是运用最小度数的标准,区分出网络中具有高、低凝聚力的团体(Seidman, 1983)。

3.4 实证研究结果及分析

3.4.1 对中国创业投资网络动态演变的描述

2008年受世界金融危机的影响,创业投资市场募资规模陡降,但在2009年后渐渐恢复增势,无论在完成募集的数量还是募资规模上都呈现出迅猛上涨的势头,2014年募集基金数量出现峰值,2017年募资规模出现峰值。随着资本寒冬的到来,进入2018年,创投市场趋于疲软,无论是完成募集基金的数量还是募资基金的规模都呈现下滑态势,2019年创投市场全面进入回调期(图3-2)。

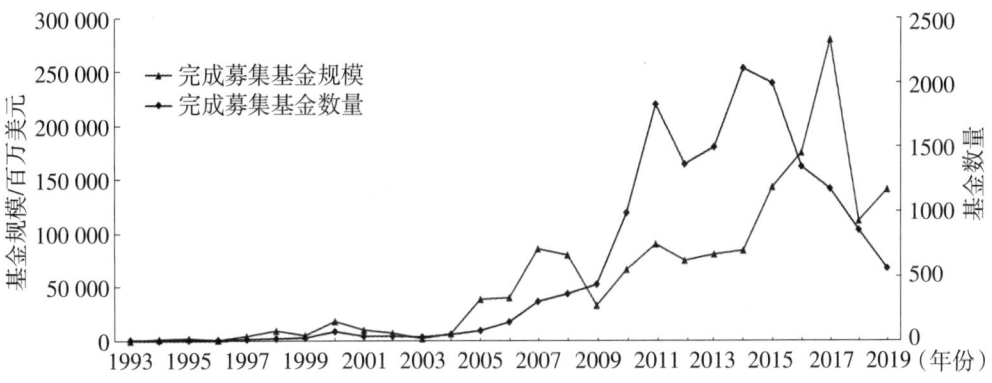

图3-2 1993—2019年中国创业投资市场基金募集数量及募资总额

资料来源:根据CVSource数据库中数据绘制。

伴随着中国创业投资的不断发展,中国创业投资的中观环境——创业投资网络又呈现何种发展态势呢？图3-3描述了1996—2016年中国创业投资网络的演进过程。图形采用迭代拟合的算法,使得图中相邻点的距离最短,同时,采用点与点不重合(node repulsion)及边长尽可能相等(equal edge length)的原则[①]。网络中的点(nodes或actors)代表各创业投资机构,连结(ties)表示在网络所属时期内创业投资机构间联合投资于同一家创业企业的合作投资关系(Meuleman等,2009;Ewens,2010)。为挖掘中国创业投资网络在演进过程中的规律,我们将创业投资机构的各种属性指标(包括创业投资机构的所有权性质、成立时间、总部所在地、公司创业投资背景、金融背景、政府背景等)分别放入网络图中,发现创业投资机构的所有权性质(以中资、外资、合资创业投资相区分)在网络演进过程中呈现的规律性最为明显。

---

① 具体内容请参考社会网络学习教程中"网络可视化": http://faculty.ucr.edu/~hanneman/nettext/C4_netdraw.html。

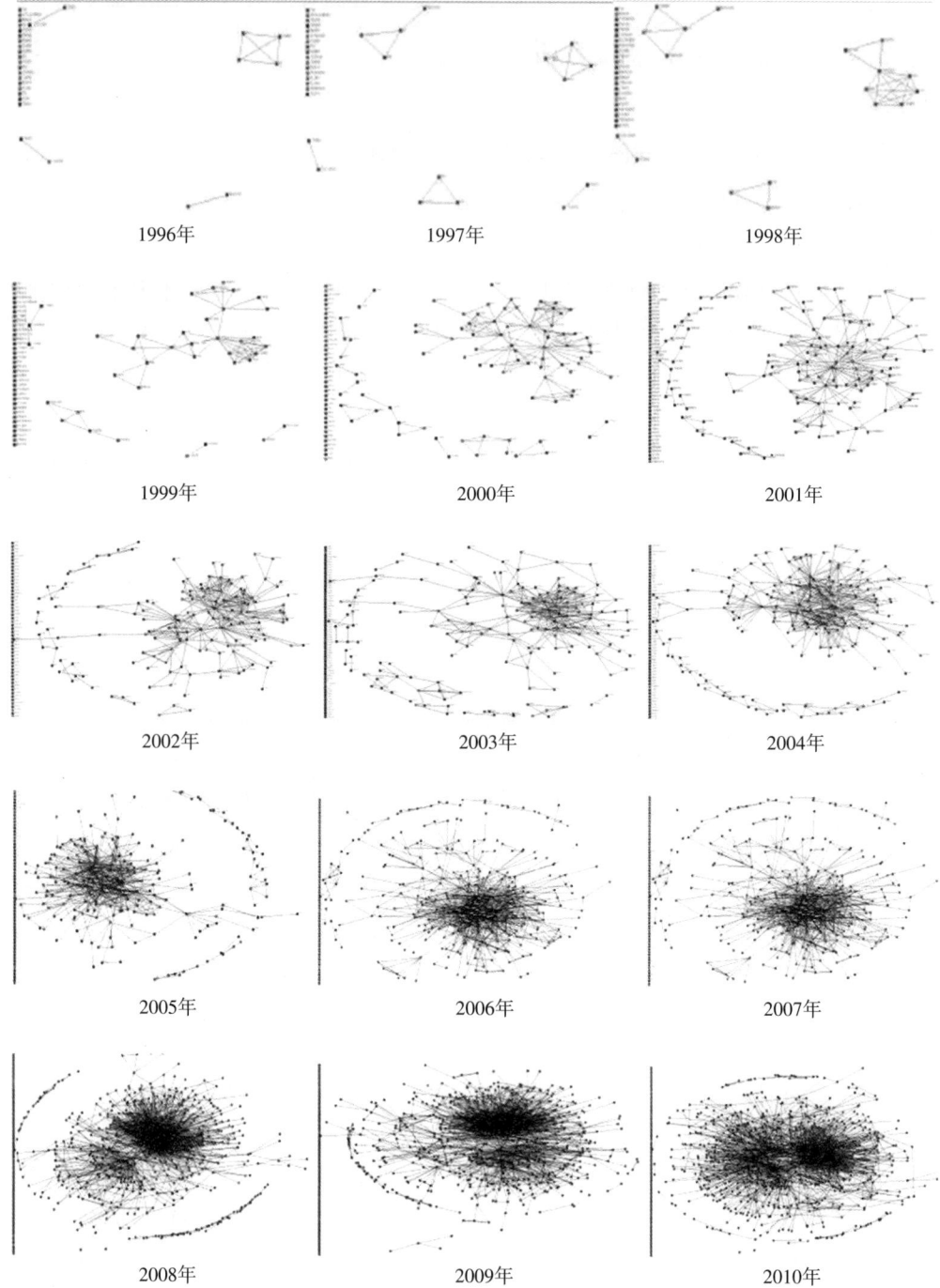

1996年　　　　　　　1997年　　　　　　　1998年

1999年　　　　　　　2000年　　　　　　　2001年

2002年　　　　　　　2003年　　　　　　　2004年

2005年　　　　　　　2006年　　　　　　　2007年

2008年　　　　　　　2009年　　　　　　　2010年

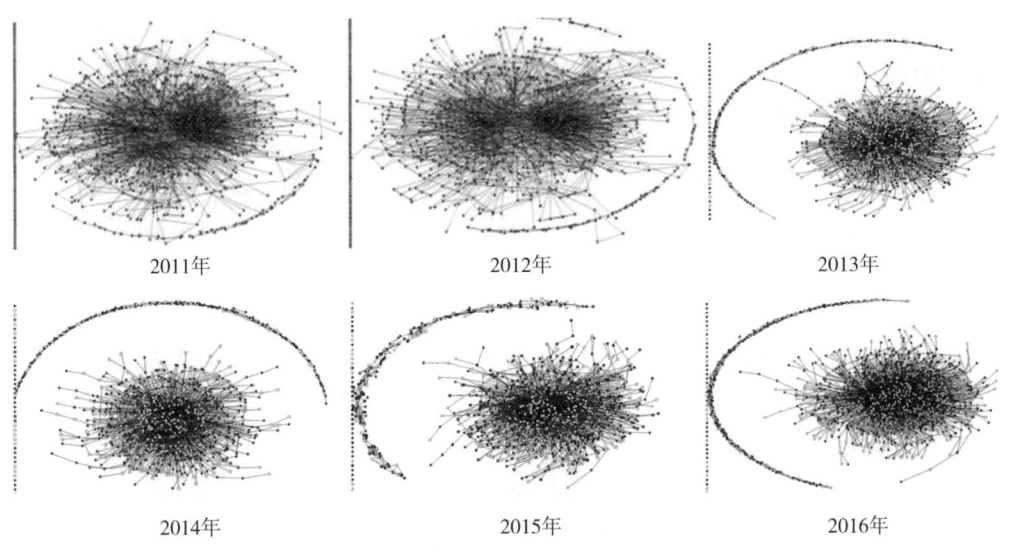

图 3 - 3　2013 - 2016 年网络图
资料来源：根据 CVSource 数据库中数据整理绘制。

由图 3 - 3 可见，我国创业投资网络规模（网络主体的数目）在逐年递增，创业投资网络的发展与我国创业投资行业发展相对应，经历了萌芽期、缓步发展期、快速成长期（成思危，2009）。在 1998 年以前处于萌芽期，此时我国创业投资网络还未成型，绝大多数创业投资机构都是以独立投资的方式为创业企业注资，网络中零星分布的几条连线几乎都是外资创业投资机构之间的合作关系。1999—2007 年处于缓步发展期。1999—2004 年，中资创业投资机构与中外合资创业投资机构开始慢慢进入网络合作关系当中，节点间的连接开始增加，创业投资机构间的合作开始加强，中国创业投资网络进入缓步发展期。值得关注的是，在这个阶段只有很少的外资创业投资机构没有进入网络合作关系中，而进入合作网络的中资创业投资机构较少并且即使进入网络也很少直接与外资创业投资机构合作，合资创业投资机构成为连接中资创业投资机构与外资创业投资机构的桥梁。2005—2007 年，网络看似更加密集，就网络地位而言，外资创业投资机构明显处于核心位置，而中资创业投资机构处于网络边缘。2008 年以后，中国创业投资网络进入快速成长期。2008—2012 年，我国的创业投资网络又出现明显的变化，中资创业投资机构逐渐从网络边缘位置向中心靠拢，然后与外资创业投资机构平分秋色，到了 2011 年进入合作网络的中资创业投资机构在规模上已占据大多数。2013—2016 年，中资创投机构往网络中心靠拢的步伐加快，整体合作网络中及网络中心处中资创投机构数量越来越多，中资的网络地位开始好转。

3.4.2　对网络属性指标测度结果的分析及与硅谷的比较

1. 对网络中心性的分析

中国创业投资网络历年来的中心性指标如表 3 - 2 所示。从表中可见，中国创业投资网络的规模（网络中创业投资机构的个数）在逐年递增，创业投资机构的数量从1996年的29家发展到2016年的2882家，其中不参与任何联合投资的孤立的创业投资机构的占比整体呈现递减趋势，平均创业投资机构的连接次数早先逐年递增，到2008年达到最大值10.75次（1998年硅谷为15次），之后呈回落趋势，2016年平均连接次数为3.15次。以上仅是简单的绝对数据，对不同规模的网络进行比较研究必须用标准化数据（Freeman，1979）。

A. 度数中心性

中国创业投资网络的平均标准化度数中心度（normalised degree）在1998年及以前，一年比一年高，1998年达到最高值1.768%（1998年硅谷为2.56%），但是从1999年开始就一路下滑，期间2003年、2004年、2011年偶尔反复，再往后的2013年、2014年则出现了些许回升（图3-4与表3-2）。这与我国创业投资从1998年兴起有关，之后在数量上的迅速增长形成了极大的反差。同时，国外学者几乎无一例外地证明了创业投资网络的度数中心度越高，则该地区创业投资机构间的合作氛围越融洽，越有利于创业企业的成长和地区创新经济的建设（Abell等，2007；Hopp，2010a）。从这个角度上来说，我们有理由怀疑：我国的创业投资从1998年开始的"兴起"只是数量上的兴起，却是网络质量上的下滑。因为创业投资网络度数中心度所代表的行业内的合作关系、创业投资机构间专有知识和投资机会的分享、合作氛围是一年不如一年，这并不利于我国创业企业的成长及我国创新体系的建设。而1996年、1997年、1998年这3年平均度数中心度的逐年增加几乎与中资创业投资机构没有什么关系，因为这3年间参与联合投资的几乎都是外资创业投资机构（仅有1家中资创业投资机构，2家合资创业投资机构）。而2003年、2004年中资创业投资机构相对其他年份在数目上增加较少，这恰好可以解释这两年平均度数中心度在数据上的少许反弹。

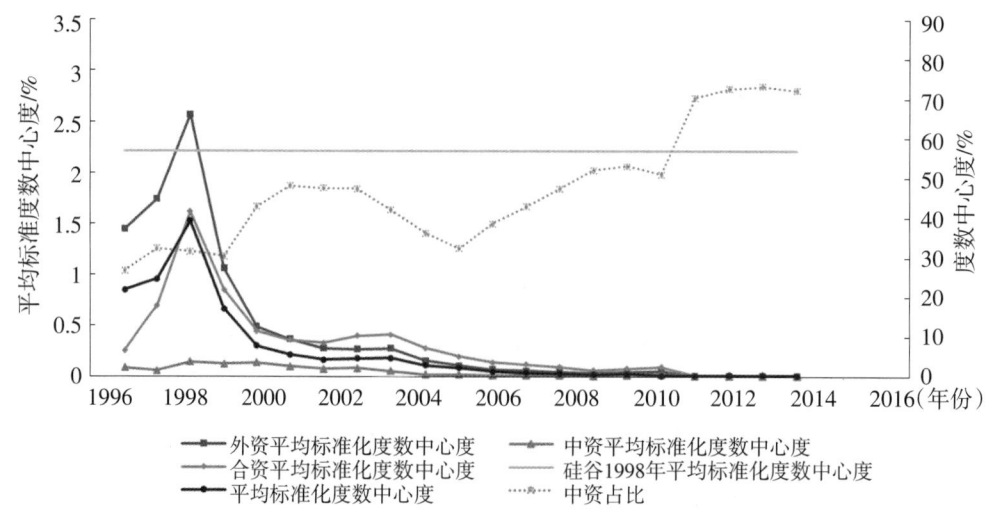

图3-4 中国创业投资网络1996—2016年平均标准化度数中心度走势

第 3 章　中国创业投资网络的演进与发展

表 3-2　1996—2016 年中国创业投资网络的中心性

网络建成时间/年			1996	1997	1998	1999	2000	2001	2002	2003	2004	2005	2006
创业投资机构的数量/个			29	32	41	74	131	183	218	248	288	338	443
被投资企业的数量/个			44	43	57	103	220	352	466	566	662	774	981
孤立创业投资机构占比/%	与其他创业投资机构的连接次数	无	65.52	53.13	56.10	48.65	33.59	29.50	31.19	33.06	36.81	36.69	27.09
		1~3	20.69	34.38	24.39	27.03	35.11	38.25	33.94	36.69	33.33	32.54	28.44
		4~6	6.90	6.25	17.07	10.81	9.16	14.75	14.22	11.69	10.07	8.88	15.35
		7~9	6.90	6.25	2.44	9.46	9.16	6.56	5.96	6.05	5.90	7.10	9.48
		10以上	0	0	0	4.05	12.98	10.93	14.68	12.50	13.89	14.79	19.64
	平均连接次数		1.10	1.38	1.42	2.24	4.08	4.02	4.58	4.09	5.38	5.74	8.38
	标准差		2.26	2.18	2.00	3.45	7.17	7.11	7.91	7.29	11.51	12.86	17.14
	最大值		8	8	7	17	56	57	65	55	83	105	149
标准化度数中心度	均值/%		0.99	1.11	1.77	0.77	0.35	0.25	0.19	0.21	0.21	0.13	0.10
	标准差		2.02	1.76	2.50	1.18	0.61	0.43	0.33	0.37	0.45	0.29	0.20
	最大值		7.14	6.45	8.75	5.82	4.79	3.48	2.72	2.77	3.21	2.40	1.77
网络的度数中心势/%			6.61	5.70	7.34	5.19	4.51	1.72	2.55	2.59	3.03	2.28	1.68
标准化接近中心度	均值/%		0.02	0.07	0.09	0.44	0.61	1.29	1.63	1.41	1.45	1.52	2.65
	标准差		0.04	0.08	0.12	0.55	0.68	1.23	1.53	1.50	1.47	1.50	2.03
	最大值		0.11	0.19	0.35	1.51	1.82	3.12	3.70	3.58	3.46	3.57	4.95
网络的接近中心势/%			17.93	13.54	27.47	38.82	42.46	41.60	42.49	38.30	42.79	42.48	41.53
标准化中间中心度	均值/%		0.00	0.06	0.34	0.27	0.25	0.35	0.30	0.19	0.17	0.16	0.22
	标准差		0.00	0.35	1.62	1.17	1.12	1.34	1.12	0.63	0.63	0.58	0.70
	最大值		0.00	2.00	10.00	7.84	9.45	12.13	10.62	5.87	6.21	6.12	7.52
网络的中间中心势/%			0	0.43	1.27	7.67	9.27	11.84	10.37	5.70	6.06	5.97	7.32

续表 3-2

网络建成时间/年			2007	2008	2009	2010	2011	2012	2013	2014	2015	2016
创业投资机构的个数			607	753	885	1044	1162	1797	1828	1990	2183	2882
被投资企业的个数			1477	1890	2202	2656	2895	4333	4786	5826	7200	8644
孤立创业投资机构占比/%	无		25.70	25.63	25.20	23.55	23.75	32.11	32.52	31.49	31.55	31.78
	1~3		30.97	33.20	33.11	36.75	36.57	53.42	54.26	45.87	53.18	51.99
	4~6		14.17	13.81	14.80	14.06	13.25	7.57	7.26	5.82	7.39	7.79
	7~9		6.75	5.98	6.33	6.65	8.09	2.45	2.10	2.21	2.60	2.86
	10 以上		22.41	21.38	20.56	18.99	18.33	4.45	4.16	5.08	5.28	5.62
与其他创业投资机构的连接次数	平均连接次数		10.20	10.75	9.99	8.87	7.96	2.26	2.11	2.59	2.80	3.15
	标准差		22.63	24.98	22.56	21.11	18.35	6.22	5.25	7.77	8.93	9.47
	最大值		206	278	214	215	238	169	125	177	191	206
标准化的度数中心度	均值/%		0.06	0.05	0.04	0.02	0.03	0.013	0.012	0.014	0.015	0.013
	标准差		0.13	0.11	0.08	0.06	0.07	0.035	0.03	0.04	0.05	0.04
	最大值		1.21	1.19	0.78	0.56	0.93	0.94	0.89	0.69	0.91	0.87
	网络的度数中心势/%		1.16	1.15	0.75	0.54	0.90	0.93	0.88	0.68	0.89	0.86
标准化接近中心度	均值/%		2.87	2.81	4.43	3.14	2.67	2.47	8.29	7.60	7.25	7.98
	标准差		2.07	2.04	2.98	2.06	1.76	1.71	7.16	6.95	6.87	7.27
	最大值		5.15	5.10	7.35	5.47	4.76	4.56	25.79	23.82	23.28	24.30
	网络的接近中心势/%		41.42	40.30	39.53	42.62	42.21	40.23	35.03	32.47	32.10	32.66
标准化中间中心度	均值/%		0.18	0.15	0.15	0.13	0.11	0.07	0.07	0.06	0.05	0.04
	标准差		0.60	0.60	0.61	0.60	0.54	0.38	0.4	0.31	0.23	0.19
	最大值		7.72	10.74	12.53	14.29	13.27	11.56	12.86	9.08	4.11	4.24
	网络的中间中心势/%		7.55	10.60	12.40	14.17	13.17	11.49	12.79	9.03	4.07	4.21

数据来源：根据 CVSource 数据库数据计算而得。

从图 3-4 可见，外资创业投资机构一进入中国市场就非常注意自身网络合作能力的建设，1998 年在中国市场上的外资创业投资机构平均度数中心度达到最高值 2.976%，已超过 1998 年硅谷创业投资网络的平均水平。由此我们认为外资创业投资机构直接将本国的成功经验应用于我国的创业投资市场，自始至终都在网络中占据着有利地位。但是，1999 年开始中资创业投资机构数目急剧增加，却忽视同业间合作关系的建设，导致整个网络的平均度数中心度水平大幅下降，整个行业的合作氛围由此破坏。只有在中资占比没有继续增加甚至下降的时候（2003，2004），网络平均度数中心度才略有回升。值得注意的是，中外合资创业投资机构在刚进入中国创业投资市场的时候（1996）其影响力（度数中心度）还很弱（只是略高于中资创业投资机构），但其成长速度很快，1998 年已经超过整个网络的平均水平，2001 年开始超过外资创业投资机构，利用合资的优势成为联系中资创业投资机构与外资创业投资机构的纽带。中资创业投资机构投资于本土市场本来是应该具备本土优势的（Hochberg 等，2010），但十几年来其合作能力始终处于网络最低水平，说明其根本没注意到网络关系建设的重要性。网络度数中心度的走势也印证了这些观点，总体看来，中国创业投资网络的度数中心度近 5 年来均低于 1%，相比 1998 年硅谷的度数中心度（11.28%）低很多，说明中国创业投资网络中的核心点的地位优势并不明显。1996—1998 年网络的度数中心度最强，说明这 3 年网络的权力分配较不均衡，权力更多地集中于外资创业投资机构。之后网络的度数中心度开始一路下降，这是由于中资创业投资机构越来越多、合资创业投资机构权力逐渐增大，使得网络中外资创业投资机构的权力被稀释，权力分散在网络之中。

B. 接近中心性

我们将中国创业投资网络历年来的平均接近中心度及中资、外资、合资创业投资机构的平均接近中心度绘制成图 3-5。

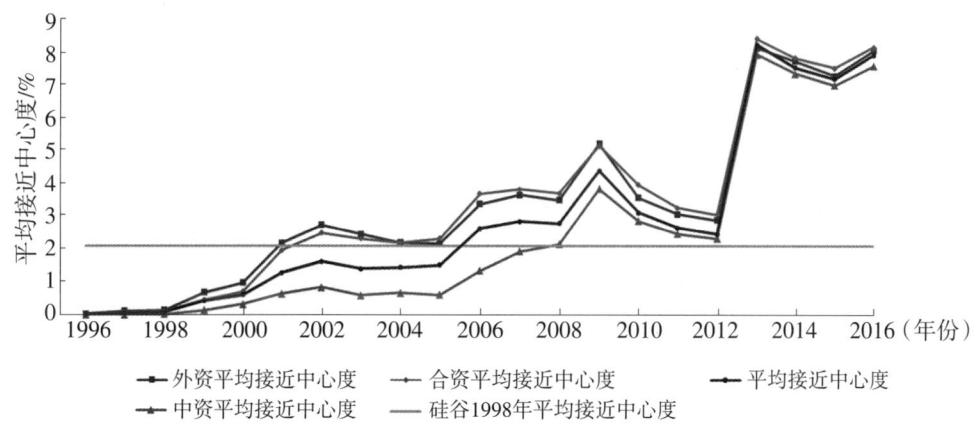

图 3-5 中国创业投资网络 1996—2016 年平均标准接近中心度走势图

由图 3-5 可见，中国创业投资网络的平均标准接近中心度（以下简称"接近中心度"）在 1998 年以前还非常低，从 1999 年开始以较快速度增长，2003—2005 年有一定回调，2006 年则一举超过 1998 年硅谷创业投资网络的平均水平（2.11%），2007 年、2008 年作了少许休整，2009 年达到阶段峰值 4.426%，之后开始下滑，再到 2013 年达到历史峰值 8.293%。从表面上看来，我国创业投资网络的此项指标走势良好，创业投资机构不受他人控制能力的平均水平增长很快，在 2006 年以后就一直领先于硅谷 1998 年的水平。但是，如果结合其他指标进一步分析就可以发现问题所在。首先，分别计算出每年外资、中资、合资创业投资机构的平均接近中心度指标。我们发现，外资创业投资机构与合资创业投资机构的此项指标大幅度领先于中资创业投资机构，也就是说外资与合资创业投资机构在网络中的不受控制的能力远优于中资创业投资机构。在 2006 年以前，外资创业投资机构一路领先，2007 年以后合资创业投资机构的此项指标超过外资创业投资机构，不受他人控制的能力略强于外资创业投资机构，之后中资、外资、合资创投标准化的接近中心度基本维持合资最大、外资第二、中资最低的局面。另外，从表 3-2 中可以看到中国创业投资网络的接近中心度非常高，最低值为 1997 年的 13.54%，在 1999 年以后接近中心度几乎都在 35% 以上（只有 2014 年、2015 年、2016 年低于 35%），远远高于 1998 年硅谷创业投资网络的接近中心度 1.23%。这说明，中国创业投资网络的平均接近中心度虽然高，但是分布非常不均衡，有些创业投资机构在网络中如鱼得水，完全不受他人控制，而有些创业投资机构在网络中则寸步难行，完全受控于人。例如 2009 年中国的创业投资网络（总共 885 家创业投资机构），排名前 10 位的创业投资机构的接近中心度全部在 7% 以上，其中包括 1 家中资、4 家外资、5 家合资，同时有 273 家（30.85%）创业投资机构的接近中心度在 5.5% 以下，其中有 71.15% 的中资创业投资机构。2016 年中国创业投资网络（总共 3221 家创业投资机构），排名前 10 的创业投资机构的接近中心度仍均在 7% 以上，同时有 352 家（10.93%）创业投资机构的接近中心度在 5.5% 以下，其中有 80.06% 的中资创业投资机构，综上所述，在中国创业投资网络动态发展过程中，创业投资机构的平均不受他人控制的能力增长较快，但分布很不均衡，其中外资与合资创业投资机构在此方面能力较强，而中资创业投资机构相对较弱。

C. 中间中心性

相较于硅谷 1998 年创业投资网络平均的中间中心度 0.96%，我国创业投资网络的中间中心度就显得比较低了（图 3-6）。前 3 年就只有 GIC 与英特尔投资两家外资创业投资机构是网络中的桥（cutpoint），网络的平均中间中心度接近于 0。1999 年创业投资网络的中间中心度开始快速上升，2001 年达到最高值 0.353%，之后此项指标值开始下降，2006 年稍有回升，再往后又是一路下滑，2011 年滑落到 1999 年以后的最低值 0.112%，2012 年为 0.113%。而网络的中间中心度却从 2003 年开始与中间中心度逆向而上升。从总体上看，中国创业投资网络中创业投资机构的平均对他人的控制能力较弱，整个网络的发展并没有注重"桥"的建设。而 2003 年开始网络中心度的上升，则说明虽然网络中平均"桥"（中介）的作用在减弱，但是在网络中不同创业投资机构间中介能力（控制能力）的差异在加大。那么，到底是谁变强了，谁变弱了？

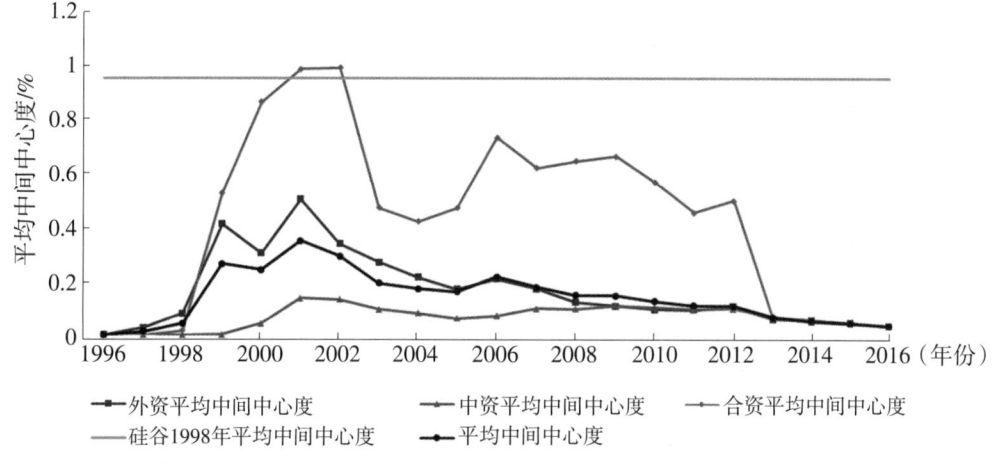

图 3-6 中国创业投资网络 1996—2016 年平均标准中间中心度走势图

由图 3-6 可见，中资创业投资机构的中间中心度指标从始至终都很低，一直在给整体网络的平均中间中心度拖后腿，说明中资创业投资机构忽略了自身在网络中控制能力的建设。而外资创业投资机构在早期中间中心度指标领先于中资和合资创业投资机构水平，但到 2009 年以后则与中资创业投资机构相差无几了。这说明外资创业投资机构有经验优势，它们刚进入中国市场就很注意对自身控制能力的建设，但是毕竟是在外地投资，当中资创业投资机构在数量上远大于外资创业投资机构时，外资创业投资机构是想控制网络也爱莫能助了。再来看合资创业投资机构，就网络的控制能力而言，合资创业投资机构从 1999 年开始就具有绝对的优势，这与它的"混血儿"身份不无关联，它可以集外资的经验优势与本土优势于一身，成为网络中"桥"的主力，因此不管网络中是中资创业投资机构数量上的猛增（2001 年）还是外资创业投资机构的快速增长（2006 年）都会增强合资创业投资机构在网络中的控制能力。在 2013 年后，这种"桥"的主力身份逐渐消失，中资、外资、合资三类创投机构的网络控制能力已相差不大。

2. 对网络凝聚子群的分析

相比较硅谷的创业投资网络，中国创业投资网络的凝聚力明显不如硅谷（表 3-3）。

表 3-3 中国创业投资网络 1996—2016 年凝聚子群情况

	1996	1997	1998	1999	2000	2001	2002	2003	2004	2005	2006	2007	2008	2009	2010	2011	2012	2013	2014	2015	2016
网络建成时间/年																					
创业投资机构/家	29	32	41	74	131	183	218	248	288	338	443	607	753	885	1044	1162	1797	1828	1990	2183	2882
被投资企业/家	44	43	57	103	220	352	466	566	662	774	981	1477	1890	2202	2656	2895	4333	4786	5826	7200	8644
孤立创业投资机构/家	19	17	23	36	44	54	68	82	106	124	120	156	193	223	247	276	577	579	635	723	925
包含两个及以上机构的成分数/个	4	5	4	5	13	14	13	17	15	17	16	21	25	22	30	32	36	72	90	102	131
派系（最小规模为3）	1	3	5	9	27	40	62	75	93	142	269	507	584	662	651	803	649	296	403	568	889
2-派系（最小规模10）	0	0	0	1	8	16	72	74	193	430	2640	95264	73505	74162	97707	211000	67912	5224	10884	41470	
最大 k-核 k值	3	3	5	7	7	8	9	8	9	9	11	12	12	11	11	10	9	7	8	9	10
最大 k-核 创业投资机构的数目	4	4	6	8	8	8	9	9	21	28	32	27	13	32	12	35	19	18	25	30	38
最大 k-核 包含关系数	12	12	30	56	56	56	72	72	226	368	494	406	156	440	132	454	210	99	195	281	402

数据来源：根据 CVSource 数据库数据计算而得。

首先，成分与成分之间是没有任何关联的，一个网络中成分越多，意味着没有任何关联的群体越多，网络中的合作氛围越差。在硅谷，1998年共111家创业投资机构，包含两家以上创业投资机构的成分只有2个，其中一个包含了硅谷近70%的创业投资机构，另一个成分只由2家创业投资机构组成，其余为孤立点。在中国，1996年在由29家创业投资机构组成的网络中就有4个成分，最大成分包括4家外资创业投资机构，其余3个成分各由2家创业投资机构组成。从此以后，每年随着创业投资机构数目的增多，网络中的成分数则越来越多，到了2016年，中国创业投资网络中的成分数已多达131个。从侧面可以看出，中国创业投资网络的合作氛围较差。当然，成分只是指"最大的关联子图"（Scott, 2009），要更加细致地分析网络结构还需要用到其他结构属性指标。

其次，派系是指网络中的"最大的完备子图（maximal complete sub-graph）"（Harary, 1969）。同属一派系的任何创业投资机构之间都有直接的合作关系，它们是合作非常密切的团体。网络中的派系越多，说明网络中合作紧密的创业投资机构越多。在包括111家创业投资机构的硅谷创业投资网络中（1998年），最小规模为3的派系有45个。因为网络的规模越大，形成派系的可能性越大，所以在规模相差较大的网络间比较派系的多少没有太大意义。因此，我们取中国创业投资网络发展过程中，网络规模与1998年硅谷的网络规模最为接近的2000年（包括131家创业投资机构）的数据与其进行比较。虽然2000年中国的创业投资网络规模已大于1998年硅谷的网络规模，但是网络中最小规模为3的派系只有27个，远小于硅谷的派系个数45个，而最小规模为10的2-派系只有8个，硅谷的2-派系有70个。这说明硅谷的创业投资家们更喜欢合作，更热衷于"抱团投资"。当然，我们也应该看到，随着时间的演进、随着中国创业投资数目的增加，中国创业投资网络中的派系越来越多，尤其是2-派系的数目从2004年开始就呈现出指数上涨的趋势，2011年达到历史峰值21.1万个，之后开始回落。紧密合作的团体的数目是越来越多了，那么这些密切合作的创业投资机构是如何嵌套（nesting）而来的，网络中最核心的部分又是谁、有何特点呢？这些我们可以通过分析中国创业投资网络k-核的情况得到解答。

表3-3记录了中国创业投资网络历年来的最大k-核的情况。在k-核中每个点都必须至少与其他k个点相连，"0-核"即网络本身，"1-核"即网络中的每个成分，"2-核"需要去除所有度数为1的点，"3-核"则要去掉度数为1或2的点（Seidman, 1983），以此类推，"k-核"完全嵌套于"(k-1)-核"，"3-核"完全嵌套于"2-核"，"2-核"完全嵌套于"1-核"……k值越大，该凝聚子群的凝聚力越强。中国创业投资网络的最大k-核的k值在逐年稳步增加，2007年达到最大为12-核，这12-核包括了27家创业投资机构及它们之间的407次合作关系，之后最大k-核的k值缓步下降，2011年最大为10-核（包括35家创业投资机构、484次合作关系），2012年为9-核（包括19家创业投资机构、210次合作关系），2016年k值回升至10。为了更好地考察中国创业投资网络凝聚子群的内在结构特

点，根据 Seidman（1983）的核塌缩（core collapse）的概念①，以具有最大 k 值的 2007 年、2012 年（图 3-7、图 3-8）、2016 年为例绘制出当年网络的核塌缩过程（图 3-9）。

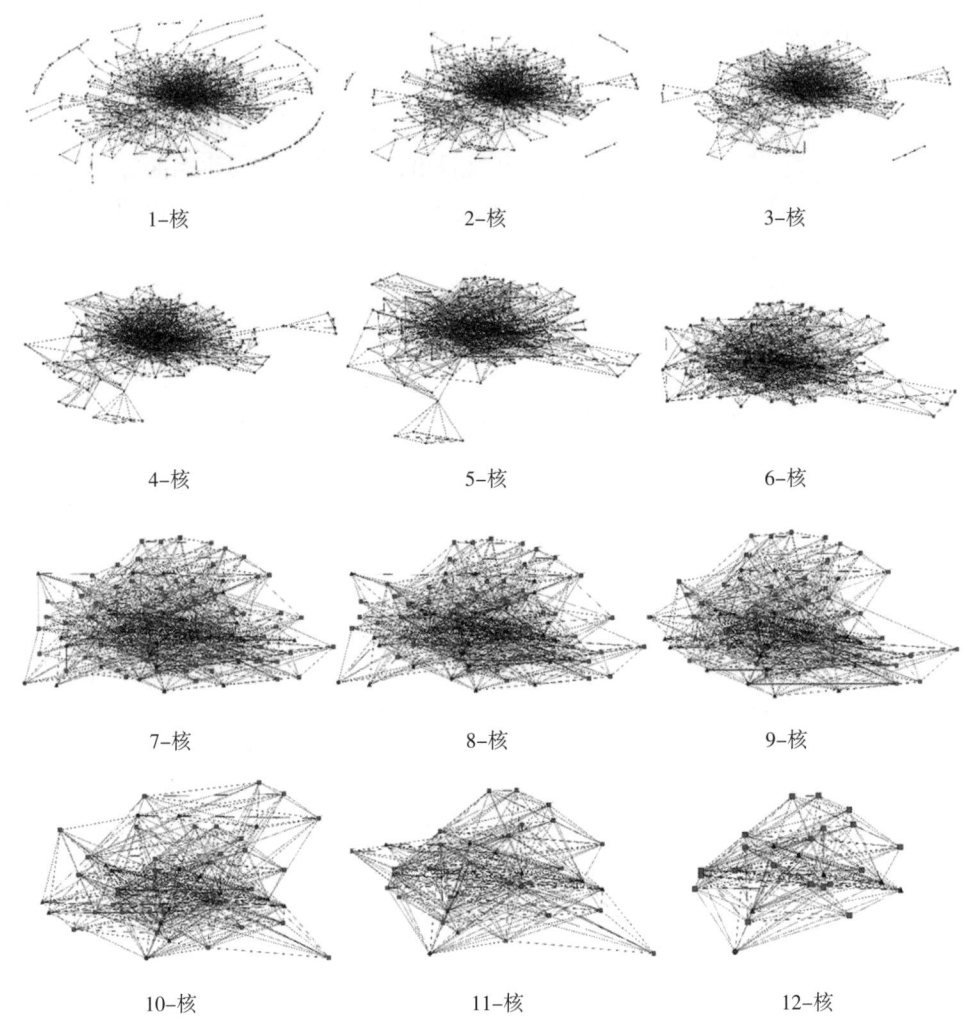

图 3-7　2007 年中国创业投资网络的核塌缩图

---

①Seidman（1983）指出估计一个网络的总体分裂性（fragmentation）可以用核塌缩序列（core collapse sequence）。一个 k-核中的点可以分为两个集合：在 $(k+1)$ 核中的点和不在该核中的点。Seidman 把后一群体称为 k-剩余集合（k-remainder）。在任何核中，剩余集合则由那些当 k 增加 1 后"消失"的点组成，这些消失的点所占的比例可以排列为一个向量来描述成分内部的局部密度结构，这就是核塌缩序列。而当 k 增加时，那些关联较小的点的消失就导致了"塌缩"。

· 48 ·

第 3 章 中国创业投资网络的演进与发展

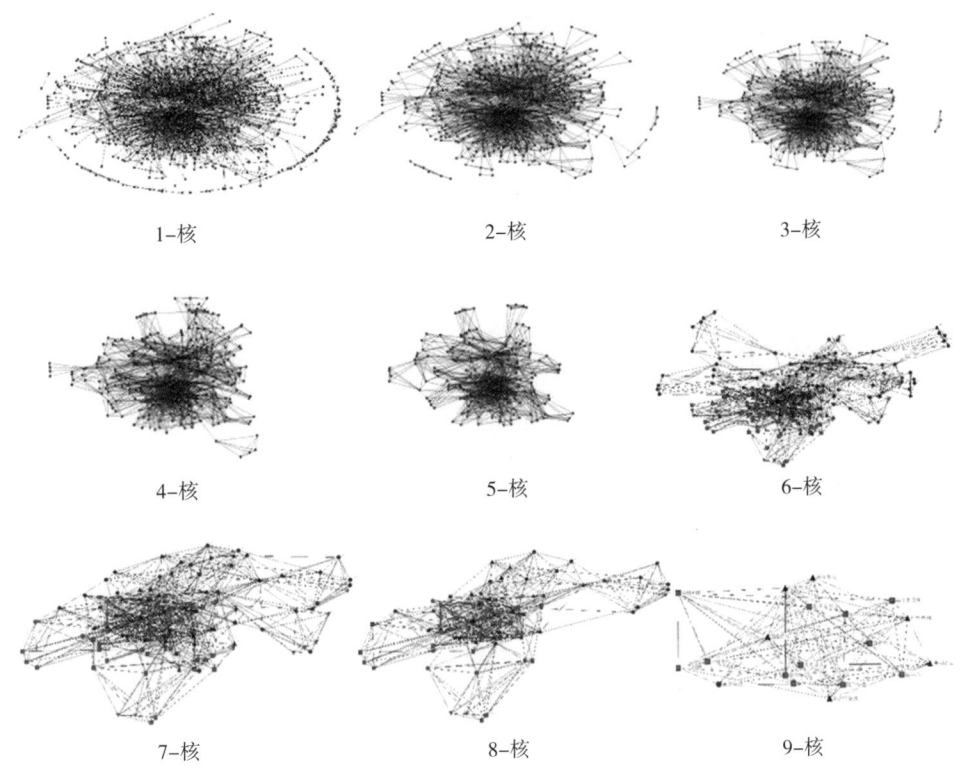

图 3-8 2012 年中国创业投资网络的核塌缩图

核塌缩图说明了网络中最核心的创业投资机构是如何层层嵌套于整个网络当中的，处于网络相对边缘的创业投资机构又是如何被层层剥离下来的。在网络中，随着 k-核中 k 值的增大，对创业投资机构间合作的要求就越高，创业投资机构间的凝聚加强，其边界也在逐渐缩小，越来越多的创业投资机构被排除在 k-核之外。值得注意的是，在 2007 年及 2012 年两个不同年份的网络中，其最大 k-核几乎都是外资创业投资机构。2007 年的 12-核中包括 27 家创业投资机构，其中包括外资 20 家、合资 6 家、中资 1 家。2012 年的 9-核包括 19 家创业投资机构，其中外资 12 家、合资 6 家、中资 1 家。这就是说，早年中国创业投资网络的核心几乎都是外资创业投资机构，中资创业投资机构并没有很好地利用本土优势获取应有的网络地位。当然，对比 2007 年与 2012 年核塌缩的过程，我们还是可以看到中资创业投资机构的进步。2007 年的 5-核中，中资创业投资机构已经不多，仅有 19 家（占 11.88%），进入 6-核的中资创业投资机构减少到 7 家（5.22%），而在当年的网络中中资创业投资机构（占比 44.65%）比外资创业投资机构（占比 43.99%）的数目还多。到了 2012 年，属于 5-核的中资创业投资机构有 109 家（占 51.42%），即使在包括 75 家创业投资机构的 8-核中，中资创业投资机构还有 21 家（占 28%）。这在一定程度上说明，已经有部分中资创业投资机构开始注重自身网络地位的建设，正在努力向网络的核心靠近。到2016年,可以看到中资创业投资机构相较过去有了很大的进步,网络中心的中资创投机构越来越多,优势逐渐显现(图3-9)。2016年最大k核10-核中共包含中资创投机构10家、外资创业投资机构9家、合资创业投资机构19家。可见,中资创投机构正在扭转过去其在网络中心地位上的劣势,占据网络中心位置的机构数量增长;合资创投机构善于学习,地位逐渐攀升,超越了外资创投机构。

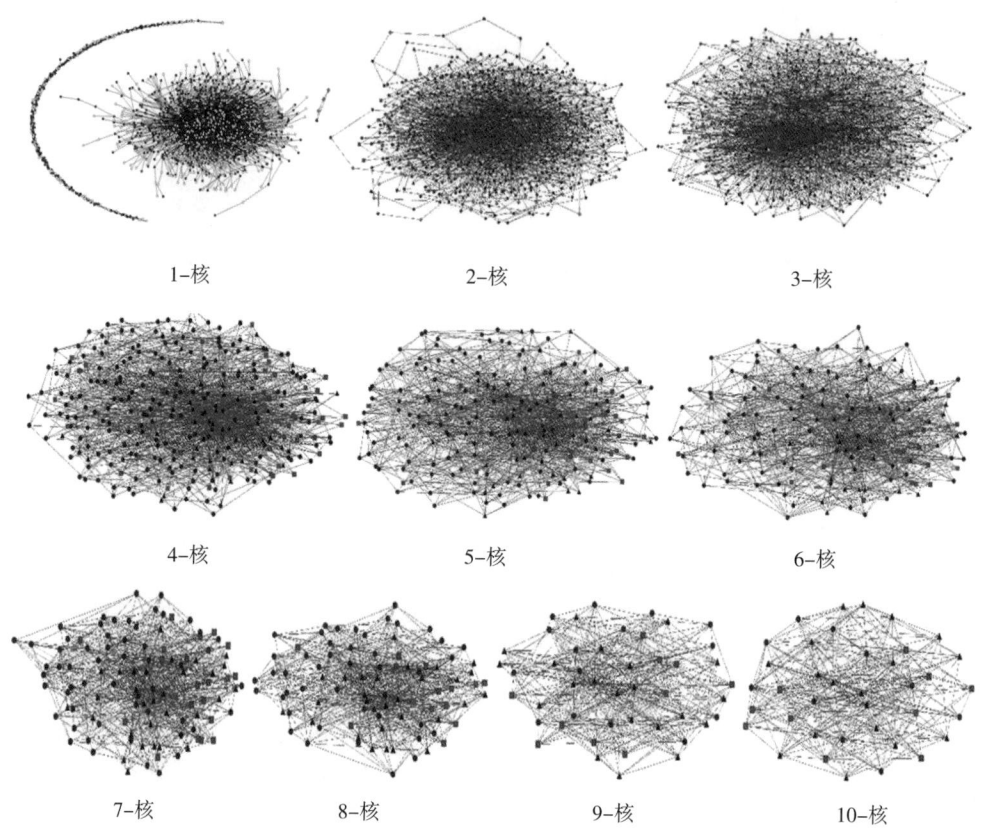

注:圆点为中资创业投资机构,方点为外资创业投资机构,三角形点为中外合资创业投资机构,其他为缺失此项性质的创业投资机构。

图3-9 2016年中国创业投资网络的核塌缩图

另外,从时间纵轴上看历年来中国创业投资网络的核塌缩序列,可以对中国创业投资网络结构的形成、总体的一致性和分裂性(fragmentation)、各成分的密集性(clumpiness)作进一步了解。为此,计算出各年网络的核塌缩序列(表3-4)。

Seidman(1983)认为,如果核塌缩是缓慢的、逐渐增加的,即核塌缩序列的值从0持续增加直到网络中的最高k值出现,则表示网络结构在总体上具有一致性;如果在较低的k值出现以后持续出现了0值,则表明总体结构具有分裂性,存在多个高密度区。从表3-4中可以看出,我国创业投资网络每一年的核塌缩序列都不是缓慢和逐渐的,而是经常呈现出核塌缩的速度先快再慢转而又快的情况,部分年份

表3-4 中国创业投资网络1996—2016年的核塌缩序列

年份	1996	1997	1998	1999	2000	2001	2002	2003	2004	2005	2006	2007	2008	2009	2010	2011	2012	2013	2014	2015	2016
0	65.5	53.1	56.1	48.6	33.6	29.5	31.2	33.1	36.8	36.7	27.1	25.7	25.6	25.2	23.7	23.8	24.8	31.67	31.91	33.12	32.10
1	20.7	15.6	7.3	13.5	20.6	21.9	19.7	22.2	18.1	16.6	16.3	18.0	19.7	18.1	19.4	18.8	18.3	43.00	43.17	42.33	41.98
2	13.8	18.8	22.0	12.2	15.3	16.9	16.1	13.3	12.5	12.7	9.3	11.7	13.3	15.0	16.4	13.4	13.5	15.15	14.42	11.27	0
3		12.5	0	9.5	6.9	6.0	5.0	9.7	6.3	8.3	12.6	10.7	11.6	12.2	10.5	12.7	12.5	5.09	4.52	5.08	4.89
4			0	5.4	8.4	13.1	11.0	8.5	3.8	5.6	9.0	7.6	6.9	7.1	9.6	11.1	10.2	1.20	2.06	2.89	3.54
5			14.6	0	9.2	8.2	0.9	0.8	6.3	3.8	5.0	4.3	2.7	3.5	4.8	5.8	6.1	0.77	1.11	1.37	1.98
6				0	0	0	8.3	1.6	4.2	3.8	7.4	5.3	5.8	5.5	4.8	4.0	5.0	0.98	0.80	0.78	1.11
7				10.8	6.1	4.4	3.7	7.3	2.1	1.8	4.7	1.8	0.9	2.8	2.5	2.2	3.0		0.75	0.55	0.69
8							4.1	3.6	2.8	2.4	0.7	2.0	2.0	1.0	1.1	3.4	5.0				1.42
9									7.3	8.3	0.5	4.4	1.6	1.7	6.0	1.8	1.7		1.26	1.24	0.28
10											0.2	2.6	3.1	4.2	0	3.0				1.37	1.32
11											7.2	1.5	5.2	3.6	1.1						
12												4.4	1.7								

注：行标签为 k 值/%

数据来源：根据CVsource数据库数据计算而得。

如 1998 年、2016 年在较小的 k 值处出现了 0 值。我国早年的创业投资网络在总体结构上不具备一致性而是存在分裂性，处于低凝聚力区域的创业投资机构最多（k 值较低时就消失的创业投资机构），凝聚力居中的区域的创业投资机构相对较少，高凝聚力区域的创业投资机构又多了起来，这种情况持续到 2010 年，2011 年后逐步得到改善（请看每年核塌缩的百分比）。同时，我们发现在每年的最大 k 核中，多数年份都是外资创业投资机构最多，合资创业投资机构较少，中资创业投资机构则只有 1～2 家，2013 年后最大 k 核处的中资、外资、合资数量出现转变，中资占比出现跃升。另外，通过对不同年份的网络核塌缩序列的比较可知，中国创业投资网络的总体结构的不一致性有一年比一年缓和的趋势。

3.5 中国创业投资网络动态演进实证分析结论

综上所述，1992—2016 年，在国家政策的鼓励和扶持下，投资于中国境内的创业投资机构的数目在逐年增加，创业投资网络的规模在逐年增大。但令人遗憾的是，对于创新经济建设至关重要的创业投资网络的质量并未伴随着创业投资规模的增大而逐渐提高。它主要体现在以下几个方面：

（1）中国创业投资网络内部的合作关系远不如硅谷，更令人担忧的是合作关系有越来越差的趋势，合作氛围的营造不容乐观。这可以从网络的标准化平均度数中心度、网络的成分数、派系数等指标中看出来。而创业投资机构间的合作关系会直接影响到地区的创新资源配置能力和为创业企业增值的能力，关系到区域经济的繁荣（Castilla，2003；寸晓宏等，2014）。

（2）中国创业投资网络 21 年来的平均中间中心度还不到 1998 年硅谷的五分之一，而且从 2001 年开始一直在走下坡路。借用 Hochberg 等（2007，2010）的观点，中间中心度可代表创业投资机构的中介能力，就是将没有联系的具有互补性技能或者互补性投资机会的创业投资机构聚集在一起的能力。显然，在中国创业投资网络中创业投资机构中介能力的普遍减弱是不利于建设创新型国家的。

（3）相较于硅谷，中国创业投资网络中创业投资机构的不被他人胁迫、不受他人控制（刘军，2004）的能力、与网络中心的创业投资机构联系的能力（Hochberg 等，2007）相对较强。但就此能力而言，中国创业投资网络中创业投资机构之间的强弱差别非常大，强者愈强，弱者愈弱，强者可以游刃于网络之中，弱者则更加受制于人。

（4）中国创业投资网络结构在总体上具有不一致性，整个网络在结构上被分裂为低凝聚力区和高凝聚力区两个部分，绝大多数创业投资机构处于低凝聚力区，小部分创业投资机构在高凝聚力区，凝聚力居中的创业投资机构较少，但是这种不一致性有逐年趋缓的迹象。

（5）中资、外资、合资创业投资机构在网络中的地位和能力有明显的区别。外资创业投资机构从进入中国创业投资市场起就保持着网络中的优势地位，合资创业投资机构的网络地位则随着时间的演进越来越高，中资创业投资机构则长时间处于网络中的弱势地位。这很可能是因为创业投资回报周期较长而中国创业投资发展的时间较短，大多数中资创业投资机构根本来不及通过实践获取网络经验，同时又欠缺理论的指导，所以大多数中资创业投资机构在过去都没意识到构建网络地位的重要性。所以，随着网络中忽视网络建设的主体越来越多，网络的质量便越来越差。

多数人在谈论竞争战略时往往会忽略了企业间的合作关系建设，在大多数情况下，企业间的竞争与合作是并存的，竞争战略的定位不应忽略企业间合作的网络关系的营造（Echols 等，2005）。创业投资行业是被各国政府寄予厚望的特殊投资行业，其紧密的合作关系网络，从宏观上有利于国家、地区创新资源的高效配置、创新氛围的营造及地区经济的发展（Castilla，2003），从微观上有利于创业投资机构利用优势网络地位为创业企业增值从而获取更高的投资回报（Hochberg 等，2007，2010；Hopp，2010b）。回看中国创投网络的发展趋势，过去作为行业主力的中资创投机构大多没注意到网络建设的重要性，要优化中国创投网络，中资创投机构的网络态度是关键。

第4章 不同性质创业投资机构数目变化对中国创业投资网络动态演进的影响

通过第3章的实证研究,我们发现不同性质的创业投资机构在中国创业投资网络中的表现存在明显差异,具有不同网络表现的企业此增彼长会不会就是影响中国创业投资网络变化的原因呢?本章在第3章的理论基础上进行逻辑演绎,进一步对不同性质创业投资机构的数目变化给中国创业投资网络结构带来的影响进行实证研究。

4.1 不同性质创业投资机构在中国的发展概况

在我国的创业投资市场,按照所有权性质的不同,可以将创业投资机构分为中资、外资与合资创业投资机构。在创业投资发展初期,外资创业投资和中资创业投资是中国创业投资的主力,二者数量差距还不大,自2007年开始,中国创业投资网络中的中资创业投资机构数量飞速增长,每年新增的中资创业投资机构远超外资、合资创业投资机构,直到2015年中资创投机构年新增数量才逐渐呈下降趋势,相比之下,外资和合资创投机构的年新增机构数目则较为稳定(图4-1、图4-2)。

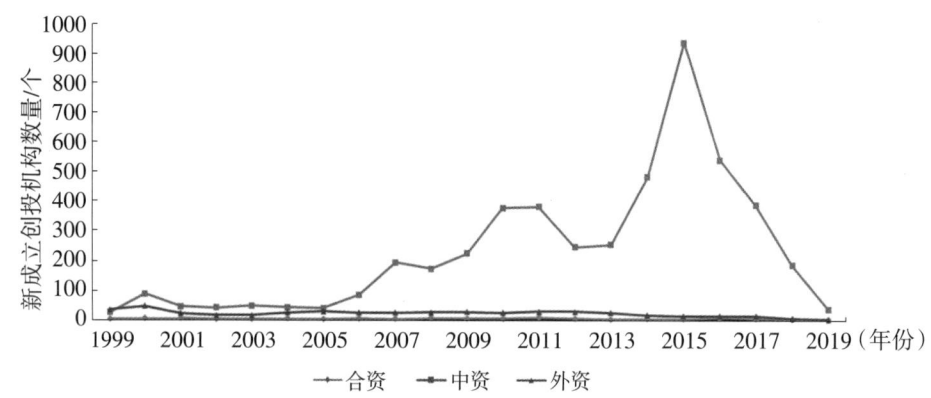

图4-1 不同性质创业投资机构每年新增数目(根据清科数据库私募通①数据绘制)

---

① 私募通是清科集团旗下专注于中国创业投资暨私募股权投资领域的金融服务终端,详细介绍请见 https://www.pedata.cn/。

第4章　不同性质创业投资机构数目变化对中国创业投资网络动态演进的影响

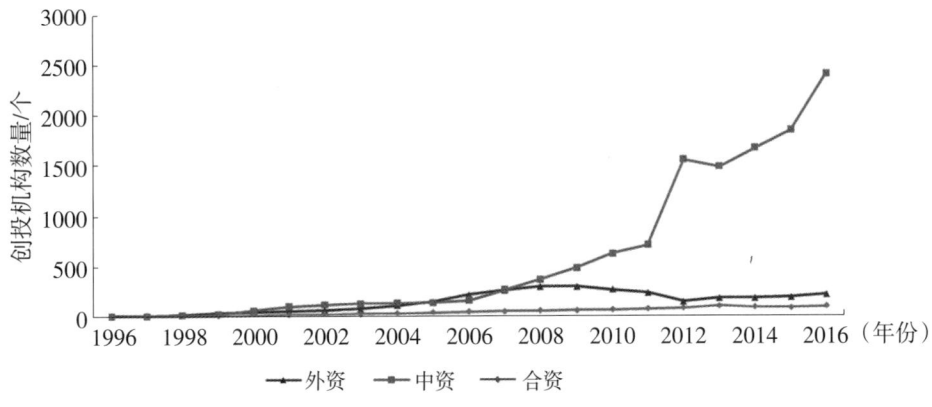

图4-2　1996—2016年网络中不同性质创业投资机构数目

4.1.1　不同性质创业投资机构募集基金的情况

从图4-3可以看出，在2006年以前，中资、外资、合资创业投资基金的新募集数目差距并不太大。从2006年以后，中资创业投资新募集基金在数量上增长得特别快，每年新募基金数目都大幅超过外资创投及合资创投。到了2017年，中资创业投资机构新募集基金数目达到历史峰值，数量达到外资创投与合资创投新募集基金数量之和的57倍。目前，中资创业投资在新募集基金的数目上仍占有优势地位。

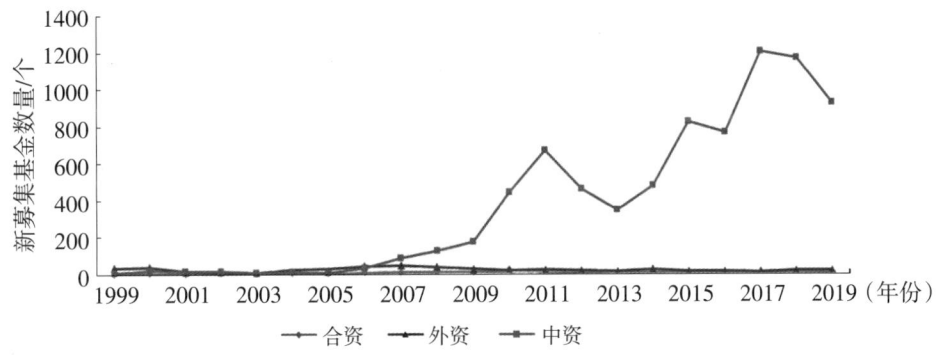

图4-3　不同性质创业投资机构年新募集基金数目

结合图4-3、图4-4可以看出，虽然中资创业投资机构新募集基金数从2007年就开始领先于外资和合资创业投资机构，但在2009年以前每年的新募基金的资金规模都没有超过外资创业投资机构。2009年，中资创业投资新募资规模超过外资，之后开始了新募资规模大幅领先外资及合资创业投资的历史。2017年后，资本市场渐入寒冬，中资创投新募集资金规模开始缩小，但新募集基金规模总量仍处于合资、外资创投之上。

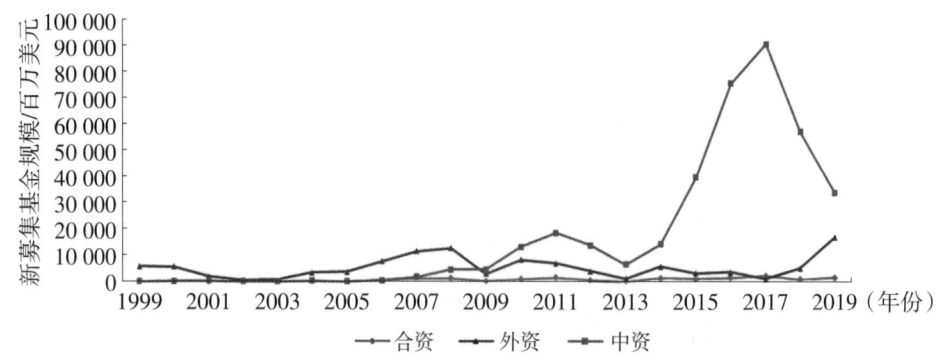

图 4-4　不同性质创业投资机构年新募集基金规模

从新募集基金的角度来看中资创业投资机构与外资创业投资机构的对比可以发现，2006 年及 2009 年是两个关键的年份。2006 年中资创业投资机构新募基金从数量上超过外资创业投资机构，从募资规模上也开始了快速增大的过程。而 2009 年则是中资创业投资从募资角度全面超过外资创业投资的时期。这与我国长期以来对创业投资的鼓励和政策扶持不无关系。

2005 年 11 月，我国公布的《创业投资企业管理暂行办法》，不仅为创业投资基金提供了特别法律保护，而且为制定一系列配套政策提供了法律依据（刘健钧，2008）。2007 年 2 月发布的《关于促进创业投资企业发展有关税收政策的通知》提出创业投资企业可按对中小高新技术企业投资额的 70% 抵扣应纳税所得额，该规定于 2006 年 1 月 1 日起实施。这些政策的优惠对象是在我国工商登记为"创业投资有限责任公司""创业投资有限公司"等专业性创业投资企业[①]，并不包括不在我国注册办理备案登记的外资创业投资企业，因此，绝大多数外资创业投资机构将无法享受到这个规定所述的优惠政策。也就是说，中资创业投资机构将在很大程度上获得受惠于国家政策的支持。对外资而言，因为外国创业投资机构多在免税岛上设立离岸公司，其从所投资企业分得的资本利得本来就是免税的，因此不受以上政策的影响，享受不到 70% 的税收抵扣优惠。另外对于极少数在国内注册需要考虑税收成本的外资创业投资机构而言，其投资方式或将受到影响，如原来直接投资的模式可能会考虑到税收成本的影响转而设立国内的创业投资企业再进行投资。因此，2006 年税收优惠政策对扶持国内创业投资企业的发展有积极作用，而对于外资创业投资并无太大影响。这可以解释中资创业投资在 2006 年开始快速发展的原因。

2009 年在募资市场上，中资与外资力量对比发生重大改变，中资成为主导。因为政府创业投资引导基金起到了重要的杠杆作用，加之相应政策法规的鼓励，在中国市场上兴起"全民 PE（private equity，私募股权投资）"的热潮，大量小型本土 PE 基金涌现，因此基金规模分布极不均匀，2000 万美元规模以下基金占有极高比例，

---

① 参考 http://www.gov.cn/ztzl/kjfzgh/content_883722.htm。

数量也不断增长，2011年达到223只，占比达到46.9%；而5亿美元以上规模基金仅募集完成20只，占比4.2%①。在这一过程中，民间资本也成为中资基金中重要的力量，民间资本的加入丰富了中国创业投资力量，为在境内进行IPO的创业企业提供了资本选择。与此同时，民间资本存在的问题也不容忽视：首先，相比外资大型投资机构而言，本土投资机构无法为企业提供全球化战略和融资安排；其次，民间资本基金规模普遍偏小，对于资金规模大的项目力不从心；最后，国内民间资本投资项目经验不足，尚不成熟。对民间资本的引导，始终是需要重视的一个问题②。

4.1.2　不同性质创业投资机构的投资情况

回顾过去不同性质创业投资机构的投资历史数据，虽然外资、合资创业投资机构的数目远不及中资创业投资机构，但是外资、合资创投管理资金总额的均值要高于中资创投。从图4-5可知，过去20余年来，外资创投管理资金均值约为中资创投管理资金均值的22倍，合资创投管理资金均值为中资创投的7倍左右。三者管理资金总额的不同也直接影响到了它们对创业企业的投资情况。外资、合资创投各年度历史投资事件数量均值也高于中资，从平均单笔投资金额来看，外资创投单笔投资金额最高、合资第二，中资略低于合资。中资创投机构虽在过去的20余年数目快速增长，但就总体投资规模而言仍不及外资和合资创投机构。

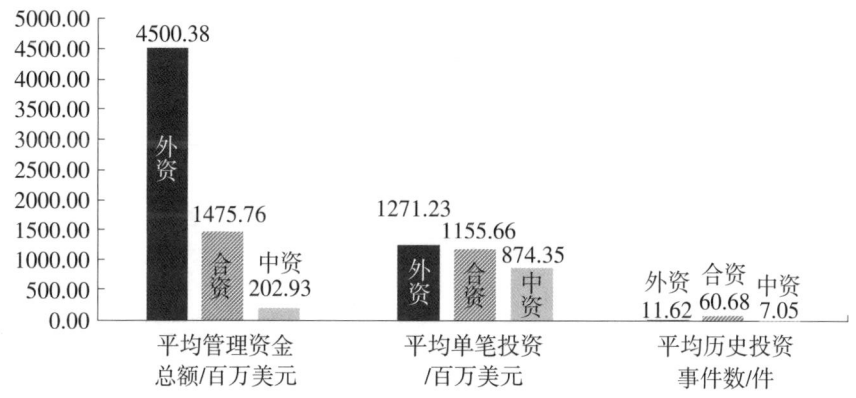

图4-5　不同性质创业投资机构投资情况

注：根据1996—2017年CVSource数据库中的投资事件数据整理而成。

4.1.3　不同性质创业投资机构的退出情况

1996—2019年底，投资于中国创业企业的所有创业投资机构发生的有记录的退

---

①数据来源：CVSource数据库。
②参考ChinaVenture集团《2010年中国创业投资及私募股权投资市场统计分析报告》。

出事件共 13 555 件。IPO 与并购历来被认为是创业投资机构回报最高的退出方式，过去有不少研究将 IPO 退出以及并购作为创业投资机构投资成功的标志之一（Echols 等，2005；Hochberg 等，2007；Ewens，2010；周育红等，2012）。在 13 555 件退出事件中，并购退出事件有 5024 件，IPO 退出事件有 5892 件，IPO 事件与并购事件数量之和占总退出事件数量的 80.53%。在并购事件中，除去 23 件退出机构性质不明的事件后，中资创业投资机构发生并购事件 4099 件，外资发生并购事件 502 件，合资发生并购事件 400 件，中资创业投资机构在并购退出数量上占有绝对优势。不同性质创业投资机构并购退出情况见图 4-6①。

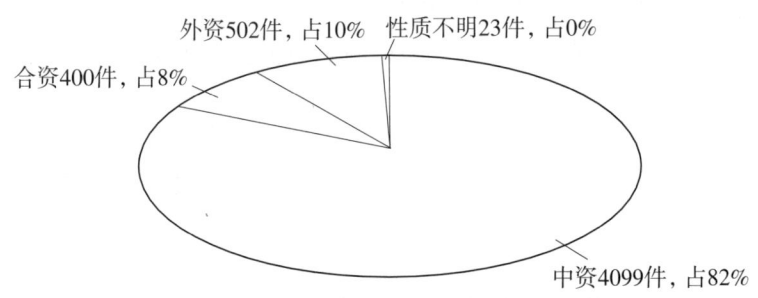

图 4-6　不同性质创业投资机构并购退出情况

同期，中资创业投资机构发生 IPO 退出事件 4146 件，外资发生 IPO 退出事件 941 件，合资 IPO 退出数量为 764 件，中资的 IPO 退出数量可观。不同性质创业投资机构 IPO 退出情况见图 4-7。

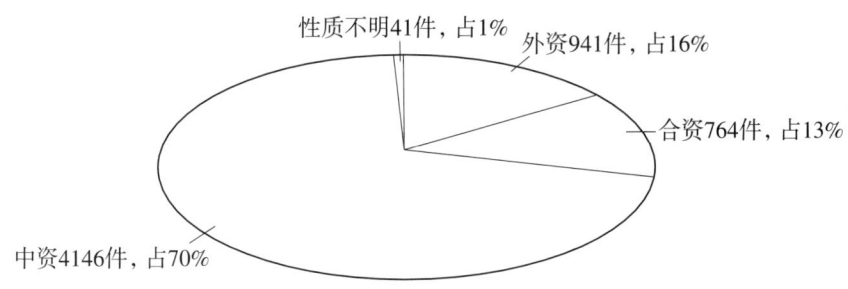

图 4-7　不同性质创业投资机构 IPO 退出情况

除去 IPO、并购两种回报率最高的退出方式外，创业投资机构还可以选择以公开市场减持、同行转售、现金分红、清算等方式退出。公开市场减持退出事件中，中资、外资、合资创业投资机构占比分别为 72%、11%、16%，同业转售事件中中资、外资、合资创业投资机构占比分别为 68%、16%、15%，选择现金分红退出方式的中资、外资、合资创业投资机构占比分别为 82%、5%、12%，通过清算退出

---

① 图 4-6～图 4-11 根据 CVSource 数据库 1996 年 1 月 1 日至 2019 年 12 月 31 日的退出事件数据整理而成。

的中资、外资、合资创业投资机构占比为13%、74%、13%。不同性质创业投资机构公开市场减持、转售及退出情况见图4-8～图4-11。

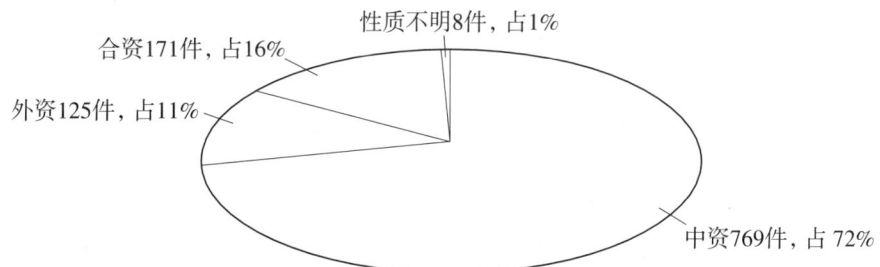

图4-8 不同性质创业投资机构公开市场减持情况

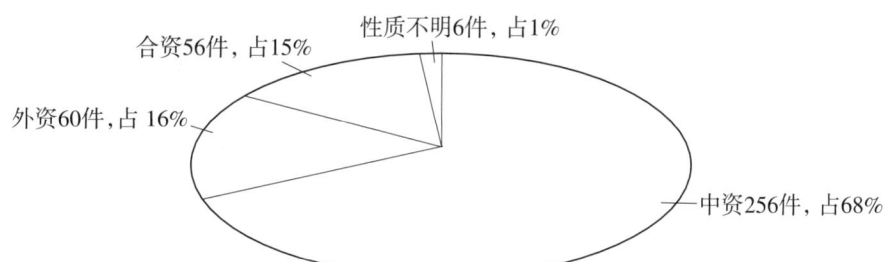

图4-9 不同性质创业投资机构同业转售退出情况

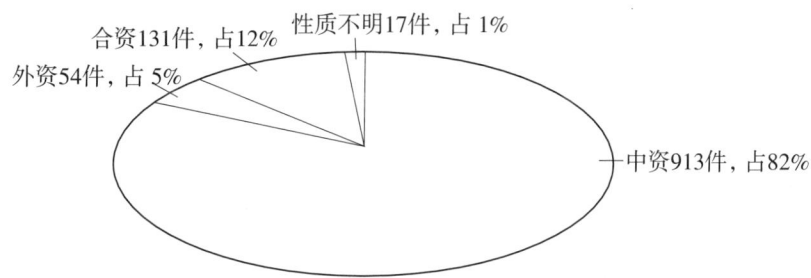

图4-10 不同性质创业投资机构通过现金分红退出情况

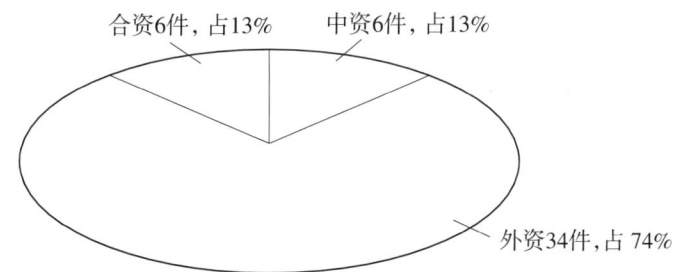

图4-11 不同性质创业投资机构通过清算退出情况

4.1.4　不同性质创业投资机构在中国创业投资市场上的力量对比

在中国创业投资事业从无到有再到快速发展的过程中，中资、外资、合资创业投资机构在不同阶段所占据的地位和发挥的作用都有所不同。中国创业投资的发展过程分为五个阶段。

第一阶段（1985—1993年）：中国创业投资的孕育阶段。此时在中国创业投资市场上还未出现外资创业投资。1991年，原国家科委与国家体改委发布《关于深化高新技术产业开发区改革，推进高新技术产业发展的决定》，规定要拓宽创业资本来源渠道，主要利用社会资本和政府配套的部分资本，积极吸引外资，建立高新技术产业化的创业投资基金。此后，外资创业投资才开始进入中国市场进行开拓性的投资。

第二阶段（1994—2000年）：中外创业投资的蓬勃兴起阶段。以IDG公司、摩根士丹利为代表的外资创业投资机构在中国市场取得了良好的回报，吸引了大量外资创业投资资本进入中国市场。与此同时，中资创业投资在1996年以前的发展还比较缓慢，1998年民建提交"一号提案"——《关于尽快发展中国风险投资事业的提案》前后，中资创业投资进入了快速发展阶段，但是其资本来源主要还是政府财政资金。

第三阶段（2001—2002年）：中外创业投资的调整阶段。受国际互联网泡沫破灭的影响，外资创业投资机构在我国市场上的投资快速萎缩，我国股票市场从2001年的阶段历史高位2245点跌到历史低位998点，创业投资的最佳退出通道创业板的设想再次向后顺延，这使许多新成立的创业投资公司陷入了困境。由于当时创业投资机构所投资的大部分中小企业还没有真正的盈利能力，在后续融资受阻的情况下，创业企业也无法持续经营，从而导致大量创业投资机构无法收回所投资金而纷纷倒闭，创业投资市场出现了痛苦的调整期。

第四阶段（2003—2006年）：外资创业投资快速走出调整期，引领中国创业投资进入快速发展期，成为中国创业投资市场上的主导力量。2002—2004年，中国先后公布了多项鼓励创业投资的政策和法规，鼓励外商在中国进行创业投资，外资创业投资率先走出阴霾后进入快速发展期。2004年中国二级证券市场的中小板开板，2005年拉开了上市公司股权分置改革的序幕，中国资本市场逐步进入全流通的时代，股票市场又掀起了新的一轮牛市。以上现象有效地推动了中国创业投资事业的快速发展。

第五阶段（2007—2020年）：2007年中资创业投资从完成募集基金的数量首超外资，2009年在基金募集规模上也超越外资创业投资，成为中国创业投资市场的主导力量。2007年，70%税收抵扣的税收优惠政策的推出，为公司制创业投资机构的"双重税收"压力松绑。同年，新《合伙企业法》的颁布从法律上肯定了有限合伙制创业投资机构，从法律角度保护一般合伙人获取超额收益的权利，从而激励更多市场人士加入创业投资之列。同时，2007年二级证券市场大幅上涨为创业投资基金带来令人瞩目的收益，这也成为中资创业投资快速增加的原因之一。2008年中国私募股权投资（包括创业投资）中，中资基金数量占募集完成基金总数的60.7%，尽管募集规模无法与外资相提并论，但是市场主导地位已有所显现。2009年，长期处于弱势的中资创业投资实现"华丽转身"，其"完成募集基金""首轮募资完成基金"从数量到规模，首次全盘超越外资创业投资。2009年，全球经济尚未完全走出金融危机的阴影，境外出资人的资金匮乏和谨慎态度致使外币基金募集颇为艰难。相比之下，中国资本市场的完善和地方积极的引导性政策，使得中国较快地走出了全球金融危机的阴霾，创业投资环境日益改善。2009年10月，酝酿了近10年的中国创业板顺利推出，2013年12月新三板正式扩容至全国，2019年6月科创板（STAR MARKET）正式开板，这些举措都进一步有效拓宽了中资创投退出渠道。在众多积极因素推动之下，中资创业投资优势日益显现，逐渐打破了中国创业投资市场过去以美元基金为主导的传统格局，中国的创业投资市场中资创业投资逐渐成为市场发展趋势的主导。

4.2 不同性质创业投资机构数目变化对中国创业投资网络的影响分析

创业投资网络由创业投资机构及它们之间的合作关系构成，创业投资机构的变化或者它们之间的合作关系的改变都会引起创业投资网络的变化。正如Granovetter（1973）所说，社会网络理论的提出是在微观行为和宏观行为之间搭起一座桥，创业投资网络则是搭建于宏观环境与微观创业投资机构、创业企业之间的一座桥梁，我们可以把它比喻为地区创业投资的中观环境。中国创业投资网络嵌入于中国宏观政治、经济、文化、制度环境之中，宏观环境作为一种情境因素会对中国创业投资网络的形成产生影响（Castilla，2003）。同时，中国创业投资网络又是由所有投资于中国境内创业企业的创业投资机构组成，所以创业投资机构的主观合作态度和客观联合投资实践会直接影响到网络关系的构成，进而影响中国创业投资网络的演进。

4.2.1 宏观环境的作用

作为中观层面的创业投资网络，必然身处一定的宏观政治、经济、文化、制度环境之中，这些因素会对创业投资网络的形成和发展会产生重要的影响（Ahlstrom等，2010）。自20世纪90年代以来，中国的政局稳定，社会主义市场经济一直处于健康、稳定、快速的发展之中，文化环境也趋向于自由、民主、开放的稳步发展之中，同时推动创业投资发展的相关政策法规也一直在稳步陆续出台。正因如此，吸引了越来越多的国内外资本进入中国创业投资的行列，中国创业投资网络的规模也因此逐年扩大。政治、经济、文化的稳步发展，使得中国创业投资网络中创业投资机构的数目不断增加,但是由于相关政策法规在不同时期对中外创业投资机构的政策优惠的导向性不同,使得不同性质创业投资机构的数目增量在不同时期是不同的。1991年4月9日通过的《外商投资企业和外国企业所得税法》(现已废止)规定对外国投资者从外商投资企业取得的利润免征所得税,给予了外资极大的便利,一时间吸引了大量外资创投进入中国。2003年以前,拟到海外上市的公司必须取得证监会颁发的无异议函,这使得企业海外上市的速度较慢,影响了外资创业资本投资于中国的积极性。2003年5月证监会取消无异议函,在中国市场上外资创业投资机构的数目明显增加。在种类繁多的政府扶持政策中,税收激励政策已经被证明是效率最高而且不会导致创业投资基金治理机制扭曲的扶持政策(刘健钧,2008)。在《合伙企业法》生效前,中资创业投资只能采取公司制和信托制的组织形式,使其面临双重征税的问题,而外资创业投资基本上采取了在开曼或者BVI设立有限合伙基金的组织形式,有效地规避了我国国内法律的限制,避免了双重征税的情况。2006年1月1日生效的有关创业投资的税收优惠政策和2007年6月5日生效的《合伙企业法》有效地促进了本土创业投资的增长。2008年1月1日起施行的现行《企业所得税法》取消了前述"外国投资者从外商投资企业取得的利润免征所得税"的免税优惠。另外,规定中资创投机构投资于未上市的中小高新技术企业,可按该创投机构对中小高新技术企业投资额的70%,在股权持有满2年的当年抵扣其应纳税所得额。但是离岸基金直接从境外对中国企业进行投资却无法享受投资额70%抵免应纳税所得额的优惠,而且取得股息收入还需要承担10%的预提所得税。2020年1月开始实施的新《外商投资法》规定,对外商投资实行准入前国民待遇加负面清单管理制度。"准入前国民待遇"指在投资准入阶段给予外商投资在国家监管和税收待遇等方面法律上和实质上的同等待遇,但是这也仅限于负面清单之外的外商投资。中资创投仍然具有一定的税收优势。因此,在大环境向好、优惠政策不时出台的情况下,不同性质的创业投资机构的增长速度是不一致的。

4.2.2 网络主体的影响

按照资本来源的不同,中国创业投资网络中的主体有中资创业投资机构、外资创业投资机构及合资创业投资机构。其中外资创业投资机构大部分来自于美国等经济发达国家及中国香港和台湾地区,创业投资历史长,投资经验、合作文化、投资理念都会与中资创业投资机构有所不同,正因如此,它们在创业投资网络中的表现也大相径庭。同时,中国创业投资网络的规模每年都在以较快的速度增长,其中中资、外资及合资创业投资机构的数目每年也都有不同程度的增长,这种具有不同网络表现的群体此增彼长共存于中国创业投资网络中,则必然影响到整体网络的表现,成为推动中国创业投资网络动态演进的原因。

中国创业投资网络的影响因素如图4-12所示。

第4章 不同性质创业投资机构数目变化对中国创业投资网络动态演进的影响

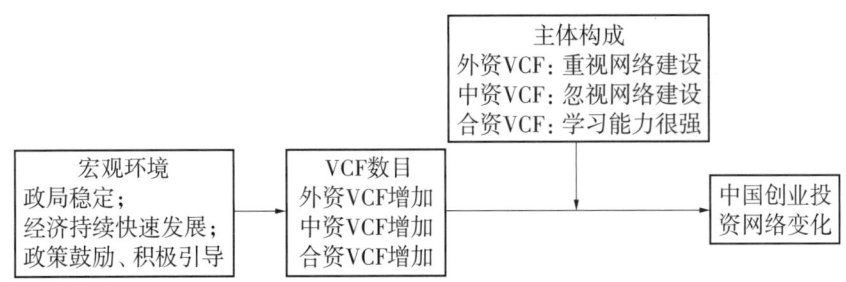

图4-12 中国创业投资网络的影响因素

综上分析,宏观环境与网络主体构成最终会通过具有不同网络态度的中资、外资、合资创业投资机构在数量上的变化对创业投资网络产生影响。

4.3 实证结果与分析

建立转换变量回归模型,对不同性质创业投资机构数目的变化对创业投资网络的影响进行实证检验。分别以三种网络的中心性指标为被解释变量,以网络中的中资、外资、合资创业投资机构的绝对数量及其非线性转换变量作为解释变量,建立多元回归模型,用 Stata 12.0 作为统计分析工具,对历年中国创业投资网络的统计数据作分析模型,如下:

$$\text{centrality}_{it} = \alpha + \beta_1 f_1(F_t) + \beta_2 f_2(C_t) + \beta_3 f_3(CO_t) + \varepsilon \quad (4-1)$$

$$LN\text{centrality}_{it} = \alpha + \beta_1 f_1(F_t) + \beta_2 f_2(C_t) + \beta_3 f_3(CO_t) + \varepsilon \quad (4-2)$$

模型中的 centrality_{it} 为网络中心度指标,i 为1时指网络平均度数中心度,i 为2时指网络平均接近中心度,i 为3时则指网络平均中间中心度,$LN\text{centrality}_{it}$ 则是对各中心度指标取对数[①],$f_1(F_t)$ 为网络中第 t 年外资创业投资机构数目的非线性转换函数,$f_1(C_t)$ 为网络中第 t 年中资创业投资机构数目的非线性转换函数,$f_1(CO_t)$ 为网络中第 t 年合资创业投资机构数目的非线性转换函数。

4.3.1 转换变量回归模型的选择及相关检验

转换变量回归是一种探索性研究分析工具,因为它能在不要求分析人员事先设定某一特定模型的情况下,通过对一个或更多变量作非线性转换,然后将转换变量纳入线性回归中,这样就可以简单地对基础数据拟合出一个曲线模型(Hamilton,2011)。首先,作出所有变量的散点图矩阵,观察解释变量与被解释变量间有可能存在的非线性转换形式,对解释变量取对数或倒数,再作出转换后的散点图矩阵(图4-5、图4-6)。

[①] 伍德里奇指出,严格为正的变量,其条件分布常常具有异方差或偏态性,取对数后,即使不能消除这方面的问题,也可以使之有所缓和。

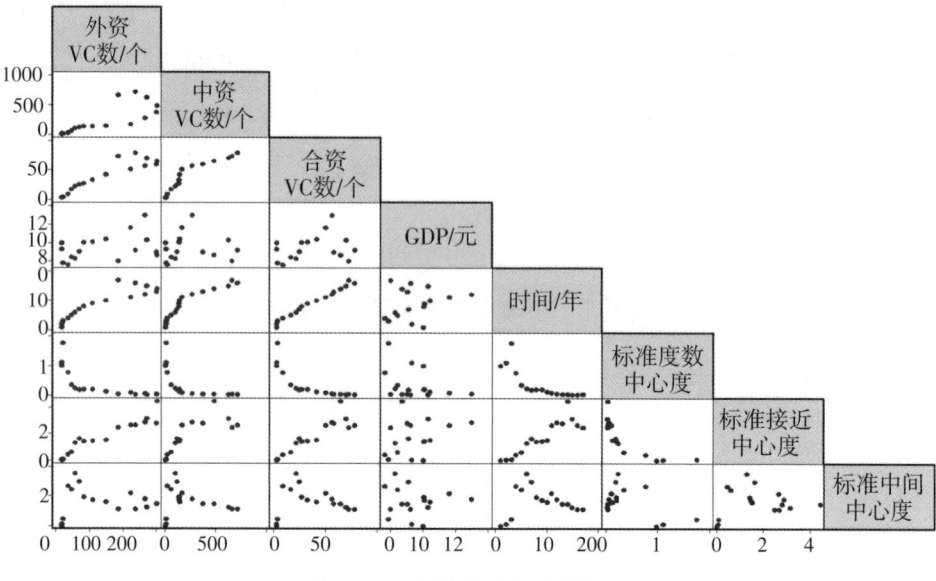

图 4-13 转换前的散点图矩阵

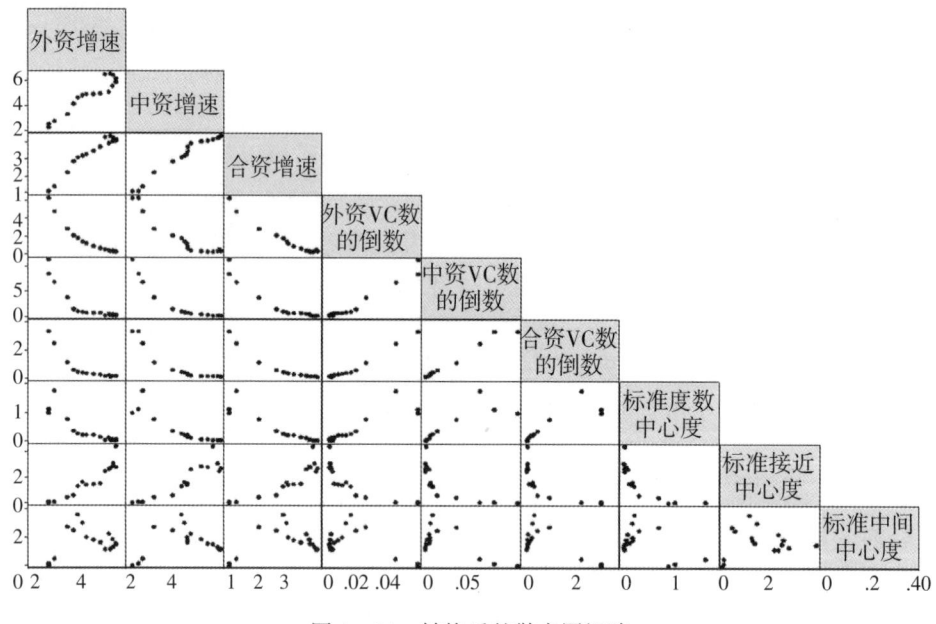

图 4-14 转换后的散点图矩阵

为了使模型符合建模时的严格外生性的假设,我们将有可能对被解释变量产生影响的各种形式的转换变量都放入模型中,这很可能导致多重共线性。著名的经济计量学家哈维(Harvey,1981)提出了建模的简约原则,认为模型永远无法完全把握现实,建模时一定程度的抽象或简化是不可避免的,模型应尽可能简单。于是,我们首先用 Stata 12.0 中的逐步回归工具,设定 0.05 的显著性水平,采用向后搜寻法对模型进行简化。然后用 Link 检验及 Ramsey 检验来检验模型是否有遗漏变量及是否应加入非线性项,用方差膨胀因子(VIF)识别模型的多重共线性,以残差图观察法及怀特检验法检验模型是否存在异方差,用 BG 检验及 Bartlett 检验方法检验模型的自相关性。最终我们得到了三个较为合理和精确的回归模型,其回归检验结果如表 4-1 所增。

表 4-1 转换变量最小二乘法回归及检验结果

	对数化标准度数中心度 ①	标准接近中心度 ②	标准中间中心度 ③
外资创投数目		0.0078*** (0.0017)	
中资创投数目	-1.1576*** (0.1320)	0.2980** (0.1279)	-0.0902*** (0.0179)
1/合资创投数目			-1.5458*** (0.2271)
1/外资创投数目	-16.267* (9.2134)		
_cons	4.0174*** (0.7928)	-0.7855* (0.4369)	0.7216*** (0.1027)
R^2	96.14%	92.46%	78.26%
修正后 R^2	95.59%	91.38%	75.15%
F 值	174.38***	85.80***	25.19***
Lindtest 检验:无遗漏变量(p 值)	0.709	0.802	0.588
Ramsey 检验:无遗漏变量(p 值)	0.1053	0.4323	0.8507
VIF:均值≥2 且最大值≥10	无	无	无
怀特检验:同方差(p 值)	0.1183	0.1756	0.4955
BG:无滞后 1 期自相关(p 值)	0.1228	0.3630	0.2261
BG:无滞后 2 期自相关(p 值)	0.2644	0.1528	0.3953
BG:无滞后 3 期自相关(p 值)	0.2968	0.1980	0.1442
BG:无滞后 4 期自相关(p 值)	0.2554	0.2206	0.2417
BG:无滞后 5 期自相关(p 值)	0.3767	0.2634	0.3602
BG:无滞后 6 期自相关(p 值)	0.2636	0.1105	0.1987
Bartlett 检验(是否在临界线内)	是	是	是
Num of obs.	21	21	21

注:*表示在 10% 水平下显著,**表示在 5% 水平下显著,***表示在 1% 水平下显著;括号内为估计量抽样分布的标准差。全书同。

从表 4-1 可以看出，在中国创业投资网络中不同性质创业投资机构的数目多少与网络的中心性指标有非常显著的关系，每个模型的 F 值的显著性都在 0.0001 以下，调整后的 R^2 也非常高，说明解释变量对被解释变量的解释力度很强，并且每个解释变量的系数都显著地不为"0"。对三个模型进行的所有检验均支持了原假设，即模型中无遗漏变量、满足同方差、无自相关，且方差膨胀因子 VIF 显示出方程无严重的多重共线性。

模型①是对网络的度数中心度的解释，结果显示，在其他条件保持不变的情况下，中资创业投资机构数目增加 1% 会使得整个网络的平均度数中心度显著降低 1.1576%，中资创业投资机构数目的增加对网络平均度数中心度的下降是富有弹性的。相反，外资创业投资机构数目的增加会增加网络度数中心度的相对值，这种影响会随着外资创业投资机构数目越来越多而变得越来越弱。模型②是对网络的接近中心度的解释，如结果所示，中资及外资创业投资机构数目的增加都会显著地影响网络平均接近中心度，使得其增加。模型③是对网络的中间中心度的解释，中资与合资创业投资机构的数目都会显著地影响网络平均中间中心度的走向，但是作用的方向刚好相反。合资创业投资机构数目增加会使得网络平均中间中心度显著增加，并且这种影响会随着合资创业投资机构数目越大而越来越弱。相反，中资创业投资机构的数目增长 1%，网络平均中间中心度将减少 0.0009。

4.3.2 Granger 因果关系检验

计量经济模型的建立过程，本质上是用回归分析工具处理一个经济变量对其他经济变量的依存性问题，但这并不说明这个经济变量与其他经济变量之间必然存在着因果关系。格兰杰（Granger）和斯姆（Sims）提出检验变量因果关系的方法，基本思想是，如果变量 x 是变量 y 的原因，那么 x 的变化应当发生在 y 的变化之前，即"x 是引起 y 变化的原因"。因此在拟合完模型之后，想知道每个模型的解释变量是否为被解释变量的 Granger 因，即给定某网络中心度的过去值之后，不同性质创业投资机构数目的过去值是否可以帮助预测网络中心度的未来值，其检验模型如下：

$$\text{Centrality}_t = \gamma + \sum_{i=1}^{p} \alpha_i \text{Centrality}_{t-i} + \sum_{i=1}^{p} \beta_i x_{t-i} + \varepsilon_t \qquad (4-3)$$

在 Stata 12.0 中，进行 Granger 因果检验，首先要构建向量自回归（VAR）模型，包括 VAR 模型阶数的确定及 VAR 模型的拟合，然后对模型的平稳性进行检验，再进行 VAR Granger 因果检验。按照以上步骤，我们对表 4-1 三个模型中的变量分别拟合出 VAR 模型，然后进行 Granger 因果检验，检验结果如表 4-2 所示。

表 4-2　Granger 因果检验结果

模型	问题	排除	chi2	df	Prob > chi2	VAR 模型的平稳性检验
①	对数化标准度数中心度	对数化中资创投数	8.4461	2	0.015	每个特征根都在单位圆之内，VAR 模型平稳
		1/外资创投数	36.556	2	0.000	
		所有性质创投	46.042	4	0.000	
②	标准接近中心度	标准化外资创投数	35.391	2	0.000	每个特征根都在单位圆之内，VAR 模型平稳
		对数化中资创投数	9.3314	2	0.009	
		ALL	41.931	4	0.000	
③	标准中间中心度	对数化中资创投数	55.535	3	0.000	每个特征根都在单位圆之内，VAR 模型平稳
		1/合资创投数	123.72	3	0.000	
		所有性质创投	446.97	3	0.000	

检验的结果显示，三个方程中的所有解释变量均显著为被解释变量的 Granger 原因，三个 VAR 模型的伴随矩阵的特征值有实数也有虚数，但其模都小于 1，每个特征根都在单位圆之内，从而可以判断三个 VAR 模型平稳。

4.3.3　实证结果的分析

以上的实证结果说明，中资创业投资机构数目的相对增加会显著地影响网络的平均度数中心度、接近中心度及中间中心度，并且是它们显著的 Granger 因。相对而言，中资创业投资机构的成立时间较晚，投资经验较少，投资机构间并未形成融洽的合作氛围，也并未意识到在创业投资行业合作能给自身带来的好处。在中国经济持续快速发展的大背景下，中国政府为了在国内营造出良好的创业环境，出台了各种政策和措施去鼓励、引导本土资金进入创业投资领域，中资创业投资机构的数目越来越多。但是由于投资经验与合作文化的欠缺，中资创业投资机构数目的增加却使得中国创业投资网络的平均度数中心度及平均中间中心度显著变差，即，使得中国创业投资网络的整体合作氛围变差，使得能力互补的创业投资机构聚集在一起的网络平均中介能力降低。当然，中资创业投资机构作为本土投资机构，毕竟对当地的习俗、文化、处事方式更加熟悉，所以中资创业投资机构数目的增加使得网络平均接近中心度显著提高，即，使得网络平均不受控制的能力加强。

外资创业投资机构数目的增加会显著地引起网络平均度数中心度相对变化的增加及网络的平均接近中心度提高，也是其显著的 Granger 因。投资于中国创业企业的外资创业投资机构大多来自美国等发达国家或地区，它们成立时间较早，投资经验丰富，跨国投资经验也不少，为了克服外来者劣势（Mudambi，2008），它们习惯于抱团投资（Hochberg 等，2010），同时注意在网络中不受他人的控制，所以外资创业投资机构的数目越多，网络的平均度数中心度及平均接近中心度都会有不同程度的提高。

合资创业投资机构则对网络的中间中心度影响最显著，也是网络平均中间中心度的 Granger 因，其数目的增加会加强网络的平均中介能力。合资创业投资机构可谓是中国创业投资网络中天生的"桥"，与生俱来的优势使其比较容易将没有联系的、具有互补性技能或者互补性的投资机会的外资与中资创业投资机构连接在一起，从而促进整个网络的合作水平提高。合资创业投资机构的平均中间中心度从 1999 年起就一跃超过外资创业投资机构，从此遥遥领先于整个网络的平均水平，所以，合资创业投资机构数目的增长会使得整个网络的平均中间中心度得到提高。

当然，不同性质创业投资机构的数目变化对网络属性指标的影响只是能够量化的表象，问题的关键还在于不同性质的创业投资机构对构建网络地位、获取网络能力的态度不同（外资积极争取、合资努力学习、中资不够积极），使得它们在网络中的表现也完全不同，从而造成数目的累加对网络指标的变化有显著的影响。中资创业投资机构是中国创业投资网络的主力，其对网络的消极态度造成了中国创业投资网络的质量变差，一旦中资创业投资机构意识到网络的重要性，转变其网络态度，那么形成优质的中国创业投资网络就指日可待了。

第5章 创投机构结构洞位置演变的影响因素

在"双创"大发展和"供给侧改革"的推动下,创业投资行业在我国得到快速的发展。网络化发展已成为创业投资行业发展的主要形态之一,创业投资机构能够通过网络关系更加有效地识别、获取与利用投资机会,同时降低投资风险,帮助创业企业更好地成长。已有学者研究证实,在网络中占据更好的结构洞位置能为创业投资机构带来诸如控制优势、信息优势等多种资源优势,进而有利于创投机构获得更高的投资绩效。本章将从网络位置、网络地位、网络内容以及多重网络四个网络视角进一步分析创业投资机构结构洞位置演变的影响因素。

5.1 网络地位、强关系与弱关系、结构洞理论

5.1.1 衡量网络地位的指标——中心度[①]

1. 度数中心度

度数中心度是一个比较简单的指标,在创业投资网络中参与者 A 投资机构的度数中心度可以分为两类:绝对中心度和相对中心度。

在创业投资网络中,A 创投机构的绝对度数中心度就是与其有直接合作关系的创投机构数目,如果 A 创投机构与许多创投机构有合作关系,那么就说 A 创投机构有较高的度数中心度,其计算公式如式(5-1)所示。如果在创业投资网络中,A 创投机构拥有最高的度数中心度,那么 A 创投机构就居于网络的中心,拥有较大的权力。在测量度数中心度的时候考虑的仅包括直接相连的创投机构,并没有考虑间接相连的创投机构。

$$C_{AB} = \sum_B P_{AB} \qquad (5-1)$$

当创业投资网络图的规模不同时,不同网络图中的局部度数中心度不可直接相互比较。为了比较不同创业投资网络图中创投机构的度数中心度的大小,弗里曼提出了相对度数中心度,A 创投机构的相对度数中心度即 A 创投机构的绝对度数中心度与创投网络中创投机构的最大可能的度数中心度之比,在一个包含 n 家创投机构的创业投资网络图中,一家创投机构的最大可能的度数一定是 $n-1$。总的来说,相

[①] 资料来源:刘军,《整体网分析讲义——UCINET 软件应用》,第二届社会网与关系管理研讨会资料,哈尔滨工程大学社会学系,2007:64-65。

对度数中心度即绝对度数中心度的标准化形式，其计算公式如式（5-2）所示。

$$C_{RD_{AB}} = \frac{\sum_B P_{AB}}{n-1} \quad (5-2)$$

2. 中间中心度

在创业投资网络中，如果多家创投机构想要建立起联系关系必须经过 A 创投机构的介绍和引荐，则可以认为 A 创投机构居于重要的地位，因为"处于这种位置的创投机构可以通过控制或者曲解信息的传递而影响群体"，刻画 A 机构这类创投机构的中心度指标是中间中心度，它测量的就是创投机构对资源控制的程度。中间中心度测量的是该点多大程度上控制他人之间的信息流动和传递。具体地说，如果一家创投机构处于许多其他家创投机构间的最短路径上，就说该家创投机构具有较高的中间中心度。

假设在两家创投机构 A 和 C 之间存在着很多条捷径，创投机构 B 处于其中一条捷径的路径上。创投机构 B 相对于创投机构 A 和创投机构 C 的中间中心度指的是前者处于后两者的联系捷径上的能力，可以用经过创投机构 B 并且连接其他两家创投机构 A 和 C 的捷径数与创投机构 A 和 C 之间的捷径总数之比来定量描述这种能力的大小。把创投机构 B 相应于创投网络中每对创投机构的中间度全部加总，就可以得到创投机构 B 的绝对中间中心度，其计算公式如式（5-3）所示，C_{Bi} 表示绝对中间中心度，点 j 和点 k 之间存在的经过点 i 的测地线数目用 $g_{jk}(i)$ 表示。

$$C_{Bi} = \sum_{j<k} \frac{g_{jk}(i)}{g_{jk}} \quad (5-3)$$

在星形网络情况下，创投网络中创投机构的相对中间中心度才可能达到最大值 $C_{R_{Bi}}$，从而可以看出，相对中间中心度的取值范围为 0～1，具体计算公式为式（5-4）（刘军，2014）。

$$C_{R_{Bi}} = \frac{2C_{Bi}}{n^2 - 3n + 2} \quad (5-4)$$

3. 接近中心度

除了上述介绍的两个指标之外，接近中心度也是一个可以描述和刻画创业投资机构在创投网络中的网络地位高低的指标。具体来说，一家创投机构的接近中心度是该家机构与所有其他创投机构的捷径距离之和。其计算公式如式（5-5）所示，$C_{AP_i}^{-1}$ 表示绝对接近中心度，点 i 和点 j 之间的捷径距离用 d_{ij} 表示。如果说，创业投资机构 A 和创投网络中所有其他创投机构的总联系捷径更短，即对应的接近中心度越高，那么从一定程度上来说，创投机构向所有其他创投机构传递和分享信息也更加快捷，因此我们可以说，创投机构 A 更加有可能居于创投网络的中心，也就是在创投网络中的地位更高。

$$C_{AP_i}^{-1} = \sum_{j=1}^{n} d_{ij} \quad (5-5)$$

为了对比不同创投网络中的创投机构的接近中心度,需要将绝对接近中心度除以网络中可能的最小的接近中心度来进行标准化处理。只有在星形网络中,$C_{nP_i}^{-1}$ 才可以到达最小值。对于包含 n 家投资机构的星形创投网络来说,核心点的接近中心度是 $n-1$,相对度数中心度的计算如式(5-6)所示。

$$C_{RP_i}^{-1} = \frac{C_{AP_i}^{-1}}{n-1} \tag{5-6}$$

4. 特征向量中心度

实际上,在创投网络中,一家创投机构的中心度与其邻接的创投机构的中心度密切相关。如果创投机构 A 被某个地位很高的创投机构选择合作,创投机构 A 的地位将因为和高地位的创投机构的联系而水涨船高;如果一家在创投网络中有权力的创投机构认为创投机构 A 是有权力的,那么创投机构 A 的权力也会随之而提高。由此看来,一家创投机构的地位和与之相关的其他创投机构的地位具有线性函数关系。对于创投机构 A 来说,如果创投机构 A 与很多本身具有较高度数中心度的创投机构相连接的话,那么就可以说创投机构 A 处于创投网络的中心位置。

特征向量是在网络总体结构的基础上,找到最居于核心的参与者,它并不关注比较"局部"的模式结构。这种方法要用到"因子分析",找出各个创投机构之间的距离有哪些"维度"。每家创投机构相应于每个维度上的位置就叫作"特征值",一系列这样的特征值就叫作特征向量。令 A 为邻接矩阵,其元素 a_{ij} 的含义是参与者 i 对 j 的地位(或者权力、中心度等)贡献量,令 x 代表中心度值向量。那么,上述说法可以表达为式(5-7)。

$$x_i = a_{1i}x_1 + a_{2i}x_2 + \cdots + a_{ni}x_n \tag{5-7}$$

5.1.2 强关系与弱关系理论

网络关系强度是描述社会网络特征的一个重要维度,从强关系和弱关系角度看创投网络就是创投机构所拥有的一些网络强度不同的社会关系的总和。美国社会学家 Granovetter(1973)认为对于网络关系强度的衡量,应该包括四个方面:①互动频率(amount of time);②感情程度(emotional intensity);③亲密程度(intimacy);④互惠交换(reciprocal)。同时,可根据网络关系强度把人际关系网络划分为强关系网络和弱关系网络两类不同的社会关系。

1. 强关系理论

按照 Granovetter 对于强关系与弱关系的区分,互动频率比较高、感情程度比较深、亲密程度比较高、互惠交换比较多的关系就是所谓的强关系。在日常生活和工作中,强关系最有可能产生于个人与经常来往的家庭成员、紧密联系的挚友、一起奋斗的搭档、联系紧密的客户或同行等之间。由此可见,强关系是比较亲密的个体之间频繁且深入的交流,不同个体之间的关系非常亲密,有很强的情感基础维系着个体之间的人际关系,通俗地说,就是关系"非常铁"。

一般来说，网络中强关系所联系的个体之间所掌握和传递的资源和信息往往是趋同的，也就是说，个体的社会网络的同质性较强（刘幼迟，2018）。强关系通常代表着网络中的参与者之间具有高频率的互动，且彼此之间的互动交流的程度也比较深入，因此，透过强关系所产生的信息和资源通常是冗余的，容易自成一个封闭的系统。网络内的参与者由于具有相似的价值观，高度的互动频率通常会强化原本价值观并进一步强化彼此之间的联系和认可，而这会造成排斥外来的个体和新的观点的现象出现，因此，正如众多学者所论证的，弱关系对突破式创新的正向促进作用大于强关系（王永健等，2016），但是也由于网络中的个体彼此之间的信任程度和认可程度极高，强关系网络中，在信息交流、分享和传递上效率更高、质量更高。

2. 弱关系理论

与强关系相反，弱关系的特点就是互动频率比较低、感情程度比较浅、亲密程度比较低、互惠交换比较少。通俗一点来说，也就是我们常说的泛泛之交。一般来说，由弱关系连接的网络异质性比较高，意味着网络中的个体交友面很广，结识的对象往往具有不同的知识背景、经验背景、行业背景，因此在弱关系的联系中往往可以获得许多非冗余的信息和资源（刘幼迟，2018）。

相对于强关系，Granovetter（1985）认为弱关系的力量更加强大。弱关系的分布范围广泛，比强关系更可能充当跨越社会边界的桥梁，为具有不同知识背景、经验背景和文化背景的网络参与者提供交流的机会。但是，由于弱关系连接的网络参与者之间的相互交流并不频繁，而且彼此之间并不熟悉也没有情感因素维系，往往弱关系连接的网络参与者之间传递信息和资源的效率十分低下。

网络关系的强弱决定了参与者可以获得的信息和资源的性质以及参与者达到其行动目标的可能性。在 Granovetter（1973）的调查中发现，美国社会是一个由弱关系连接的社会。对于个人来说，相较于强关系，弱关系反而在为个人找到合适的工作方面表现得更有作用。也就是说，网络中的个人认识的不同行业背景、文化背景、知识背景的人越多，就越容易达成他的目标。与之相对的就是那些交往对象固定在一个特定的小群体范围之内的个体，要达到目标相对来说会比较困难。

边燕杰（1998）认为，中国社会并非美国的弱关系社会，而是一个强关系社会。也就是说，在中国，想要办好事，弱关系所提供的广泛且多样化的信息和资源并不是关键，强关系连接所提供的强大且确定的帮助才是最重要的，也就是我们常说的"找关系"。

5.1.3 结构洞理论

1. 结构洞理论的起源

1992 年美国社会学家 Burt 在其出版的《结构洞：竞争的社会结构》（*Structural Holes: The Social Structure of Competition*）一书正式提出了结构洞理论（structural holes theory）。

Burt 吸收了 Granovetter 的 "the strength of weak ties" 中提出的关于弱关系的理论，并将弱关系所涉及的二元关系研究拓展到三元关系，强调了三元关系中处于控制地位的重要性。此外，还吸收了网络交换理论中提出的关于网络交换的机会与网络结构相关的假设，提出占据网络结构洞位置的个体拥有更大的权利和更多的交易机会。

2. 结构洞的定义

结构洞是指社会网络中部分个体之间有直接联系的关系，但与另外一部分个体不发生直接联系的关系或关系间断的现象，从网络整体上来看好像是网络结构中出现了洞穴。Burt（1992）用结构洞来表示非冗余的联系，认为非冗余的联系人被结构洞所连接，一个结构洞是两个参与者之间非冗余的联系。

3. 测度结构洞的指标

结构洞的计算比较复杂，总的来说存在两类计算指标。第一类是 Burt 本人提出的结构洞指数；第二类是中间中心度指标，其中包括 Freeman（1979）提出的针对整体网的中间中心度指标、Brandes（2001）针对 Freeman 的中间中心度改进的推广形式，以及 Everett 和 Borgatti 等（2005）提出的针对个体网数据的个体中间度指标。Burt 提出的结构洞指标讨论了一个网络的 4 个相互关联的方面，并以此为基础来计算结构洞。

（1）有效规模（effective size）。

在创业投资网络中，一家创投机构的有效规模等于该家机构的个体网规模减去网络的冗余度，即有效规模等于网络中的非冗余因素，创投机构 i 的有效规模可以用式（5-8）表示：

$$ES_i = \sum_j (1 - \sum_q p_{iq}m_{jq}), q \neq i,j \qquad (5-8)$$

其中 j 代表与创投机构 i 相连的所有点，q 是除了 i 或 j 之外的第三者。括号内部的量 $p_{iq}m_{jq}$ 代表在创投机构 i 和特定点 j 之间的冗余度，其中 p_{iq} 代表创投机构 i 投入 q 的关系所占比例，m_{jq} 是 j 到 q 的关系的边际强度，它等于 j 到 q 的关系取值除以 j 到其他点关系中的最大值。

（2）效率（efficiency）。

在测量结构洞的时候所使用的效率概念比较简单，在创投网络中一家创投机构的效率等于该家创投机构的有效规模与实际规模之比。

（3）限制度（constraint）。

从概念上说，在网络中一个参与者的限制度指的是参与者在自己的网络中多大程度上拥有运用结构洞的能力或者协商的能力。一个参与者的机会受到的限制，取决于其曾经投入了大量网络事件和精力的另外一个接触者 q 又在多大程度上向接触者 j 的关系投入大量的精力（Burt，1992）。由此，可以得出，网络中的参与者 i 受到 j 的限制度指标为 $C_{ij} = (P_{ij} + \sum_q P_{iq}P_{qj})^2$，即 $C_{ij} =$ 直接投入 (P_{ij}) + 间接投入

$(\sum_q P_{iq}P_{qj})$，其中 P_{iq} 是在参与者 i 的全部关系中，投入 q 的关系占总关系的比例。后续通过一系列的推演和简化，限制度的计算公式可以简化为式（5-9）。

$$C_{ij} = (\frac{1}{n_i})^2(1 + \sum_q \frac{1}{n_q})^2 \quad (5-9)$$

（4）等级度（hierarchy）。

在 Burt 看来，等级度指的就是限制性在多大程度上围绕着一个参与者展开，或者说集中在一个参与者身上，其计算公式为式（5-10）。

$$H = \frac{\sum_j (\frac{C_{ij}}{C/N})\ln(\frac{C_{ij}}{C/N})}{N\ln(N)} \quad (5-10)$$

其中 N 是参与者 i 的个体网规模。C/N 是各个参与者的限制度的均值，公式的分母代表最大可能的总和值。当一个参与者的每个联络人的限制度都一样的时候，该测度达到最小值0。反之，当所有的限制都集中于一个参与者的时候，该值就达到最大值1。或者说，一个参与者的等级度越大，说明该参与者越受到限制，反之亦然。

5.2 创投机构结构洞位置演变的影响因素

在创投网络中，创投机构占据网络中介者位置，也就是结构洞的位置，一方面取决于网络所提供的激励与约束，不同创投机构按照其所处的不同的网络位置与网络地位有差别地占有网络中流动、传递的稀缺资源，导致不同个体在过去联结的网络中积累的优势差异化，占据优势地位的个体获得好处后更想保持或者进一步扩张自身的优势地位，而且由于积累了很多来源于网络地位的资本和能力优势，因此有机会也有相匹配的能力去进一步稳固或者扩张自己的网络地位。而占据劣势地位的个体虽然想要占据优势的网络位置来获得更多的利益，但由于一直处于网络劣势地位，来源于网络的积累优势不足，没有足够的能力和机会去提升自身的网络地位。

此外，在创投网络中占据结构洞位置还取决于网络中参与者有目的性的追逐行为。而这种有意识的目的性追逐行为，不仅仅是创投机构所处的网络位置和网络地位的激励与约束造成的逐利效应，同时也是创投机构所处的网络位置与网络地位可以接触到的资源——网络内容所提供的机会与激励的体现。

5.2.1 网络位置

在创业投资网络中，一直占据着网络中介者（结构洞）位置的创投机构将很有可能继续占据网络中介者（结构洞）位置。

首先，在占据网络中介者位置的能力方面，处于网络中介者位置的创投机构是多方非冗余信息、资源的汇聚点，相较于其他处于非结构洞位置上的创投机构仅能知道网络中参与者众所周知的信息，网络中介者得到的信息质量更高，并且可以从中辨别出对自己有利的信息。这些被网络中介者"垄断掌控"的信息一方面可以使得中介者从中挖掘出更多的机会来提升自身的投资绩效，同时，声誉效应也会进一步扩张，从而在形成新的联合投资网络时，在选择合作伙伴上拥有更大的自由度，这些自由度给予占据网络中介者位置的创投机构更多的机会建立桥型纽带（Gnyawali 等，2001）；另一方面，网络中介者掌控着信息的传递和分享，这本身就赋予了处于网络中介者位置的创投机构选择合作伙伴的权利和自由，这就意味着一直占据网络中介者位置的创投机构更有能力继续占据网络中介者的位置。

其次，在追逐网络中介者位置的动机方面，处于网络中介者位置的创投机构对于交汇于结构洞处的信息拥有着近乎"垄断"的掌控，是否要传递和分享信息，或是操纵准确的、模糊的还是歪曲的信息在关系人之间流动，完全取决于网络中介者的决定，因而享受信息优势和控制优势的网络中介者往往可以在创业投资中获得更好的投资绩效。继续享受信息优势和控制优势的动机促使创投机构占据网络中介者位置的同时去追逐新的网络中介者位置。

此外，由于网络结构的稳定性，其他创投机构与处于网络中介者位置的创投机构由于曾经合作进行联合投资而发生连接关系，而且这种由合作而产生的关系，由于双方之间在信息共享、沟通合作方面有过深入交往，彼此之间大致知根知底，信任程度也比较高。相比于冒着风险直接与其他从未合作过的创投机构进行合作，创投机构更加愿意通过熟识的处于网络中介者位置的创投机构去间接联系其他创投机构，但相对而言花费的时间成本和人力成本更高，这就是联系路径的依赖性。另外，更重要的是，由于处于网络中介者位置的创投机构享有控制优势，中介者位置连接的两方由于联系的困难，如距离遥远、沟通困难、文化差异等因素，也不太容易建立起直接联系，也就是说现有的网络中介者的位置具有稳定性，并不容易消失。综上讨论，提出如下假设：

假设1：过去占据较多的结构洞位置的创投机构在未来会占据更多的结构洞位置。

5.2.2 网络地位

在创业投资网络中，除了网络中介者位置之外，创投机构所处的网络地位对于创投机构占据网络结构洞的位置也有影响。

首先，在占据网络中介者位置的能力方面，高网络地位的创投机构意味着处于网络的中心位置，与许多其他高网络地位的创投机构维系着连接关系。高网络地位的创投机构由于可供选择的合作伙伴集合区间范围很大，因此在选择伙伴时有更大的自由度。这些自由度让高网络地位的创业投资机构有更多的可能性建立排他性的桥型关系，从而增加占据网络中介者位置的机会（Gnyawali 等，2001）。此外，在创投网络中网络地位低下的创投机构看来，高网络地位本身就是高质量和高可靠性的信号，对于网络地位比较低的创投机构来说，由于自身网络位置处于稀疏的网络边缘地带，网络所提供的信息和资源是十分滞后且有限的，因此，网络地位较低的创投机构往往投资绩效表现较差。也正因如此，网络地位较低的创投机构有强烈的意愿与高网络地位的创投机构建立关系以此提升自身网络地位，因为高网络地位意味着声誉的传递，与占据高网络地位的创投机构合作意味着自己的成果也必将是高品质的（Mia 等，2011）。由于这些网络地位较低的创投机构通常处于创投网络边缘的位置，它们与高网络地位的创投机构之间的纽带往往是桥型连接，从而增加了高网络地位的创投机构占据网络中介者位置的机会。

然而，在追逐网络中介者位置的动机方面，高网络地位的创投机构是矛盾的。一方面，高网络地位的创投机构通常管理着更多的合作伙伴，自身的网络连接关系非常复杂，它们可以从众多的合作伙伴中得到很多信息，在大大减少了搜寻信息、与伙伴协商的成本的同时（Polidoro 等，2011），处于高网络地位时得到的信息往往很多是冗余的，且由于自身附近的网络结构非常复杂，高网络地位的创投机构得到的信息往往不是"垄断"的，出于对非冗余信息的需求以及获得在不相连机构之间操纵信息机会的动机，高网络地位创投机构会利用自身网络地位优势去追逐享有信息优势和控制优势的网络中介者位置。但是另一方面，处于结构洞的创投机构在享受信息优势和控制优势的同时，也减弱了社会嵌入程度，这既不利于信息的流动，也不利于形成统一的规范（Granovetter，1985）。高网络地位的创投机构联系着更多的合作伙伴，这意味着来自合作伙伴的监督的程度更高，占据更多的结构洞位置并借由信息的不对称以及控制信息的流动获利会增加高地位创投机构被界定为机会主义者的风险（Guler 等，2010），从而降低高网络地位创投机构在其他合作创投机构心目中的声誉。对于高网络地位的创投机构来说，信息传递和协作困难的问题显得更加严峻，占据更多的结构洞可能会损害创投机构的地位（Podolny，2001）。从以上两个方面来看，高网络地位的创投机构追逐结构洞位置的动机是自相矛盾的。综上讨论，提出如下假设：

假设 2：网络地位越高的创投机构在未来占据更少的结构洞位置。

5.2.3 网络内容

基于新古典经济学，过去许多的网络效应的研究围绕着网络的规模展开讨论，Sheremata（2004）认为参与者和连接关系更多的网络更加有价值。但是随着网络研究的日益发展，Dellarocas（2003）、Suarez（2005）、Soh（2010）等众多学者在研究中提出网络不只是以它的规模和连接关系为核心的一个关系集群，更为重要的是网络的结构（网络的规模只是其中一个考虑成分）和网络中的行为。在此基础上，Afuah（2013）进一步研究，提出了更应该关注网络中流动的资源，即网络内容变量的观点。网络中在不同参与者之间流动的内容是信息和资源,而网络中介者位置是信息、资源的交汇点,那么不同的创投机构在以往嵌入的网络中积累的信息、投资经验、专业知识等都应该是不同的。

张光曦(2013)把在企业内部积累的、被持续利用的特殊知识资源定义为企业特异性知识资源。换言之,对于创投机构来说,内部积累的、被持续利用的投资标的所在行业相关的专业知识、信息、投资经验等资源就是创投机构的特异性知识资源。由于不同创业投资机构在过去嵌入的创投网络中投资标的行业、联合投资伙伴、投资轮次、投资方式等都是不同的,因此知识资源的特异性程度也是不同的。而且每家创投机构的特异性知识资源都是独一无二的,这些资源是保护机构竞争优势的"隔离机制"。对于创投机构而言,在有较多的特异性知识资源的情况下,创投机构需要搜索知识时,相比从外部收集知识,更倾于在本地搜索(Madsen 等,2010)。这里的本地搜索是指对现有的成功经验的流程的反复运用,这有利于提高知识创造的效率。企业倾向于搜索与现有知识接近的解决方案(Rosenkopf 等,2001)。因此,特异性知识资源越丰富的创投机构越没有动机去占据网络中介者的位置。

一方面,对于特异性知识资源丰富的创投机构来说,通过结构洞来获取非冗余信息需要付出的边际时间成本和边际精力成本十分高,相比而言,在本地搜索知识资源更加经济、高效。另一方面,随着创投机构在过去嵌入的网络中积累的特异性知识资源的增加,创投机构从网络中介者位置收集非冗余的知识资源将面临更多的认知压力(Lichtenthaler 等,2006)。有学者指出网络中的个体要维持一个范围庞大的网络联系关系,通常需要处理网络中流动的多样化的信息、资源,尤其是要在自己的认知基础上协调那些由网络传递过来的或者是潜在的相互抵触地看待问题的角度(Tortoriello 等,2012),这些对于已经拥有丰富的特异性知识资源的创投机构来说是更加难以协调或协调的成本非常高昂。因此,创业投资机构的特异性知识资源越丰富,创投机构就越没有动力去占据网络中介者的位置。由此,提出下述假设:

假设 3:创投机构从以往嵌入的网络中获得的特异性知识资源越丰富,就越不可能在未来占据更多的结构洞位置。

5.2.4 多重网络

在创业投资网络中,创业投资机构由于联合投资关系相互联系形成创业投资网络。但是在网络中,不同的创投机构之间连接的"线条"的坚固和稳定的程度是不同的。有些创投机构之间由于存在着共同的股东背景而采取共同的行动,有些创投机构之间由于存在着多次联合投资关系而有着很强的信任感,这些创投机构之间的联系关系相对于仅有一次联合投资合作关系而发生的联系关系来说,无疑是更加坚固和稳定的。本研究将创投机构过去 5 年中联合投资多次产生的"连接线条"定位为强关系连接,联合投资次数越多从而产生的联系关系的质量越高,因为合作次数越多意味着联系关系越稳定和相互之间的信任机制越强。因此,在创业投资网络的基础上根据对强关系的定义可以剥离出相对应的强关系网络,如图5-1所示。强关系网络嵌入后可能会对其他因素产生一定的调节作用,从而对创投机构占据网络中介者位置产生一定程度上的积极影响。

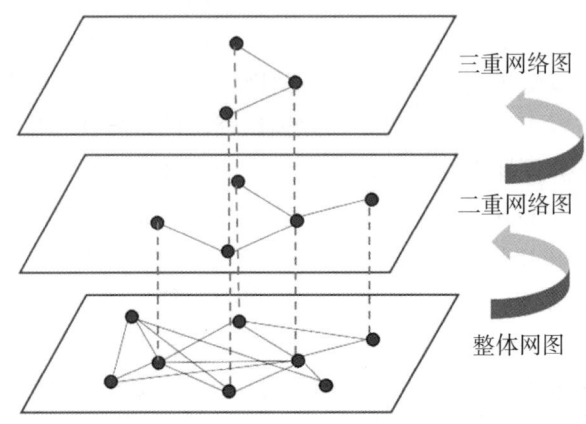

图 5-1　整体网络图剥离出强关系网络图

1. 强关系网络嵌入对网络位置的调节作用

考虑到强关系网络嵌入后的双重网络视角,处于网络中介者位置的创投机构通过结构洞获取交汇于此处的信息之后,凭借自身和其他创业投资机构之间存在的强关系联系,高效、深入地交流和分析所获得的信息的价值。由于强关系的信任机制,质量越高、数量越多的强关系越有利于创投机构清晰地认知、分辨出来自四面八方的信息中确实可信并且蕴含着潜在的投资机会的高质量信息,从而充分利用信息中的潜在机会转化为切实的收益,也就是说,强关系网络的嵌入有助于创业投资机构用较低的成本和更高的效率来挖掘、实现、赚取信息带来的潜在收益,从而促使创业投资机构有能力、有动机去占据更加丰富的网络中介者位置,利用价值更大的信息去选择更加优质的投资机会。

其次,在强关系网络中拥有众多的合作伙伴,也就意味着创投机构在强关系网络中处于网络中心的位置,处于网络中心位置就意味着声誉和质量的信号(Podolny,2001),与处于网络中心位置的创投机构合作意味着声誉的传递,因此处于网络外围地带的创投机构有非常强烈的意愿与处于网络中心位置的创投机构合作。但是,处于网络中心位置的创投机构与处于网络边缘地带、地位较低的创投机构形成联系,会损耗高网络地位的创投机构自身的地位(Shipilov等,2010)。因而,网络地位较低的创投机构为了和高网络地位的创投机构合作,必须让渡一定的利益给高网络地位的创投机构来换取声誉的传递(Diestre,2012)。也就是说,如果占据网络中介者位置的创业投资机构同时在强关系网络中占据网络中心的位置,那么创投机构的谈判能力将大大提高，这又增强了创投机构作为网络中介者的控制能力，已有的结构洞更加不容易闭合。因此，提出如下假设：

假设4：强关系将正向调节创投机构过去占据结构洞程度与未来占据结构洞程度的关系。特别地，随着强关系数量的增加，两者的正相关关系会增强。

2. 强关系网络嵌入对网络地位的调节作用

高网络地位的创投机构虽然处于网络的中心位置，但同时也面临着更加严峻的信息传递和协作困难的问题；而且高网络地位的创投机构联系着更多的合作伙伴，同时也意味着来自于合作伙伴的监督的程度更高，占据更多的结构洞位置会增加高地位创投机构被界定为机会主义者的风险（Guler等，2010），从而降低高网络地位在其他合作创投机构心目中的声誉，因此占据更多的结构洞可能会损害创投机构的地位（Podolny，2001）。

考虑到强关系网络嵌入的影响，由于强关系所联系的创投机构之间存在着多次的合作经验，彼此之间存在着较强的互相信任感，而且强关系所联系的创投机构之间的互动频率较高，彼此之间更加频繁地交流和讨论所获得的信息、资源，这在一定程度上可以缓解高网络地位的创投机构面临的信息传递和协作困难的问题，并且随着强关系数量的增加，高网络地位的创投机构面临的信息传递和协作困难的负面效应甚至可以完全消除。

此外，尽管高网络地位的创投机构占据更多的结构洞位置会增加创投机构被界定为机会主义者的风险，但是，如果创投机构处于高网络地位的同时拥有较多的强关系，强关系的信任机制同样在一定程度上可以缓解甚至消除高网络地位创投机构被界定为机会主义者的风险。综合以上讨论，提出如下假设：

假设5：强关系网络将正向调节创投机构网络地位与未来占据网络结构洞位置的关系。特别地，随着强关系数量的增加，两者的负相关关系逐渐减弱，当强关系数量增加到一定程度时，两者转化为正相关关系。

3. 强关系网络嵌入对网络内容的调节作用

前文分析提及，创投机构在有丰富的特异性知识资源的情况下，相比从结构洞位置收集知识，更倾于在本地库搜索知识，其原因主要是高昂的成本和较高的认知压力。而考虑到强关系网络嵌入后的双重网络视角，拥有丰富的特异性知识资源的创投机构通过网络连接关系获取新的特异性知识资源之后，可以凭借自身和其他创业投资机构之间存在的强联系关系交流和分析所获得的信息。强关系的创投机构之间的信任感较强、互动频率较高决定了双方之间的交流和讨论必然是高效率且高质量的，因此嵌入强关系网络后，即使创投机构拥有丰富的特异性知识资源，从外部搜索、消化、吸收新的特异性知识资源的时间成本和精力成本也将大大降低。

由于强关系的信任机制，以及曾经的合作基础使得双方都具有深入讨论的可能，这有利于对特异性知识资源具有更清晰的认知以及将其转化为收益。因此强关系网络的嵌入有助于创投机构用较低的监管成本和更高的效率来挖掘、实现、赚取特异性知识资源带来的潜在收益。这就在一定程度上缓解了创投机构由于拥有较多的特异性知识资源而存在过高的认知压力，以至于无力追求结构洞的局面。而且，强关系能放大创投机构的吸收能力，有利于机构对特异性知识资源的吸收和利用，促使其通过占据更多的网络中介者位置来获取更多元化的知识资源（张华等，2014）。多元化知识的增多，意味着可以选择的优质投资机会增多，创投机构就有可能实现更高的绩效。更重要的是，随着备选的、潜在投资机会的增多，创投机构就有了对比和选择的机会。以往积累的较多的强关系可以保证机构选择那些最有发展前途、最有创造力的投资机会，这自然也有利于创投机构实现更佳的投资绩效，因此创投机构追逐网络中介者位置的动机也会更加强烈。综合以上讨论，提出如下假设：

假设 6：强关系网络将正向调节创投机构以往特异性知识资源与未来占据网络中介者位置的关系，并且随着强关系数量的增加，两者的负相关关系逐渐减弱，当强关系数量增加到一定程度时，两者转化为正相关关系。

5.3 研究设计

5.3.1 样本收集

本研究样本从 ChinaVenture 集团旗下的 CVSource 数据库中获取，收集了我国以下三个方面的数据：①1992—2017 年 25 年间记录在数据库内的 25 890 起创业投资机构创业投资事件数据，包括创业企业、融资时间、投资机构、地区、投资金额等信息，剔除投资事件所对应的创业投资机构未知的 3181 件无效创业投资事件，最终收集到 22 709 件有效的创业投资事件的数据。同时考虑到引入的强关系调节作用和我国存在的创业投资区域集聚现象，在已收集的创业投资事件中筛选出创业投资聚集的两个区域——京津冀地区和长三角地区，最后得到京津冀地区 1992—2017 年 1952 家创投机构对应的 7498 件创业投资事件的数据，长三角地区 1992—2017 年 1864 家创业投资机构对应的 5642 件创业投资事件的数据。②1989—2016 年 27 年间记录在数据库内的 8239 件创业投资机构退出事件的数据，包括创业企业、地区、退出时间、退出方式、退出机构、退出回报等信息内容。由于创投机构的退出以及退出的具体信息方面比较隐蔽，因此创投机构退出事件的记录在数据库内的缺失程度较高，如退出事件对应的账面回报率、内部收益率、实际回笼资金等方面的信息有相当一部分是未知的。③2017 年数据库内有记录的 9504 家创业投资机构属性的数据，数据内容包括机构名称、成立时间、历史投资事件、历史退出事件等信息。

5.3.2 数据处理

本研究以 5 年的时间跨度来构建数据窗口，将所有数据按 1992—1996……

2013—2017 总共分为 22 个数据窗口，考察数据窗口期创业投资机构的网络位置、网络地位、网络内容对次年数据窗口期创投机构网络中创投机构占据结构洞程度的影响。同时考虑到其中一个自变量是创投机构过去占据结构洞的程度，这与因变量创投机构未来占据结构洞的程度是一致的衡量指标，唯一不同的只是构建网络所依据的创业投资事件时间期，比如因变量是依据 2012—2016 年的创业投资事件所构建的创业投资网络所测算出的，那么对应的自变量就是依据 2011—2015 年的创业投资事件所构建的创业投资网络所测算出的。这又会引发一个新的问题，即 4 年重叠的期间必然会导致两个衡量指标一致的变量之间具有极高的正相关性，因此本研究将创投机构过去占据结构洞程度的自变量的数据窗口期再往前移动 4 年，避免网络的重叠导致实证结果的偏误。

按照数据窗口期将对应的创业投资事件分类整理后，可以根据数据窗口期的创业投资事件构建 $N*N$ 的对称矩阵，表 5-1 选取 1992—1996 年期间京津冀地区的创业投资事件构建创业投资机构之间的合作关系矩阵范例。成功构建好京津冀地区、长三角地区各自 22 个数据窗口期的矩阵后，可以通过操作 Ucinet 软件构建创业投资网络图并测算出网络所对应的各个指标。

表 5-1 1992—1996 年京津冀地区创业投资网络矩阵

	GIC	IDG 资本	北京工业发展投资	联想控股	摩根士丹利	中创	中科招
GIC	0	0	0	0	1	0	0
IDG 资本	0	0	0	0	0	0	0
北京工业发展投资	0	0	0	0	0	0	0
联想控股	0	0	0	0	0	0	0
摩根士丹利	1	0	0	0	0	0	0
中创	0	0	0	0	0	0	0
中科招	0	0	0	0	0	0	0

数据来源：CVSource 数据库。

根据构建好的各个数据窗口期的创业投资网络图进一步处理，剥离出强关系网络图，即，将表 5-1 中的所有数据窗口期的对称矩阵中创投机构之间合作关系超过一定阈值的剥离出来，成为一个新的强关系矩阵，然后再根据 Ucinet 软件绘制出强关系网络图并测算出对应的指标。

5.3.3 实证模型

模型1：

$$Shole_t = \beta_1 Shole_{i-1} + \beta_2 LnCentrality + \beta_3 Sknowl + \beta_4 Exitevent + \beta_5 ROI + \beta_6 Density + \beta_7 Age + \varepsilon$$

模型2a：

$$Shole_t = \beta_1 Shole_{i-1} + \beta_2 LnCentrality + \beta_3 Sknowl + \gamma_1 GE2 * Shole_{t-1} + \beta_4 Exitevent + \beta_5 ROI + \beta_6 Density + \beta_7 Age + \varepsilon$$

模型2b：

$$Shole_t = \beta_1 Shole_{i-1} + \beta_2 LnCentrality + \beta_3 Sknowl + \gamma_2 GE2 * LnCentrality + \beta_4 Exitevent + \beta_5 ROI + \beta_6 Density + \beta_7 Age + \varepsilon$$

模型2c：

$$Shole_t = \beta_1 Shole_{i-1} + \beta_2 LnCentrality + \beta_3 Sknowl + \gamma_2 GE2 * Sknowl + \beta_4 Exitevent + \beta_5 ROI + \beta_6 Density + \beta_7 Age + \varepsilon$$

模型3a：

$$Shole_t = \beta_1 Shole_{i-1} + \beta_2 LnCentrality + \beta_3 Sknowl + \gamma_1 GE3 * Shole_{t-1} + \beta_4 Exitevent + \beta_5 ROI + \beta_6 Density + \beta_7 Age + \varepsilon$$

模型3b：

$$Shole_t = \beta_1 Shole_{i-1} + \beta_2 LnCentrality + \beta_3 Sknowl + \gamma_2 GE3 * LnCentrality + \beta_4 Exitevent + \beta_5 ROI + \beta_6 Density + \beta_7 Age + \varepsilon$$

模型3c：

$$Shole_t = \beta_1 Shole_{i-1} + \beta_2 LnCentrality + \beta_3 Sknowl + \gamma_2 GE3 * Sknowl + \beta_4 Exitevent + \beta_5 ROI + \beta_6 Density + \beta_7 Age + \varepsilon$$

模型中变量英文简称所代表的内容：$Shole_t$ 代表的是创投机构未来占据结构洞的程度；$Shole_{i-1}$ 代表的是创投机构过去占据结构洞的程度；LnCentrality 代表的是创投机构的网络地位（取自然对数）；Sknowl 代表的是创投机构的特异性知识资源，单位：种；GE2 代表的是创投机构间合作两次及以上的强关系数量；GE3 代表的是创投机构间合作三次及以上的强关系数量；Exitevent 代表的是创投机构以往成功退出事件件数，单位：件；ROI 代表的是创投机构成功退出事件的平均账面回报率；Density 代表的是创投机构所处的行业网络密度；Age 代表的是创投机构的成立时长，单位：月。

模型1为创投机构未来占据结构洞的程度对创投机构过去占据结构洞的程度、网络地位、特异性知识资源三个自变量以及四个控制变量进行回归；模型2a是在模型1的基础上考虑双重网络视角，联合投资两次及以上的强关系网络对创投机构过去占据结构洞的程度与未来占据结构洞的程度的相互关系的影响，从而加入交互项来研究强关系对创投机构过去占据结构洞的程度与未来占据结构洞的程度的相互关系的调节作用；模型 2b 是在模型 1 的基础上考虑双重网络视角，联合投资两次及以上的强关系网络对另外一个自变量——创投机构网络地位与未来占据结构洞的程度的相互关系的调节作用；模型 2c 是在模型 1 的基础上考虑双重网络视角，联合投资两次及以上的强关系网络对另外一个自变量——创投机构特异性知识资源与未来占据结构洞的程度的相互关系的调节作用；模型 3a 是在模型 1 的基础上考虑三重网络视角，联合投资三次及以上的强关系网络对创投机构过去占据结构洞的程度与未来占据结构洞的程度的相互关系的影响；模型 3b 也是在三重网络的视角下，在模型 1 的基础上加入交互项研究联合投资三次及以上的强关系网络对创投机构的网络地位与未来占据结构洞的程度的相互关系的调节作用；模型 3c 也是在三重网络的视角下，在模型 1 的基础上加入交互项研究联合投资三次及以上的强关系网络对创投机构特异性知识资源与未来占据结构洞的程度的相互关系的调节作用。

京津冀地区 1992—2017 年 1952 家创投机构对应 7498 件创业投资事件，长三角地区 1992—2017 年 1864 家创业投资机构对应 5642 件创业投资事件，因此数据为短面板数据。在面板数据中，每个时期都会有创业投资机构倒闭或者被兼并、有新成立的创业投资机构嵌入合作关系网络中、创业投资事件被数据库记录等各种情况出现，每个时期观测到的创业投资机构个体不完全相同，也就是说，本研究的面板数据是非平衡面板数据。

针对研究数据类型，为了确定是适用混合回归模型、固定效应模型还是随机效应模型，先对数据进行了 F 检验，F 检验的 p 值为 0.0000，所以在混合回归模型和固定效应模型中，p 值证实了固定效应模型明显优于混合回归模型。为了进一步确定本研究的数据是适用固定效应模型还是随机效应模型，对数据进一步进行了豪斯曼检验，p 值为 0.0000，说明应该使用固定效应模型而非随机效应模型，因此确定使用固定效应模型进行实证回归。

5.4 实证结果与分析

5.4.1 描述性统计和相关性检验

本研究从 CVSource 数据库收集了我国 1992 年 1 月 1 日至 2017 年 12 月 31 日期间记录在案的 25 890 起创业投资机构所有创业投资事件的数据，处理后得到京津冀地区 1992—2017 年 1952 家创投机构对应的 7498 件创业投资事件的数据，长三角地区 1864 家创业投资机构对应的 5642 件创业投资事件的数据。数据处理完成后利用 Stata 对所有变量进行描述性统计分析和相关性分析，京津冀地区和长三角地区的结果分别如表 5-2、表 5-3 所示。

表 5-2 京津冀地区变量的均值、标准差和相关系数

变量	均值	标准差	1	2	3	4	5
未来占据结构洞的程度（$Shole_t$）	0.391	0.384	1.000				
过去占据结构洞的程度（$Shole_{t-1}$）	0.439	0.413	0.226***	1.000			
网络地位（LnCentrality）	-2.511	1.305	-0.546***	-0.163***	1.000		
特异性知识资源（Sknowl）	4.603	4.928	-0.344***	-0.169***	0.574***	1.000	
成功退出事件数（Exitevent）	2.038	3.845	-0.154***	-0.101***	0.211***	0.512***	1.000
平均账面回报率（ROI）	3.385	13.754	-0.024	-0.020	0.071***	0.093***	0.206***
行业网络密度（Density）	0.002	0.001	-0.008	-0.035	0.505***	-0.106***	-0.144***
成立时长（Age）	101.049	130.632	-0.007	-0.004	0.053**	0.043*	0.229***

变量	6	7	8
平均账面回报率（ROI）	1.000		
行业网络密度（Density）	-0.022	1.000	
成立时长（Age）	0.047**	-0.013	1.000

表 5-3 长三角地区所有变量的均值、标准差和相关系数

变量	均值	标准差	1	2	3	4	5
未来占据结构洞的程度（$Shole_t$）	0.440	0.396	1.000				
过去占据结构洞的程度（$Shole_{t-1}$）	0.441	0.409	0.147***	1.000			
网络地位（LnCentrality）	-2.403	1.155	-0.469***	-0.057**	1		

续表 5-3

变量	均值	标准差	1	2	3	4	5
特异性知识资源（Sknowl）	4.210	4.706	-0.256***	-0.096***	0.449***	1	
成功退出事件数（Exitevent）	1.733	2.984	-0.076***	-0.056**	0.119***	0.448***	1.000
平均账面回报率（ROI）	2.192	6.444	-0.0191	-0.056**	0.047*	0.166***	0.316***
行业网络密度（Density）	0.002	0.002	0.0039	0.015	0.551***	-0.073***	-0.178***
成立时长（Age）	98.428	119.769	0.050**	0.023	0.002	0.076***	0.158***

变量	6	7	8
平均账面回报率（ROI）	1.000		
行业网络密度（Density）	-0.064***	1.000	
成立时长（Age）	0.178***	-0.05**	1.000

此外，考虑到变量间可能存在相关关系，本研究使用 Pearson 相关系数来考察变量间的相关关系。当 Pearson 相关系数取值在 0.0～0.2 之间，说明两者极弱相关或无相关；当 Pearson 相关系数取值在 0.2～0.4 之间，说明两者弱相关；当 Pearson 相关系数取值在 0.4～0.6 之间，说明两者中等相关；当 Pearson 相关系数取值在 0.6～0.8 之间，说明两者强相关；当 Pearson 相关系数取值在 0.8～1.0 之间，说明两者极强相关。由表 5-2、表 5-3 的相关系数可以看出，大部分相关系数都是小于 0.2，所有相关系数均处于可接受的水平。

5.4.2 一重网络视角下实证结果分析

一重网络视角下的回归结果即在还没考虑剥离强关系网络嵌入的调节作用的情况下对因变量与自变量之间的关系进行实证回归，京津冀地区、长三角地区的具体回归结果如表 5-4、表 5-5 所示。从回归结果的观测点统计中可以看出观测到的京津冀地区合计 411 家创业投资机构 1521 条观测记录、长三角地区 459 家创投机构 1649 条观测记录，京津冀地区 1992—2017 年 1952 家创投机构对应 7498 件创业投资事件、长三角地区 1992—2017 年 1864 家创业投资机构对应 5642 件创业投资事件出现大量的缩减。

表5-4 1992—2017年京津冀地区创业投资事件回归结果（一重网络）

	变量	模型1
自变量	过去占据结构洞的程度（$Shole_{t-1}$）	-0.0882***
	网络地位（LnCentrality）	-0.1117***
	特异性知识资源（Sknowl）	-0.0068*
控制变量	成功退出事件数（Exitevent）	0.0059
	平均账面回报率（ROI）	0.0021*
	行业网络密度（Density）	49.571***
	成立时长（Age）	-0.0019***
	_cons	0.3392***
	Num of obs	1521
	Num of groups	411
	R-sq	0.1712
	Prob > F	0.0000

表5-5 1992—2017年长三角地区创业投资事件回归结果（一重网络）

	变量	模型1
自变量	过去占据结构洞的程度（$Shole_{t-1}$）	-0.0797***
	网络地位（LnCentrality）	-0.1023***
	特异性知识资源（Sknowl）	-0.0133***
控制变量	成功退出事件数（Exitevent）	0.0161***
	平均账面回报率（ROI）	0.0026
	行业网络密度（Density）	53.997***
	成立时长（Age）	0.0002
	_cons	0.2112**
	Num of obs	1649
	Num of groups	459
	R-sq	0.1261
	Prob > F	0.0000

从回归结果中可以看出：第一，创投机构当下占据网络结构洞的程度与过去5年占据结构洞位置的程度存在着显著的负相关关系（京津冀地区 $\beta = -0.0882$，$p < 0.01$；长三角地区 $\beta = -0.0797$，$p < 0.01$），说明了过去占据着结构洞位置的创投机构并没有由于一直享受结构洞位置带来的信息优势和控制优势而继续占据网络中介者（结构洞）位置，假设1未通过检验。

第二，创投机构过去5年的网络地位与当下占据网络结构洞的程度呈现显著的负相关关系（京津冀地区 $\beta = -0.1117$，$p < 0.01$；长三角地区 $\beta = -0.1023$，$p < 0.01$），这与假设2是相符的，虽然高网络地位的创投机构在选择合作伙伴时有更大的自由度，这些自由度让高网络地位的创业投资机构有更大的可能性建立排他性的桥型关系，但是由于高网络地位的创投机构面临更加严峻的信息传递和协作困难的问题，且占据更多的结构洞并借由结构洞获利会增加创投机构被界定为机会主义者的风险，因此为了维护自身的声誉和地位，高网络地位的创投机构会降低占据结构洞位置的意愿。

第三，创投机构所拥有的特异性知识资源与创投机构当下占据网络结构洞的位置呈现显著的负相关关系（京津冀地区 $\beta = -0.0068$，$p < 0.1$；长三角地区 $\beta = -0.0133$，$p < 0.01$），结果支持了假设3的观点，对于特异性知识资源丰富的创投机构来说，通过结构洞来获取非冗余信息需要付出的边际时间成本和边际精力成本十分高，并且随着创投机构在过去嵌入的网络中积累的特异性知识资源的增加，创投机构从网络中介者位置收集非冗余的知识资源将面临更多的认知压力。因此创投机构从以往嵌入的网络中获得的特异性知识资源越丰富，就越不可能在当下占据结构洞的位置。

5.4.3 双重网络视角下实证结果分析

双重网络视角下的回归结果，即在考虑剥离出的联合投资两次的强关系网络嵌入的调节作用的情况下，对因变量与自变量之间的关系进行实证回归。京津冀地区、长三角地区的具体回归结果如表5-6、表5-7所示。为了方便与一重网络视角下的回归结果进行对比，此处将一重网络视角下的回归结果也列入表5-6、表5-7内。

表 5-6　1992—2017 年京津冀地区创业投资事件回归结果（双重网络）

	变量	模型 1	模型 2a	模型 2b	模型 2c
自变量	过去占据结构洞的程度（$Shole_{t-1}$）	-0.0882***	-0.0964***	-0.0880***	-0.0878***
	网络地位（LnCentrality）	-0.1117***	-0.1133***	-0.1113***	-0.1100***
	特异性知识资源（Sknowl）	-0.0068*	-0.0070*	-0.0069*	-0.0121***
交互项	合作两次及以上的强关系数量*过去占据结构洞的程度（GE2 * $Shole_{t-1}$）		0.0478		
	合作两次及以上的强关系数量*网络地位（GE2 * LnCentrality）			0.0077	
	合作两次及以上的强关系数量*特异性知识资源（GE2 * Sknowl）				0.0053***
控制变量	成功退出事件数（Exitevent）	0.0059	0.0063	0.0059	0.0072
	平均账面回报率（ROI）	0.0021*	0.0021*	0.0021*	0.0022*
	行业网络密度（Density）	49.571***	48.485***	49.477***	46.276***
	成立时长（Age）	-0.0019***	-0.0019***	-0.0019***	-0.0019***
	_cons	0.3392***	0.3442***	0.3396***	0.3647***
	Num of obs	1521	1521	1521	1521
	Num of groups	411	411	411	411
	R-sq	0.1712	0.1713	0.1712	0.1758
	Prob > F	0.0000	0.0000	0.0000	0.0000

表 5-7　1992—2017 年长三角地区创业投资事件回归结果（双重网络）

	变量	模型 1	模型 2a	模型 2b	模型 2c
自变量	过去占据结构洞的程度（$Shole_{t-1}$）	-0.0797***	-0.0804**	-0.0797***	-0.0813***
	网络地位（LnCentrality）	-0.1023***	-0.1025***	-0.1028***	-0.1043***
	特异性知识资源（Sknowl）	-0.0133***	-0.0133***	-0.0133***	-0.0157***
交互项	合作两次及以上的强关系数量*过去占据结构洞的程度（GE2 * $Shole_{t-1}$）		0.0053		
	合作两次及以上的强关系数量*网络地位（GE2 * LnCentrality）			0.0168	
	合作两次及以上的强关系数量*特异性知识资源（GE2 * Sknowl）				0.0041***

续表 5－7

	变量	模型 1	模型 2a	模型 2b	模型 2c
控制变量	成功退出事件数（Exitevent）	0.0161***	0.0161***	0.0162***	0.0180***
	平均账面回报率（ROI）	0.0026	0.0026	0.0026*	0.0017
	行业网络密度（Density）	53.997***	54.040***	54.047***	54.732***
	成立时长（Age）	0.0002	0.0002	0.0003	0.0003
	_cons	0.2112**	0.2100***	0.2096***	0.2061**
	Num of obs	1649	1649	1649	1649
	Num of groups	459	459	459	459
	R-sq	0.1261	0.1261	0.1262	0.1284
	Prob > F	0.0000	0.0000	0.0000	0.0000

对比一重网络视角下的回归结果与双重网络视角下的回归结果，可以看出：

第一，考虑强关系网络嵌入的影响后，不管是京津冀地区还是长三角地区，自变量的正负号并没有变化并且依旧显著，变化的仅仅是显著性水平。

第二，表 5－6、表 5－7 中，模型 2a 中强关系网络与过去结构洞位置的交叉项的系数均为正但是并不显著，回归的结果无法支持假设 4 的观点——强关系将正向调节创投机构以往占据结构洞位置程度与未来占据结构洞位置程度的关系，并且随着强关系的增加，两者的正相关关系会增强。

第三，表 5－6、表 5－7 中，模型 2b 中强关系与网络地位的交叉项的系数均为正但是同样并不显著，回归的结果无法支持假设 5 的观点——强关系将正向调节创投机构的网络地位与未来占据结构洞位置程度的关系，并且随着强关系的增加，两者的负相关关系会减弱。

第四，表 5－6、表 5－7 中，模型 2c 中强关系与特异性知识资源的交叉项的系数显著为正，说明强关系的信任机制的确在一定程度上缓解了创投机构由于拥有较多的特异性知识资源而存在过高的认知压力，促使其有产生占据更多的结构洞位置的动力。另外，为了更加清晰地说明随着强关系的增加，特异性知识资源与当下占据结构洞程度的程度的负相关关系是否减弱，此处根据京津冀地区和长三角地区的回归结果，利用 SPSS 软件绘制出了强关系最小值、强关系均值、强关系最大值三种不同程度的强关系情形下特异性知识资源对未来占据结构洞位置程度的影响。由图 5－2 和图 5－3 可以看出，随着强关系数量的增加，创投机构特异性知识资源与未来占据结构洞程度的负相关关系减弱，当强关系数量达到一定阈值后，特异性知识资源与创投机构未来占据结构洞程度呈现正相关关系，回归的结果完全支持了假设 6 的观点——强关系网络将正向调节创投机构以往特异性知识资源与未来占据网络中介者位置程度的关系,并且随着强关系的增加,两者的负相关关系逐渐减弱,当强关系数量增加到一定程度时,创投机构的特异性知识资源越丰富,未来占据结构洞的程度越高。

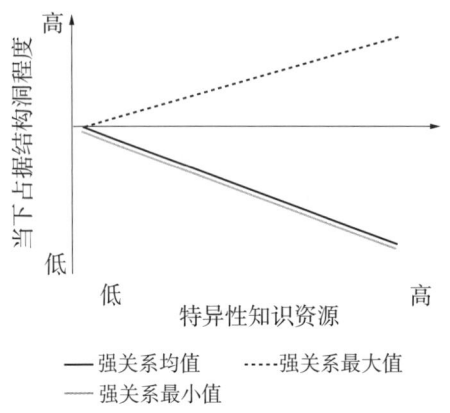

图5-2 强关系对特异性知识资源与未来占据结构洞程度关系的调节作用(京津冀)

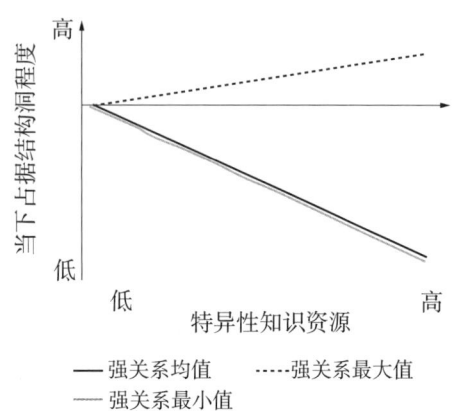

图5-3 强关系对特异性知识资源与未来占据结构洞程度关系的调节作用(长三角)

5.4.4 三重网络视角下实证结果分析

三重网络视角下的回归,即在考虑剥离出的联合投资三次及以上的强关系网络嵌入的调节作用的情况下,对因变量与自变量之间的关系进行实证回归京津冀地区、长三角地区的具体回归结果见表5-8、表5-9。为了方便与双重网络视角下的回归结果进行对比,此处将双重网络视角下的回归结果也列入表5-8、表5-9内。

表5-8 1992—2017年京津冀地区创业投资事件回归结果(三重网络)

	变量	模型2a	模型2b	模型2c	模型3a	模型3b	模型3c
自变量	过去占据结构洞的程度($Shole_{t-1}$)	-0.0964***	-0.0880***	-0.0878***	-0.1002***	-0.0882***	-0.0888***
	对数化度数中心度	-0.1133***	-0.1113***	-0.1100***	-0.1134***	-0.1116***	-0.1081***
	特异性知识资源($Sknowl$)	-0.0070*	-0.0069*	-0.0121***	-0.0074**	-0.0068*	-0.0119***
交互项	合作两次及以上的强关系数量*过去占据结构洞的程度($GE2*Shole_{t-1}$)	0.0478					

续表 5-8

	变量	模型 2a	模型 2b	模型 2c	模型 3a	模型 3b	模型 3c
交互项	合作两次及以上的强关系数量 * 网络地位（GE2 * LnCentrality）		0.0077				
	合作两次及以上的强关系数量 * 特异性知识资源（GE2 * Sknowl）			0.0053***			
	合作三次及以上的强关系数量 * 过去占据结构洞的程度（GE3 * Shole$_{t-1}$）				0.1968**		
	合作三次及以上的强关系数量 * 网络地位（GE3 * LnCentrality）					0.0015	
	合作三次及以上的强关系数量 * 特异性知识资源（GE3 * Sknowl）						0.0102***
控制变量	成功退出事件数（Exitevent）	0.0066	0.0063	0.0072	0.0077	0.0059	0.0076
	平均账面回报率（ROI）	0.0021*	0.0021*	0.0022*	0.0021*	0.0021*	0.0022*
	行业网络密度（Density）	49.696***	48.485***	46.276***	48.331***	49.477***	44.242***
	成立时长（Age）	-0.0019***	-0.0019***	-0.0019***	-0.0019***	-0.0019***	-0.0019***
	_cons	0.3358***	0.3442***	0.3647***	0.3475***	0.3396***	0.3812***
	Num of obs	1521	1521	1521	1521	1521	1521
	Num of groups	411	411	411	411	411	411
	R-sq	0.1720	0.1713	0.1758	0.1744	0.1712	0.1774
	Prob > F	0.0000	0.0000	0.0000	0.0000	0.0000	0.0000

表5-9 1992—2017年长三角地区创业投资事件回归结果（三重网络）

	变量	模型2a	模型2b	模型2c	模型3a	模型3b	模型3c
自变量	过去占据结构洞的程度（Shole$_{t-1}$）	-0.0804**	-0.0797***	-0.0813***	-0.0836***	-0.0799***	-0.0810***
	网络地位（LnCentrality）	-0.1025***	-0.1028***	-0.1043***	-0.1044***	-0.1037***	-0.1023***
	特异性知识资源（Sknowl）	-0.0133***	-0.0133***	-0.0157***	-0.0137***	-0.0133***	-0.0154***
交互项	合作两次及以上的强关系数量 * 过去占据结构洞的程度（GE2 * Shole$_{t-1}$）	0.0053					
	合作两次及以上的强关系数量 * 网络地位（GE2 * LnCentrality）		0.0168				
	合作两次及以上的强关系数量 * 特异性知识资源（GE2 * Sknowl）			0.0041***			
	合作三次及以上的强关系数量 * 过去占据结构洞的程度（GE3 * Shole$_{t-1}$）				0.1571*		
	合作三次及以上的强关系数量 * 网络地位（GE3 * LnCentrality）					0.0173*	
	合作三次及以上的强关系数量 * 特异性知识资源（GE3 * Sknowl）						0.0070**

续表 5 – 9

	变量	模型 2a	模型 2b	模型 2c	模型 3a	模型 3b	模型 3c
控制变量	成功退出事件数（Exitevent）	0.0161***	0.0162***	0.0180***	0.0164***	0.0165***	0.0180***
	平均账面回报率（ROI）	0.0026	0.0026*	0.0017	0.0025	0.0027*	0.0021
	行业网络密度（Density）	54.040***	54.047***	54.732***	54.193***	53.456***	54.246***
	成立时长（Age）	0.0002	0.0003	0.0003	0.0003	0.0003***	-0.0003***
	_cons	0.2100***	0.2096**	0.2061**	0.2040**	0.2098**	0.2138***
	Num of obs	1649	1649	1649	1649	1649	1649
	Num of groups	459	459	459	459	459	459
	R-sq	0.1261	0.1262	0.1284	0.1275	0.1268	0.1282
	Prob > F	0.0000	0.0000	0.0000	0.0000	0.0000	0.0000

从回归结果中可以看出：第一，首先对比表 5 – 6、表 5 – 7、表 5 – 8、表 5 – 9，考虑不同强度的强关系网络嵌入的影响后，不管是京津冀地区还是长三角地区，自变量的正负号并没有变化且依旧显著，变化的仅仅是显著性水平。

第二，在表 5 – 8、表 5 – 9 中，模型 3a 中强关系网络与过去结构洞程度的交叉项的系数均显著为正，而模型 2a 中强关系网络与过去结构洞程度的交叉项的系数为正但并不显著，由此可知，在创投机构过去占据结构洞程度与未来占据结构洞程度负相关的情况下，随着剥离出来的强关系网络中创投机构之间的关系强度的提升，强关系网络将显著正向调节创投机构过去占据结构洞程度与未来占据结构洞程度的关系。同样地，利用 SPSS 软件绘制出了强关系（最小值）、强关系（均值）、强关系（最大值）三种不同程度的强关系情形下网络地位对未来占据结构洞位置程度的影响。由图 5 – 4、图 5 – 5 可以看出，随着强关系数量的增加，创投机构过去占据结构洞的程度与未来占据结构洞位置的程度的负相关关系减弱，当强关系数量增加到一定程度时，创投机构过去占据结构洞程度较高的，未来占据结构洞程度依旧较高。

第三，表 5 – 8 模型 3b 中联合投资三次形成的强关系网络与网络地位的交叉项的系数呈现不显著的正相关关系，而在表 5 – 9 中 3b 模型中联合投资三次形成的强关系网络与网络地位的交叉项的系数却呈现显著的正相关关系。上文在分析表 5 – 8、表 5 – 9 中模型 2a 和 3a 中的交叉项目的显著性水平的变化时提及过，剥离出来的强关系网络的关系强度的不同会影响调节项的显著性水平。为了方便对比京津冀地区二重网络、三重网络、四重网络三种不同关系强度的强关系网络对创投机构网络地位与未来占据结构洞程度相关关系的调节作用，此处将京津冀地区模型 2b、模型 3b 的回归结果列入表 5 – 10，从中可以看出，随着剥离出来的强关系网络中创投

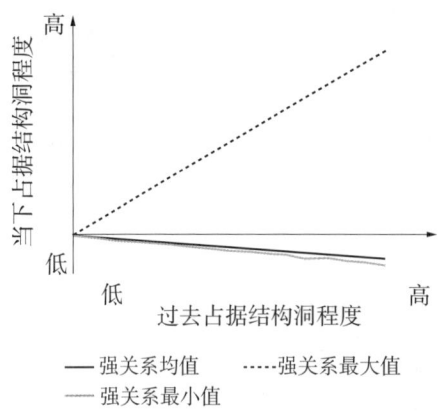
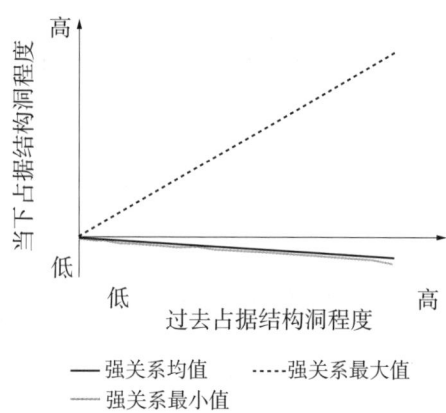

图 5-4 强关系对过去占据结构洞程度与未来占据结构洞程度关系的调节作用（京津冀）

图 5-5 强关系对过去占据结构洞程度与未来占据结构洞程度关系的调节作用（长三角）

机构之间的关系强度的提升，强关系网络对创投机构网络地位与未来占据结构洞程度的关系的正向调节作用从不显著变为显著（双重网络、三重网络中交互项为正但不显著，而在四重网络中交互项显著为正）。同样，利用 SPSS 软件针对表 5-9 中模型 3b 的回归结果、表 5-10 中四重网络的回归结果绘制出了长三角地区、京津冀地区强关系最小值、强关系均值、强关系最大值三种不同数量的强关系情形下网络地位对未来占据结构洞位置程度的影响。从图 5-6、图 5-7 可以中看出，随着强关系数量的增加，创投机构网络地位与未来占据结构洞位置的程度的负相关关系减弱，特别地，图 5-7 表明当强关系数量增加到一定程度时，随着创投机构网络地位的提高，未来占据结构洞程度会上升。

表 5-10　1992—2017 年地区不同关系强度的强关系网络对网络地位的调节作用

	变量	双重网络	三重网络	四重网络
自变量	过去占据结构洞的程度（Shole$_{t-1}$）	-0.0880***	-0.0882***	-0.0884***
	网络地位（LnCentrality）	-0.1113***	-0.1116***	-0.1113***
	特异性知识资源（Sknowl）	-0.0069*	-0.0068*	-0.0068*
交互项	合作两次及以上的强关系数量 * 网络地位（GE2 * LnCentrality）	0.0077		
	合作三次及以上的强关系数量 * 网络地位（GE3 * LnCentrality）		0.0015	
	合作四次及以上的强关系数量 * 网络地位（GE4 * LnCentrality）			0.0805*

续表 5-10

	变量	双重网络	三重网络	四重网络
控制变量	成功退出事件数（Exitevent）	0.0063	0.0059	0.0060
	平均账面回报率（ROI）	0.0021*	0.0021*	0.0021*
	行业网络密度（Density）	48.485***	49.477***	49.207***
	成立时长（Age）	-0.0019***	-0.0019***	-0.0019***
	_cons	0.3442***	0.3396***	0.3422***
	Num of obs	1521	1521	1521
	Num of groups	411	411	411
	R-sq	0.1713	0.1712	0.1713
	Prob > F	0.0000	0.0000	0.0000

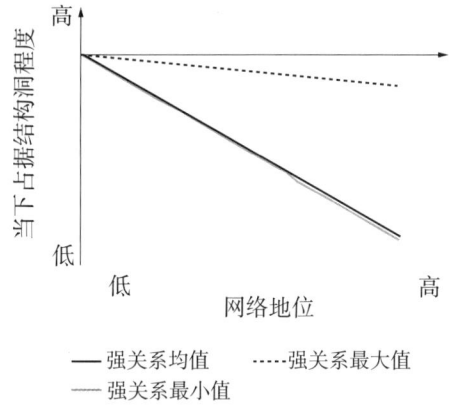

图 5-6 强关系对网络地位与未来占据结构洞程度关系的调节作用（长三角）

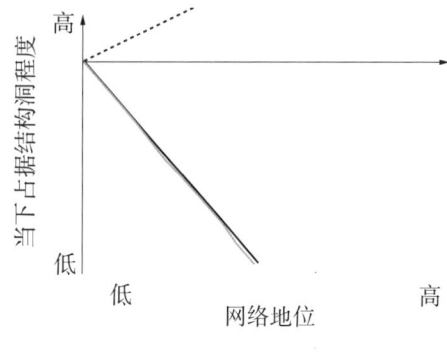

图 5-7 强关系对网络地位与未来占据结构洞程度关系的调节作用（京津冀）

第四，从表 5-8、表 5-9 中模型 3c 中强关系网络与特异性知识资源的交互项的系数均显著为正。另外，同样为了更加清晰地说明随着强关系的增加，特异性知识资源与当下占据结构洞位置的程度的负相关关系是否减弱，此处根据京津冀地区和长三角地区的回归结果，利用 SPSS 软件绘制出了强关系最小值、强关系均值、强关系最大值三种不同程度的强关系情形下特异性知识资源对未来占据结构洞位置程度的影响。从图 5-8 和图 5-9 可以看出，随着强关系关系数量的增加，创投机构特异性知识资源与未来占据结构洞程度的负相关关系减弱，当强关系数量达到一定阈值，特异性知识资源与创投机构未来占据结构洞程度呈现正相关关系，回归的结果完全支持了假设 6 的观点。

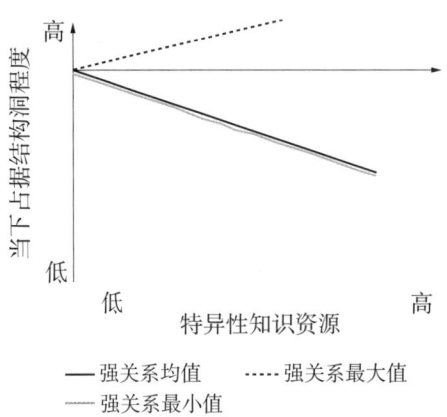 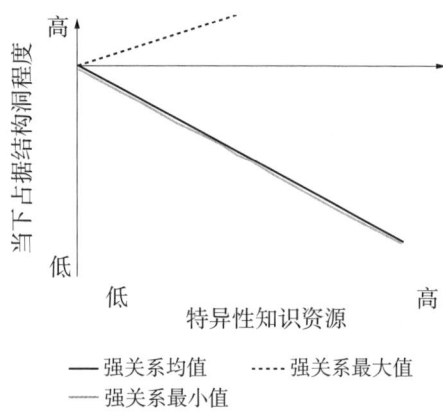

图 5-8　强关系对特异性知识资源与未来占据结构洞程度关系的调节作用（京津冀）　　图 5-9　强关系对特异性知识资源与未来占据结构洞程度关系的调节作用（长三角）

5.4.5　稳健性检验

为了保证回归的稳健性，将测度因变量——占据网络中介者位置程度的指标"限制度"换成另外一个指标——"等级度"（指标的具体含义和具体计算逻辑见本书 5.1.3 小节）重新计算并再次进行回归。考虑到自变量之一——过去占据网络中介者位置程度的测度指标也是"限制度"，如果将因变量换成其他指标，而同样用结构洞指标"限制度"来测度过去占据结构洞位置程度的自变量，却仍旧使用"限制度"的指标就显得测度口径不一，因此本研究将测度因变量——占据网络中介者位置程度、自变量——过去占据网络中介者位置程度的指标"限制度"均换成统一的指标——"等级度"，并且将测度网络地位的指标"度数中心度"换成"特征向量中心度"重新计算并再次进行回归，京津冀地区和长三角地区的稳健性检验的结果如表 5-11、表 5-12 所示。

从表 5-11 中可以看出，创投机构过去占据结构洞程度与未来占据结构洞程度依旧呈显著的负相关关系。网络地位与未来占据结构洞程度依旧表现出显著的负相关关系，机构的特异性知识资源与未来占据结构洞程度还是呈显著的负相关关系。调节项回归结果的正负号以及是否显著均与原回归结果一致，变化的只有显著性水平的变化，说明京津冀地区的回归结果是稳健的。

从表 5-12 中同样可以看出，创投机构过去占据结构洞程度与未来占据结构洞程度依旧呈显著的负相关关系，网络地位与未来占据结构洞程度依旧表现出显著的负相关关系，机构的特异性知识资源与未来占据结构洞程度还是呈显著的负相关关系，调节项回归结果的正负号以及是否显著均与原回归结果一致，变化的同样只有显著性水平的变化，即说明长三角地区的回归结果是稳健的。

表 5-11 1992—2017 年京津冀地区回归结果稳健性检验结果

	变量	模型 1	模型 2a	模型 2b	模型 2c	模型 3a	模型 3b	模型 3c
自变量	过去占据结构洞的程度（Shole$_{t-1}$）	-0.1084***	-0.1250***	-0.1086***	-0.1054***	-0.1285***	-0.1102***	-0.1086***
	网络地位（LnnEigenv）	-0.0025**	-0.0025**	-0.0035***	-0.0023**	-0.0025**	-0.0025**	-0.0023**
	特异性知识资源（Sknowl）	-0.0116**	-0.0122**	-0.0169***	-0.0224***	-0.0129**	-0.0165***	-0.0210***
交互项	合作两次及以上的强关系数量 * 过去占据结构洞的程度（GE2 * Shole$_{t-1}$）		0.1066					
	合作两次及以上的强关系数量 * 网络地位（GE2 * LnnEigenv）			0.0169				
	合作两次及以上的强关系数量 * 特异性知识资源（GE2 * Sknowl）				0.0111***			
	合作三次及以上的强关系数量 * 过去占据结构洞的程度（GE3 * Shole$_{t-1}$）					0.3852***		
	合作三次及以上的强关系数量 * 网络地位（GE3 * LnnEigenv）						0.0730	
	合作三次及以上的强关系数量 * 特异性知识资源（GE3 * Sknowl）							0.0202***

续表 5-11

	变量	模型 1	模型 2a	模型 2b	模型 2c	模型 3a	模型 3b	模型 3c
控制变量	成功退出事件数(Exitevent)	0.0046	0.0058	0.0055	0.0069	0.0079	0.0097	0.0074
	平均账面回报率(ROI)	0.0020	0.0020	0.0026	0.0027*	0.0020	0.0024	0.0027*
	行业网络密度(Density)	-15.563	-16.459	-19.317	-20.955	-19.067	-25.724	-22.849***
	成立时长(Age)	-0.0003	-0.0003	-0.0004	-0.0003	-0.0005	-0.0006	-0.0005***
	_cons	0.4925***	0.4981***	0.5053***	0.5326***	0.5172***	0.5422***	0.5503***
	Num of obs	1447	1447	1447	1447	1447	1447	1447
	Num of groups	384	384	384	384	384	384	384
	R-sq	0.0398	0.0421	0.0486	0.0544	0.0483	0.0523	0.0574
	Prob > F	0.0028	0.0038	0.0003	0.0000	0.0003	0.0001	0.0001

表5-12 1992—2017年中国长三角地区回归结果稳健性检验结果

	变量	模型1	模型2a	模型2b	模型2c	模型3a	模型3b	模型3c
自变量	过去占据结构洞的程度（Shole$_{t-1}$）	-0.0613**	-0.0681**	-0.0611*	-0.0639**	-0.0717**	-0.0612	-0.0637*
	网络地位（LnnEigenv）	-0.0020*	-0.0021*	-0.0020*	-0.0021*	-0.0021*	-0.0019*	-0.0021*
	特异性知识资源（Sknowl）	-0.0205***	-0.0208***	-0.0206***	-0.0271***	-0.0219***	-0.0206***	-0.0261***
交互项	合作两次及以上的强关系数量*过去占据结构洞的程度（GE2*Shole$_{t-1}$）		0.0492					
	合作两次及以上的强关系数量*网络地位（GE2*LnnEigenv）			0.0006				
	合作两次及以上的强关系数量*特异性知识资源（GE2*Sknowl）				0.0105***			
	合作三次及以上的强关系数量*过去占据结构洞的程度（GE3*Shole$_{t-1}$）					0.4167**		
	合作三次及以上的强关系数量*网络地位（GE3*LnnEigenv）						0.0060*	
	合作三次及以上的强关系数量*特异性知识资源（GE3*Sknowl）							0.0185***

续表 5-12

	变量	模型 1	模型 2a	模型 2b	模型 2c	模型 3a	模型 3b	模型 3c
控制变量	成功退出事件数(Exitevent)	0.0062	0.0061	0.0062	0.0113	0.0071	0.0061	0.0116
	平均账面回报率(ROI)	0.0002	0.0002	0.0002	-0.0020	0.0001	0.00005	-0.0011
	行业网络密度(Density)	0.1321	-0.8574	0.3080	-0.7163	-1.479	0.2296	0.8528***
	成立时长(Age)	0.0012	-0.0012	0.0012	-0.7163	0.0012	0.0012	0.0012
	_cons	0.3554***	0.3553***	0.3544***	0.3600***	0.3563***	0.3543***	0.3601***
	Num of obs	1478	1478	1478	1478	1478	1478	1478
	Num of groups	418	418	418	418	418	418	418
	R-sq	0.0599	0.0606	0.0599	0.0707	0.0669	0.0606	0.0701
	Prob > F	0.0000	0.0000	0.0000	0.0000	0.0000	0.0000	0.0000

5.5 案例：追踪 IDG 资本结构洞位置演变

本章在理论假设部分提出，过去占据结构洞位置的创业投资机构由于一直享受结构洞位置带来的控制优势和信息优势，从而更有能力也更有动力在占有原结构洞位置的基础上进一步去追逐新的结构洞位置。然而，在实证回归部分，回归结果却显示创投机构过去占据结构洞位置的程度与未来占据结构洞位置的程度为显著的负相关关系。为进一步分析为何两者之间并非显著的正相关关系，而是呈现显著的负相关关系，本研究选用了京津冀地区的创业投资事件，利用 Netdraw 绘制出了该地区 1996—2017 年期间的创业投资网络图，并标记创业投资机构 IDG 资本，观察 IDG 资本在创业投资网络图中的位置以及和其他创投机构的合作关系的变动（图5-10）。

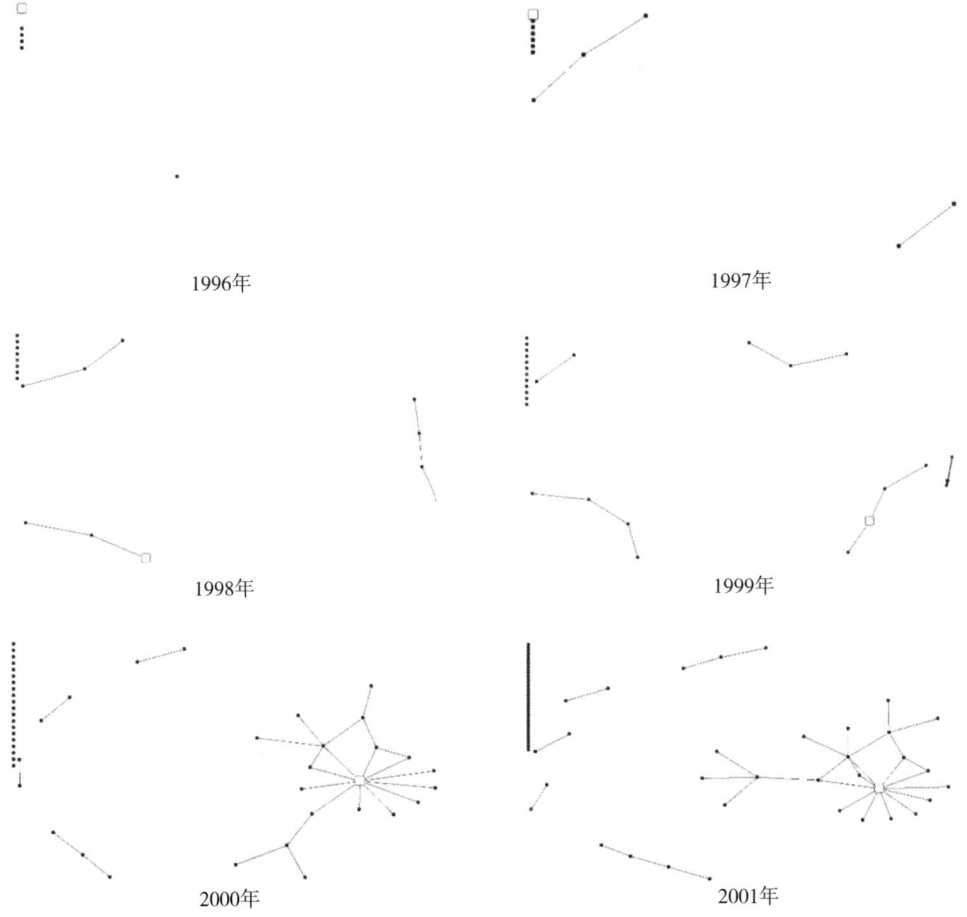

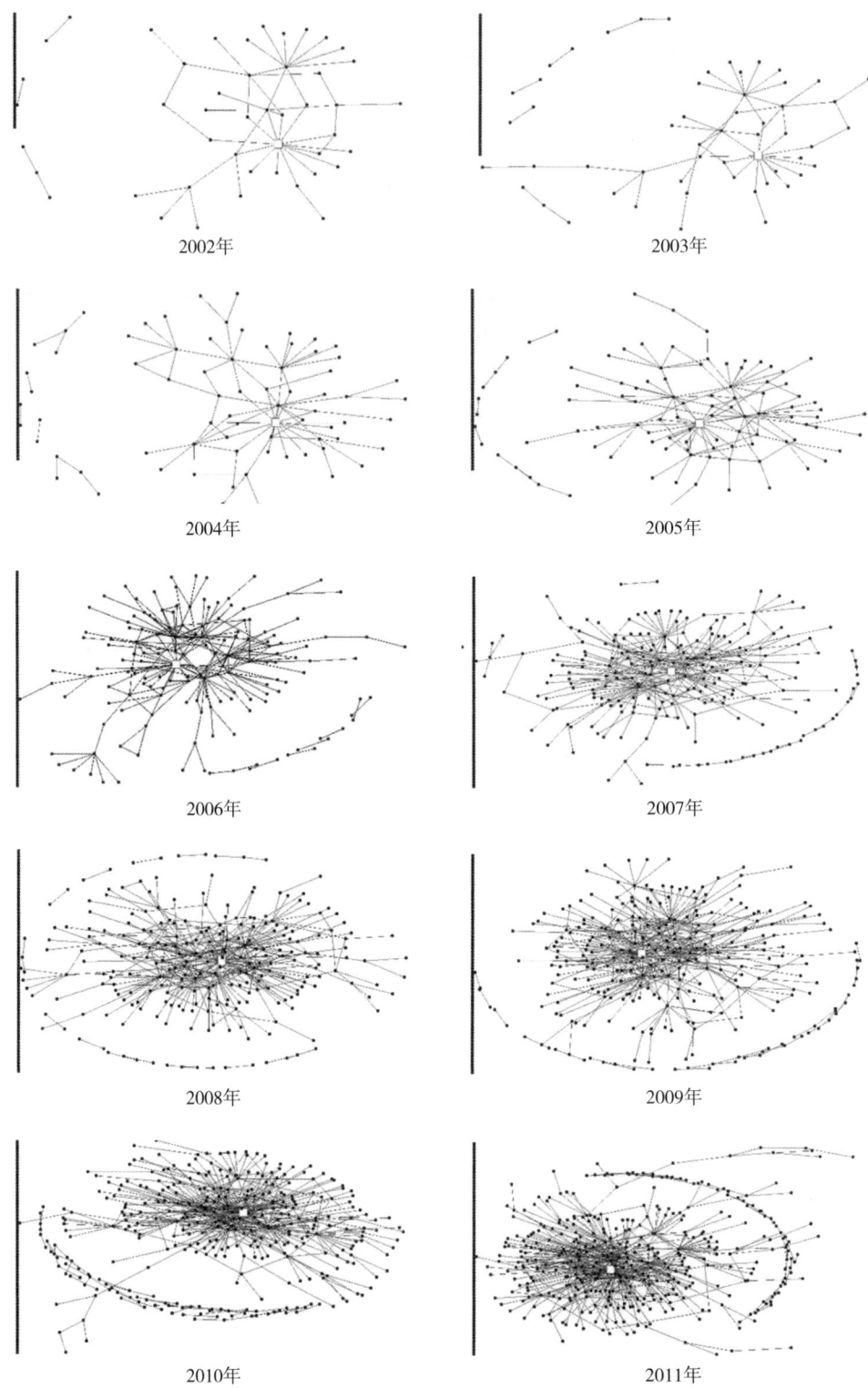

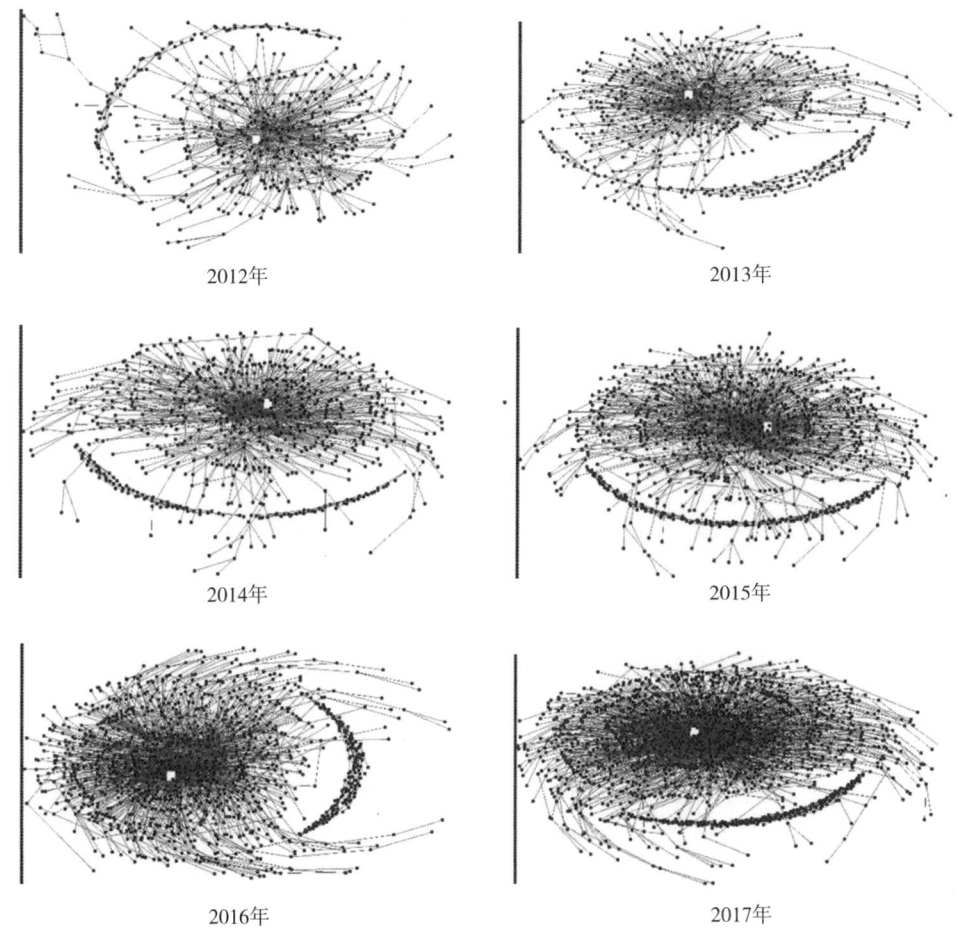

2012年　　　　　　　　　　　　　　2013年

2014年　　　　　　　　　　　　　　2015年

2016年　　　　　　　　　　　　　　2017年

注：每张网络图所对应的年份，实际上是以包括本年在内的前5年的数据窗口期对索引的创业投资事件所构建的网络图，图中间的大白色方形点就是追踪观察的创业投资机构IDG资本。

图5-10　1996—2017年京津冀地区创业投资网络图

从图5-10中可以明显看出，创业投资网络中创投机构的规模在明显扩张，不同创投机构之间的关系也越来越错综复杂。在逐年演化的创业投资网络中，IDG资本在1996—1997年并没有和任何创投机构发生联合投资关系，1998年开始和其他创业投资机构产生合作关系，IDG明显占据了另外两家创投机构之间的结构洞位置，随着网络规模的不断发展，IDG资本联系的合作伙伴之间相互联系的现象越来越明显，这意味着在一定程度上IDG原先占据的网络中的结构洞位置在慢慢消失，为了验证IDG占据结构洞的程度在2000年之后处于一个逐渐降低的过程，本研究将IDG资本占据结构洞位置程度随着年份变化的情况绘制成图，如图5-11所示。从图5-11中可以看出，IDG资本占据结构洞位置的程度从2000年开始整体呈现下降的趋势。由此可以看出，实际情况中，创投机构过去占据结构洞程度较高的，未来不一定占据结构洞的程度也较高，有可能反而是较低的。也就是说，过去占据结构洞程度高的创业投资机构并不会由于享受结构洞位置的控制优势和信息优势而继续占据结构洞并进一步追逐新的结构洞的位置。

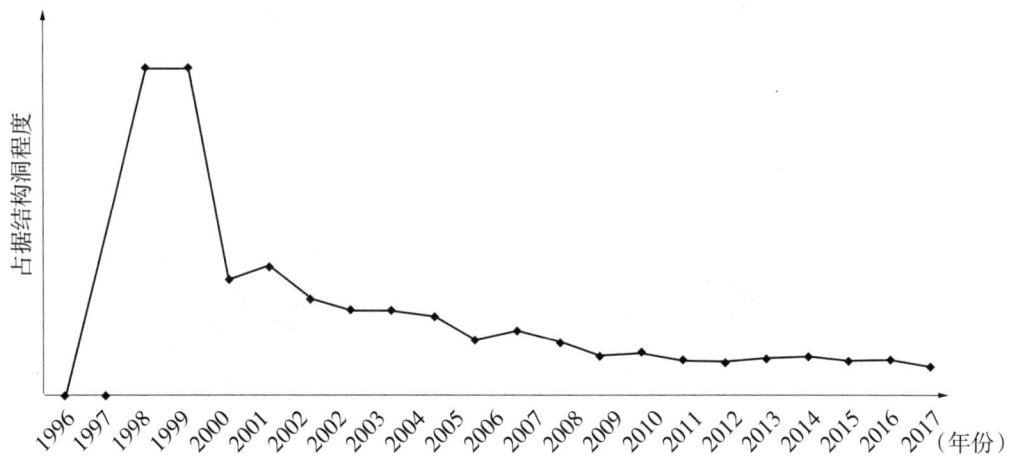

图 5-11　1996—2017 年 IDG 资本占据结构洞程度变化

由于占据结构洞程度高的创投机构可以享受控制优势和信息优势，而且占据的结构洞位置越高，被界定为机会主义者的风险越高，面临的监督压力更大，因此相较于占据丰富的结构洞位置，与联系关系比较密切的合作伙伴形成一个对外信息相对比较封闭、对内共享信息的小团体，可能反而更加有利于创投机构。因此本研究继续观测了创投机构 IDG 资本在 1996—2017 年期间在占据结构洞程度较高的年份之后，也就是 2000 年之后，始终倾向于处于凝聚力较高的小团体之中。

此处用 k 核来衡量凝聚力相对较高的小团体，也就是创投网络中的凝聚子群。具体来说，如果一个子图中的全部节点都至少与该子图中的其他 k 个点邻接，那么这样的子图就是 k-核（刘军，2014）。图 5-12 以京津冀地区 2017 年创业投资网络为例，将包括 IDG 资本在内的凝聚子群从整体网络中剥离出来，然后进一步放大观察的示例。

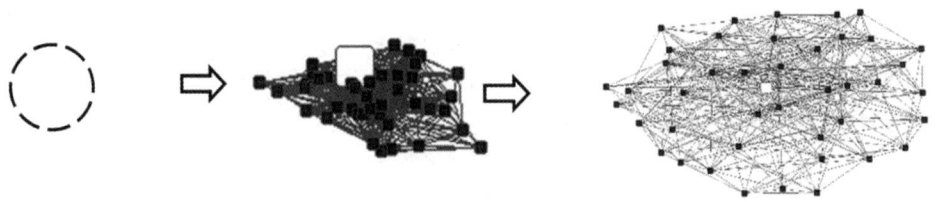

图 5-12　2017 年京津冀地区包含 IDG 在内的 9-核凝聚子群

京津冀地区创业投资网络其余年份的凝聚子群情况以表格的形式统计汇总，见表 5-13。

表 5-13　京津冀地区 1996—2017 年创投网络中 k-核情况统计

年份	2017	2016	2015	2014	2013	2012	2011	2010	2009	2008	2007
最大的 k-核	9	8	7	6	5	5	5	5	5	4	4
最大的 k-核包含的个体数目	33	21	27	33	27	21	25	15	14	26	14
包含 IDG 的最大 k-核	9	8	7	6	5	5	5	5	5	4	4
包含 IDG 的最大 k-核包含的个体数目	33	21	27	33	27	21	25	15	14	26	14
年份	2006	2005	2004	2003	2002	2001	2000	1999	1998	1997	1996
最大的 k-核	3	2	3	2	2	2	2	1	1	1	0
最大的 k-核包含的个体数目	14	29	4	12	13	8	6	12	10	5	6
包含 IDG 的最大 k-核	3	2	2	2	2	2	2	1	1	0	0
包含 IDG 的最大 k-核包含的个体数目	14	29	16	12	13	8	6	12	10	6	6

从表 5-13 中可以看出，在 1996—2017 年的创业投资网络中，IDG 自 2000 年之后一直较为稳定地嵌入网络中最大 k-核的凝聚子群之中，并且随着创投网络规模的不断发展，网络中的最大 k-核在不断扩大，可能在现实情况中，相较于占据丰富的结构洞位置，创投机构更加偏好于小范围内的"抱团行动"，即与联系关系比较密切的合作伙伴形成一个对外信息相对比较封闭、对内消息共享的小团体，可能反而更加有利于创投机构，也会有效降低创投机构被界定为机会主义者的风险。至于前文所提及的强关系对于过去占据结构洞程度与未来占据结构洞程度的调节作用，笔者认为，强关系数量的增加一定程度上有利于创投机构衡量利弊的天平向占据控制优势的结构洞倾斜，因为对创投机构来说，强关系的信任机制可以有效降低创投机构由于占据丰富的结构洞获利而被界定为机会主义者的风险。因此，强关系可以正向调节创投机构过去占据结构洞程度与未来占据结构洞程度的负相关关系，这与上文的实证回归结果也是一致的。

第6章 创业投资网络对投资绩效的影响

投资是指投资者当期投入一定数额的资金而期望在未来获得超过投入的回报（Reilly 等，2004）。创业投资作为股权投资的一种，其投资的目的也是获取更高额的回报。第4章的研究发现，中资、外资、合资创业投资机构在中国创业投资网络中有着截然不同的网络表现，经验丰富的外资创业投资机构在一进入中国市场时就非常注重自己网络地位的建设。那么，在中国创业投资网络中网络位置对投资绩效有什么影响呢？本章将对其展开实证研究。

6.1 网络资源观、投资战略理论与投资后管理理论

网络广泛地存在于金融市场当中。例如，投行在对公司证券进行定价和发行时就会充分利用其与机构投资者之间的关系网（Cornelli 等，2001）。在公司债市场，银行也更倾向于联合借贷，而不是成为唯一的债主。同样，在一级股票和债券市场，银行之间也喜欢与有长期、稳定合作关系的合作伙伴共同承销证券（Ljungqvist 等，2005；Hochberg 等，2007）。网络化发展也是创业投资行业的一个突出的特征，创业投资机构更加喜欢与其他创业投资机构联合投资于某个创业企业（Lerner，1994；Hochberg 等，2007）。创业投资机构与同行建立错综复杂的联合投资网络，是为了共享创新、技术、人员等方面的资源以应对创业投资的不确定性（Bygrave，1987）。

6.1.1 网络资源观

社会网络理论在发展过程中借鉴了资源观的分析方法和分析框架，发展出相应的网络资源（network resource）和网络能力（network capability）等概念（Gulati，1999；Ritter 等，2002；Ritter 等，2003），来解释处于网络环境中的企业的竞争优势的来源与可持续性。网络资源的概念是由 Gulati（1999）提出的，他认为网络资源"存在于企业间的网络之中"，来源于"企业独特的经验"，成为"企业有价值的信息源泉"。Gulati（1999）开创性的研究突破了传统资源观把资源限定在企业有形的边界内，将企业的资源延伸到企业间非正式的网络关系中，是资源观在社会网络研究领域的拓展。企业在网络环境中处于不同的网络位置，意味着它们通过网络可以获取不同程度的网络资源，即社会资本（Lin 等，1981）。

创业投资机构在创业投资网络中的网络位置不同，它们获取网络资源的能力就会有所不同。创业投资机构在由合作关系形成的网络中至少可以获取四种类型的网

络资源：①人力资本的共享。不同的创业投资机构在不同的投资领域（包括地区、行业、投资阶段）会各有所长，通过网络建立起的合作关系可以实现创业投资机构间创业投资人力资本的共享（Bygrave，1987），集众人之智来审视投资项目（创业企业）的前景（Hochberg 等，2007）。②社会资本的共享。一般情况下，创业投资机构都会有一些长期合作、关系密切、相互信任的外部利益相关者作为合作伙伴，包括政府官员、会计师、律师、投行、大型公司、大学等，而这种信任可以通过网络传递，从而实现创业投资机构间社会资本的共享（Carvalho 等，2008）。③信息资源的共享。对创业投资机构而言，优质的创业项目是稀缺资源，通过创业投资网络，创业投资机构间可以相互交换好的投资机会。网络是非常重要的创业企业信息来源（Bygrave，1988）。④共享资金池。当创业企业快速成长需要大量资金支持时，通过网络中传递的信任机制，具有优质网络位置的创业投资机构可以更快更容易地获取合作伙伴的资金支持。所有这些资源都能够帮助创业投资机构获得更好的绩效。

6.1.2 投资战略理论

首先，创业投资机构通过创业投资网络更容易实现组合投资、分散风险的战略。创业投资机构通过创业投资网络可以在管理资金一定的情况下，通过合作投资，投资于更多的企业，更容易跨越投资边界，扩展到新的领域，从而分散投资风险，实现组合投资战略（Hochberg 等，2007）。

其次，高密度的创业投资网络可以有效地遏制同行竞争者的进入，提高创业投资机构与创业企业讨价还价的能力，从而降低投资成本（Hochberg 等，2007）。当网络中的现有创业投资机构引入了外来新进入者时，其他在位创业投资机构就会对其采取孤立策略以实施惩罚（Hochberg 等，2010）。网络地位越高的创业投资机构越有能力实施这种战略。

再次，创业投资机构在创业投资网络中的优势地位有利于其实现跨地区扩张的战略。创业投资网络有利于跨越边界传递信息，没占据网络中心位置的创业投资机构倾向于本地投资，而处于网络中心位置的创业投资机构则倾向于选择性地向能获取更高回报的地区进行投资，所以经常进行跨地区、跨行业的投资（Sorenson 等，2001）。Guler 和 Guillèn（2010）进一步证实了作为质量信号的网络地位优势可以在不同市场之间转移，本国网络优势有利于其实现跨国扩张的战略。

最后，创业投资机构的网络地位对投资战略的制定和实施产生调节作用。Echols 和 Tsai（2005）证实了创业投资机构的网络嵌入程度对于公司差异化战略的实施会产生重要的影响，产品差异化和渠道差异化战略会与网络嵌入程度产生交互作用，并最终影响投资绩效。具体而言，高网络嵌入度与被投资企业独特的产品和分销渠道会对投资绩效产生正面的影响。

所以说，具有优势的网络地位可以使创业投资机构站在战略实施的制高点，有利于投资战略的实施，从而取得更高的投资绩效。

6.1.3 投资后管理理论

投资后管理理论认为，创业投资不同于一般投资的关键在于创业投资不只是对创业企业投入资金，更重要的是对其进行投资后管理，为创业企业提供增值服务。

"投资后管理"是创业投资机构减少投资风险、确保预期投资收益率的重要手段，也是创业投资区别于银行贷款、企业项目融资的重要标志。创业投资家要花费相当多的时间来从事投资后管理工作，通过协助创业企业制定发展战略、运营规划、招聘高级管理人员和加强管理沟通等活动，为创业企业增值；利用创业投资机构在创业投资网络中积累的社会资本驱使服务提供商为创业企业提供服务和帮助（Gorman 等，1990；Hochberg 等，2007）；将创业投资机构的可信度、名誉资产、对创业企业的检验和认证通过网络转移给创业企业；通过与利益相关者长期合作而形成的关系网，为创业企业做推广，将创业企业介绍给利益相关者，帮助创业企业谈判、达成交易（Large 等，2008）。这些是创业投资机构进行投资后管理，为创业企业增值的途径，也是创业企业在引入创业投资时最为重视的内容，企业价值的增加就是创业投资机构投资绩效的体现。

由此可见，创业投资机构在创业投资网络中的优质网络地位可以为其带来更多的网络资源，有利于创业投资机构投资战略的有效实施，为创业企业增值，最终成功退出创业企业。

综上所述，提出以下假设。

假设 H：在创业投资网络中，创业投资机构的网络位置越有利，投资绩效越高。

6.2 研究设计

6.2.1 样本选取及数据来源

本研究的主要数据来源于 ChinaVenture 集团的 CVSource 数据库，对其中部分缺失数据用清科数据库的数据作补充；金融市场的相关数据来源于万德（Wind）中国金融数据库。采用社会网络分析方法构建创业投资网络，用 UCINET 6.289 软件计算网络的相应测度指标，用 Netdraw 2.097 软件绘制出网络图，用 Stata 12.0 进行相关的统计分析。

因为创业投资网络是本研究的重点内容，而网络结构和网络关系很可能因为某个关键点的丢失而发生完全的改变，所以在进行社会网络研究时应尽可能不抽样，而是对整个总体进行研究（袁方，1997）。本研究将采用总体数据构建中国创业投资网络，用 CVSource 数据库中 2015 年 12 月 31 日前已经发生的所有投资于中国境内创业企业的创业投资机构作为研究样本，以投资年为研究时点构建不平衡微观面板数据多元回归模型，对以上假设进行检验。排除投资方缺失的事件后，样本数据总共包括3416家创业投资机构对11 175家创业企业的15 446轮次创业投资事件，其中25.64%的投资轮次采用联合投资。衡量创业投资事件绩效的数据涉及的时间范围为2019年12月31日前，也就是说在2016年1月1日至2019年12月31日是给2016年1月1日以前的投资事件留有的观察其投资效果的时间。国外大多数学者以创业投资基金为研究对象，他们观察绩效留有的时间窗口为4年（Hochberg等，2007，2010；Abell等，2007）。而国内研究创业投资绩效的学者认为，中国创业投资的投资周期大大短于美国及其他发达国家，中国创业投资的平均投资周期为两年多（钱苹等，2007；党兴华等，2011），所以观察创业投资绩效留有的时间窗口一般为2~3年，但这是国内学者以抽样的方式仅采用60~90个样本数据而得出的结论，结论在统计效度上有所欠缺。为此，本研究对1996—2019年投资于中国创业企业的所有创业投资机构已发生的有记录的退出行为进行统计，总共得到13 555次退出事件，排除退出方式无记录的退出事件27件后，所有退出方式和退出时间统计见表6-1。

表6-1 2019年12月31日前中国市场创业投资机构的退出事件统计表

退出方式	退出时间（天）		
	均值	标准差	频数
并购	993.58	930.23	5024
公开市场减持	1086.21	917.24	1073
清算	1141.27	955.83	46
首次公开募股	994.63	930.19	5892
同业转售	996.74	930.75	378
现金分红	1162.59	980.47	1115
总计			13 528

表6-1显示，在中国市场上创业投资机构的平均退出时间是2.72年，但退出时间的离散程度较大（标准差有2.54年），如果仅用3年作为观察投资绩效的留有时间，那么从平均意义上来说，在这个时间段只有一小部分创业投资机构可以退出。所以，如果我们仅以3年作为观察绩效的留有窗口是不够的。本研究以4年为观察投资绩效的留有时间。

另外，构建创业投资网络的数据涉及的时间范围为2015年12月31日以前。创业投资机构是通过投资创业企业—创业企业价值增加—退出创业企业的过程而实现自身价值提高的。在创业投资机构不断投资、退出创业企业的过程中，创业投资机构间的网络关系发生了变化（Hochberg等，2007）。为了捕捉到这个动态变化的过程，每年的网络都用包括本年在内的前5年的联合投资关系来构建，网络中的主体（actor）指的是创业投资机构，连接关系（tie）指创业投资机构之间的联合投资行为（Hochberg 等，2007，2010；Abell 等，2007；Ewens，2010）。本研究采用 Hochberg 等（2007，2010）的方法，每年构建出有向网络和无向网络两张网络图来描述创业投资机构的网络位置。有向网络主要是为了区分创业投资网络中每轮次联合投资的领头人（lead syndicates）与跟投人（coinvestors），联合投资关系仅指同一投资轮次的合作投资关系，连接关系的方向（arrow）由领投人指向跟投人。领投人即此轮联合投资中投入资金最多的创业投资机构，跟投者则是本轮联合投资中的其他创业投资机构。无方向网络中的联合投资关系指，在创业投资机构网络所属的时间窗口内投资于同一创业企业的合作投资关系，无须区分投资轮次。由于1996年以前发生的创业投资事件较少，所以1996年的创业投资网络由1989—1996年的29个创业投资机构涉及的50轮创业投资事件构成。1997—2015年，每年用包括本年在内的前5年的创业投资事件分别构造出有向网络和无向网络。

6.2.2 变量测量

1. 被解释变量——创业投资绩效

本研究中创业投资绩效以每年创业投资机构投资创业企业的成功退出率来测量，如果创业投资机构在第 t 年投资了 n 家创业企业，那么，在2019年12月31日前这 n 家创业企业中IPO、被成功并购的企业数目之和占总投资数目的比例就是创业投资机构在第 t 年的投资绩效（Hochberg，2007）。

投资收益率是测量投资绩效最直接的方法，但是创业投资属于私募股权投资的一种，它的投资收益只需要汇报给自己的股东或者是投资人，不需要对外公布。所以外界甚至是专业数据收集商想要获取创业投资的年收益率都非常难，在现有用投资收益率来测量创业投资绩效的文献中，要么是采用获取匿名数据的方式在 Venture Economics 数据库中获得数据（Kaplan 等，2005；Jones 等，2003），要么采用问卷调查的方式获取样本量不大的数据（倪正东等，2008；钱苹等，2007），但是这些都不适合于本课题的研究。本研究需要将创业投资的绩效与网络状态一一对应，所以不适合用匿名数据；同时，研究网络关系只用少量样本数据也不合适。

许多学者在研究创业投资绩效时会采用间接方法测量绩效指标，最常用的方法是采用成功退出率（Hochberg 等，2007；Abell 等，2007；Nahata，2008）、IPO 数和并购数（Echols 等，2005；Ewens，2010）来测量投资绩效。本研究采用 Hochberg 等（2007）的方法，将在评估绩效窗口期内还没成功 IPO 或被并购的企业视同投资失败，将某创业投资机构第 t 年的成功退出率界定为该创业投资机构在第 t 年投资的 n 家创业企业中，能够在2019年12月31日前实现 IPO、被成功并购的企业数目占总投资企业数目（n）的比例（Hochberg 等，2007）。

2. 解释变量——网络位置

对创业投资机构网络位置的测定，我们参考 Hochberg 等（2007）、Abell 和 Nisar（2007）的方法分别用五个中心度指标从不同角度来测定创业投资机构的网络位置。为了使不同规模的网络间具有可比性,所有中心度指标均采用标准化指标来测量(Freeman,1979)。由于5个中心度指标只是从不同的角度来测量同一创业投资机构在网络中的位置,指标间会产生较强的多重共线性,所以本研究将分别在不同模型中引入5个中心度指标进行分析。

网络的度数中心度(degree centrality)指在网络所属的5年内与创业投资机构有过直接合作关系的机构数目。度数中心度也被称为局部中心度(local centrality)(Nieminen,1974)。度数中心度越大,代表创业投资机构在网络中拥有的信息、交易流等资源越丰富,创业投资机构的网络地位越高。为了在不同规模的网络中比较度数中心度,Freeman(1979)提出了标准度数中心度的概念,即点i的标准度数中心度是其绝对中心度与网络中点的最大可能度数之比,计算公式为式(6-1)。

$$\text{Cnd}_i = \frac{\sum_j p_{ij}}{n-1} \quad (6-1)$$

点出度(outdegree)是指某创业投资机构在一定的时间窗口中作为领投人发出联合投资邀请的次数。点入度(indegree)是在一定时间窗中作为跟投人接受联合投资邀请的次数(Burt等,1983;Hochberg等,2007)。点i的标准化点出度的计算公式为式(6-2),点i的标准化点入度计算公式为式(6-3)。

$$\text{Cnoutd}_i = \frac{\sum_j p_{i \rightarrow j}}{2(n-1)} \quad (6-2)$$

$$\text{Cnind}_i = \frac{\sum_j p_{i \leftarrow j}}{2(n-1)} \quad (6-3)$$

中间中心度(betweenness centrality)是指某创业投资机构在多大程度上位于网络中其他点对的"中间",能在多大程度上控制他人(Marsden,1982)。Freeman(1979)用中间中心度的概念来测量行动者对资源控制的程度,认为如果一个点处于许多其他点的最短途径上,则该点具有较高的中间中心度(刘军,2009)。中间中心度越高,其他点对该点的依赖性就越强,该点处于"结构洞"(stuctural holes)的位置,其在网络中的控制能力就越强(Freeman,1979;Burt,1992)。点i的相对中间中心度的计算公式为(6-4)。

$$\text{Cnb}_i = \frac{2\sum_j \sum_k b_{jk}(i)}{n^2 - 3n + 2} \quad (6-4)$$

接近中心度(closeness centrality)指的是一个点与网络中所有其他点的接近程度。如果说度数中心度指的是某创业投资机构拥有的直接关系数,中间中心度指创业投资机构在网络中的控制能力,那么接近中心度就是指创业投资机构在网络中不受他人控制的能力(Hochberg等,2007)。与网络中所有其他点越接近的点,其在网络中的权力、声望以及影响力就越强(刘军,2009)。相对接近中心度的计算公

式为式 (6-5)。

$$C_{Rci} = \frac{\sum_j (d_{max} - d_{ij})}{(n-1)} \tag{6-5}$$

3. 控制变量

在参考前人文献的基础上，本研究采用创业投资机构的投资经验、投资风险、创业投资行业内的竞争及市场的投资机会作为控制变量。

A. 创业投资机构的投资经验

Kaplan 等（2005）、Hochberg 等（2007）、Abell 等（2007）、Nahata（2008）、钱苹等（2007）均证实了创业投资机构的投资经验与投资绩效有显著的正向影响。我们用两个变量来测量创业投资机构投资创业企业时的投资经验：此次投资以前创业投资机构参与的总投资轮次、此次投资距离创业投资机构首次投资的时间（Hochberg 等，2007；钱苹等，2007）。

B. 投资风险

投资风险是指投资在获得预期收益率的过程中存在的不确定性。创业投资的风险可以用创业企业被投资时的年龄、被投资时的发展阶段和被投资时的投资轮次来测量（Nahata，2008）。显然创业企业被投资时成立的时间越短，不可预见性越强，创业投资的风险越大。企业的发展阶段包括早期、发展期、扩张期、获利期，处于早期的创业企业，其产品、服务研发才刚开始，企业刚刚组建或正在筹建，处于几乎无市场收入的状态，投资此阶段的企业失败的可能性会比较大。相比之下，扩张期和获利期的企业，其盈利能力和可预见性都比较强，创业投资机构在此时选择投资，风险较小。我们将创业企业的发展阶段用顺序数据来标识，即早期记为"1"、发展期记为"2"、扩张期记为"3"、获利期记为"4"。另外，随着创业企业被投资轮次的增加，意味着有更多的创业投资机构对该企业进行评估后认可该创业企业，投资风险相对较小。一般而言，创业投资机构对投资风险越大的企业的预期回报会越高（Nahata，2008；倪正东等，2008）。

C. 行业的竞争

在中国创业投资市场上，每年创业投资募集的资金越多，创业投资机构获得优质项目的竞争会越大，为获得优质项目投入的成本就可能会越高，收益也会因此而减少（Gompers 等，2000；Hochberg 等，2007）。同样，每年投入市场的创业资金越多，创业投资行业的竞争也会加剧，因而影响创业投资机构的绩效。

D. 投资机会

市场的投资机会越多，创业投资的可选择性越大，对创业投资机构获取更高的绩效是有利的。我们用投资年的公开证券市场的平均市盈率（P/E）和账面价值与市场价值的比率（B/M 值）来测量市场的投资机会（Gompers 等，1999；Abell 等，2007）。

6.2.3 实证模型设定

为检验创业投资机构所处的网络位置对投资绩效的影响，构建以下通用的面板数据模型对研究假设进行检验：

$$\text{Performance}_{it} = \alpha + \beta \text{Centrality}_{it} + \sum_{j=1}^{k} \gamma_i \text{Control}_{jit} + \varepsilon_{it} \quad (6-6)$$

其中，因变量 Performance_{it} 表示第 i 个创业投资机构在第 t 年的绩效，由其在第 t 年投资的所有创业企业的成功退出率及投资金额加权成功退出率来表示。自变量 Centrality_{it} 则是第 i 个创业投资机构在第 t 年的网络位置，由 5 个中心度指标来测量：标准度数中心度、标准点出度、标准点入度、标准中间中心度、标准接近中心度。Control_{jit} 表示控制变量，ε 表示随机误差项，α、β、γ 表示待估参数。

通过以下几个步骤在混合面板回归、固定效应变截距面板回归、随机效应变截距面板回归模型中选择合适的模型类型进行回归检验。

首先，在混合面板回归与固定效应变截距面板回归之间进行选择。用固定效应变截距面板回归模型进行回归，并对回归结果进行 F 检验，检验原假设为：不同创业投资机构的常数项均相等，拒绝该原假设就说明混合回归模型不可用，会产生非一致的结果，应选择固定效应变截距面板回归。

其次，比较混合面板回归与随机效应变截距面板回归模型。对随机效应模型的回归结果进行 LM 检验，检验原假设：$\text{Var}(v_i) = 0$。如果拒绝原假设，则说明原模型中应该有一个反映个体特征的扰动项，因而不应该用混合回归模型，应该选择随机效应变截距面板回归模型。

最后，通过 Hausman 检验（Hausman，1978），判断使用固定效应模型还是随机效应模型。Hansman 检验是检验零假设：由随机效应模型得到的估计量所施加的额外正交性条件是有效的。如果回归元与创业投资机构的个体效应相关，那么固定效应模型就是一致的，但随机效应模型的估计量是不一致的，应该选择固定效应模型。如果回归元与创业投资机构的个体效应不相关，那么固定效应模型仍是一致的，然而随机效应模型的估计量是一致且有效的，选择随机效应模型更好（Baltagi，2011）。

6.3 实证结果与分析

6.3.1 变量描述性统计分析

各研究变量的描述性统计结果如表 6-2 所示。

表6-2 变量的描述性统计

			变量符号	观测值	均值	标准差	最小值	最大值
Panel A: 有创业投资背景的创业企业	投资绩效	成功退出率/%	su_rate	15 446	0.634	0.426	0	1
		资金加权成功退出率/%	w_su_rate	15 446	0.595	0.437	0	1
		IPO数目/次	IPO	15 446	0.342	1.061	0	17
		并购数目/次	M&A	15 446	0.292	0.391	0	4
	创业投资的投资经验	此次投资前创业投资总投资轮次/次	noround	15 446	6.599	12.529	1	243
		距离创业投资第一次投资的时间/天	avfirinvdays	15 446	1774.268	1743.725	0	8887
	投资风险	投资时创业企业平均年龄/天	growdays	15 446	1641.673	1465.711	0	9243
		投资时创业企业平均被投资轮次/次	series	15 446	1.432	0.716	0	5
		投资时创业企业平均被投资阶段	Stage	15 446	2.113	0.710	0	4
Panel B: 创业投资机构创业投资网络	直接合作关系	标准化点出度/%	Noutdegree	15 446	1.171	4.170	0	114
		标准化点入度/%	Nindegree	15 446	0.060	0.234	0	6.897
	网络中控制其他人交往的能力	标准化度数中心度/%	Ndegree	15 446	0.113	0.426	0	7.432
		标准化中间中心度/%	Nbetweenness	15 446	0.208	0.781	0	13.066
	网络中的影响力	标准化接近中心度/%	Ncloseness	15 446	32.683	23.555	0	62.696
	创业投资的行业竞争	年市场新募集创业投资金量/百万美元	mk_invsize	20	44 151.11	39 922.839	989.840	143 095.00
		年市场创业投资机构投资金量/百万美元	mk_VCinflows	20	6275.581	10 115.727	63.42	44 440.00
投资机会		二级证券市场年平均市盈率/倍	mk_pe	20	16.919	8.465	5.58	32.07

资料来源:根据CVSource数据库数据统计得出。

从表 6-2 可以看出，中国创投市场成功退出率相对较高，有 63.4%，且不同创业投资机构间成功退出率的差异较大。从 IPO 数目可以看出，有一半以上的创业投资机构还从来没有通过 IPO 退出。而绩效好的创业投资机构最多一年有 17 次通过 IPO 退出；我国创业投资机构投资于创业企业时的投资经验尚不足，从投资时距第一次投资的天数上看，均值为 1774.27 天，投资时的投资轮次均值为 6.6 次。从测量投资风险的三个指标来看，我国创业投资机构投资时创业企业的年龄为 4 年多，投资阶段以发展期和扩张期的企业较多。从年均创业投资资金的流入量来看创业投资的行业竞争情况，我国创业投资年平均募集金额为 441.51 亿美元；从市场的投资机会来看，我国二级证券市场年平均市盈率为 16.92 倍，投资机会多，然而我国平均市盈率的标准差也较大（8.47），说明我国作为正处于快速发展中的新兴国家，投资的机会大，但市场风险也不容忽视。

6.3.2 面板数据回归分析

我们用前述方法选出最合适的面板数据模型进行回归。首先，拟合固定效应变截距模型并进行 F 检验，检验所有个体效应的截距项是否相同。固定效应变截距模型回归结果及其 F 检验结果见表 6-3。所有模型的结果显示，F 检验的 p 值都为 0.0000，故强烈拒绝原假设，即认为固定效应面板回归模型明显优于混合面板回归，应该允许每个创业投资机构拥有自己不同的截距项。

表 6-3 中国创业投资 1989—2019 年面板数据固定效应回归及 F 检验

变量		成功退出率					
		(1)	(2)	(3)	(4)	(5)	(6)
创业投资机构的投资经验	此次投资前创业投资总投资轮次	0.0006 (0.002)	0.0013 (0.002)	0.0006 (0.002)	0.0001 (0.002)	-0.0001 (0.002)	0.0001 (0.002)
	距离创业投资第一次投资的时间	0.0890 (0.066)	0.0750 (0.067)	0.0728 (0.067)	0.0755 (0.067)	0.1209* (0.067)	0.0529 (0.067)
投资风险	投资时创业企业平均年龄	0.0495** (0.020)	0.0509** (0.020)	0.0484** (0.020)	0.0476** (0.020)	0.0526*** (0.020)	0.0492** (0.020)
	投资时创业企业平均被投轮次	0.0833*** (0.030)	0.0759** (0.030)	0.0833*** (0.030)	0.0840*** (0.030)	0.0739** (0.030)	0.0840*** (0.030)
	投资时创业企业平均被投阶段	-0.0480 (0.041)	-0.0465 (0.040)	-0.0451 (0.041)	-0.0490 (0.040)	-0.0445 (0.040)	-0.0467 (0.041)
行业竞争	年市场新募集创业投资资金量	-0.0546 (0.044)	-0.0459 (0.044)	-0.0591 (0.044)	-0.0474 (0.044)	-0.0754* (0.044)	-0.0704 (0.044)
	年市场创业投资机构投资资金量	0.0353 (0.026)	0.0366 (0.026)	0.0449* (0.026)	0.0476* (0.026)	0.0309 (0.026)	0.0387 (0.026)

续表6-3

变量		成功退出率					
		(1)	(2)	(3)	(4)	(5)	(6)
投资机会	二级证券市场年平均市盈率	-0.0004 (0.001)	-0.0002 (0.001)	-0.0002 (0.001)	-0.0003 (0.001)	-0.0004 (0.001)	-0.0002 (0.001)
网络变量	标准度数中心度		0.1154*** (0.044)				
	标准化点出度			0.0542 (0.042)			
	标准化点入度				0.1733*** (0.066)		
	标准接近中心度					0.0050*** (0.002)	
	标准中间中心度						0.0251* (0.014)
截距		0.9810*** (0.300)	0.7385** (0.309)	0.7957** (0.311)	0.6980** (0.311)	1.1869*** (0.335)	0.7827** (0.310)
观察值		15 446	15 446	15 446	15 446	15 446	15 446
F检验 H0：all $u_i=0$		2.03	2.01	2.02	2.03	1.84	2.01
p值 H0：all $u_i=0$		0.0000	0.0000	0.0000	0.0000	0.0000	0.0000
混合回归与固定效应模型的选择		固定效应模型	固定效应模型	固定效应模型	固定效应模型	固定效应模型	固定效应模型

其次，用面板数据拟合随机效应变截距模型，并进行Breusch和Bagan（1980）提供的LM检验，检验模型中是否应该有一个反映个体特性的随机扰动项u_i，原假设为Var（u_i）=0。模型拟合及LM检验的结果见表6-4。所有模型均显示出，LM检验拒绝"不存在个体的随机效应"，即认为在"随机效应回归"与"混合回归"二者之间，应该选择"随机效应回归"。

表6-4 中国创业投资1989—2019年面板数据随机效应回归及LM检验

变量		成功退出率					
		(1)	(2)	(3)	(4)	(5)	(6)
创业投资机构的投资经验	此次投资前创业投资总投资轮次	0.0002 (0.002)	-0.0000 (0.002)	0.0000 (0.002)	-0.0007 (0.002)	-0.0005 (0.001)	-0.0010 (0.002)
	距离创业投资第一次投资的时间	0.0790*** (0.030)	0.0885*** (0.030)	0.0798*** (0.030)	0.0819*** (0.030)	0.0777*** (0.029)	0.0781*** (0.030)
投资风险	投资时创业企业平均年龄	0.0531*** (0.017)	0.0526*** (0.017)	0.0500*** (0.017)	0.0487*** (0.017)	0.0555*** (0.017)	0.0511*** (0.017)
	投资时创业企业平均被投轮次	0.0990*** (0.022)	0.0875*** (0.022)	0.0977*** (0.022)	0.0959*** (0.022)	0.0860*** (0.022)	0.0997*** (0.022)
	投资时创业企业平均被投阶段	-0.0444 (0.032)	-0.0430 (0.032)	-0.0415 (0.032)	-0.0453 (0.032)	-0.0517 (0.032)	-0.0442 (0.032)
行业竞争	年市场新募集创业投资资金量	-0.0494* (0.028)	-0.0148 (0.029)	-0.0406 (0.028)	-0.0243 (0.028)	-0.0907*** (0.028)	-0.0412 (0.028)
	年市场创业投资机构投资资金量	0.0244 (0.024)	0.0236 (0.024)	0.0331 (0.024)	0.0348 (0.024)	0.0148 (0.024)	0.0272 (0.024)
投资机会	二级证券市场年平均市盈率	0.0002 (0.001)	0.0003 (0.001)	0.0003 (0.001)	0.0003 (0.001)	0.0004 (0.001)	0.0002 (0.001)
网络位置	标准化度数中心度		0.1317*** (0.034)				
	标准化点出度			0.0718** (0.036)			
	标准化点入度				0.1914*** (0.053)		
	接近中心度					0.0059*** (0.001)	
	中间中心度						0.0305*** (0.012)
	截距	0.8766*** (0.222)	0.6564*** (0.226)	0.7398*** (0.227)	0.6201*** (0.229)	1.0440*** (0.225)	0.7809*** (0.225)
	观察值	15 446	15 446	15 446	15 446	15 446	15 446
	Chi2(1)H0:Var(u)=0	14.33	11.42	14.98	14.83	4.31	12.69
	p值 H0:Var(u)=0	0.0002	0.0007	0.0001	0.0001	0.0379	0.0004
	混合回归与随机效应模型的选择	随机效应模型	随机效应模型	随机效应模型	随机效应模型	随机效应模型	随机效应模型

接下来,需要在固定效应模型与随机效应模型中进行选择,这次用 Hausman 检验,检验随机效应估计量要求的额外正交性条件是有效的,即解释变量与不可观测的随机变量 u_i 不相关,满足外生性的要求。检验结果见表 6-5。6 个模型的结果均显示,p 值较大,无法拒绝原假设,选择随机效应可以得到一致且有效的估计量,所以随机效应模型优于固定效应模型。

表 6-5 用 Hausman 检验选择随机效应模型还是固定效应模型

变量	sqrt(diag(V_b-V_B))				S.E.	
	(1)	(2)	(3)	(4)	(5)	(6)
此前总投资轮次	0.0009	0.001	0.0009	0.0009	0.0009	0.0008
距离创业投资第一次投资的时间	0.0576	0.0586	0.0588	0.0582	0.0614	0.0589
投资时创业企业平均年龄	0.0101	0.0103	0.0101	0.0101	0.0103	0.0102
投资时创业企业平均被投轮次	0.02	0.02	0.02	0.0198	0.0201	0.02
投资时创业企业平均被投阶段	0.0237	0.0238	0.0237	0.0235	0.0238	0.0237
年市场新募集创业投资资金量	0.033	0.0328	0.0332	0.0329	0.0326	0.0332
年市场创业投资机构投资资金量	0.0086	0.009	0.0088	0.0088	0.0094	0.009
二级证券市场年平均市盈率	0.0005	0.0005	0.0005	0.0005	0.0005	0.0005
标准化度数中心度		0.0279				
标准化点出度			0.0197			
标准化点入度				0.0376		
接近中心度					0.0014	
中间中心度						0.008
截距	0.1942	0.2052	0.2043	0.203	0.2396	0.2061
Chi2(10)	7.18	13.28	9.31	9.14	7.27	11.42
p 值	0.6186	0.2084	0.5029	0.519	0.6993	0.3254
选择模型	随机效应	随机效应	随机效应	随机效应	随机效应	随机效应

通过上述的分析,随机效应模型是分析本研究的最优模型,表 6-4 所示的随机效应模型的拟合结果能够更好地说明创业投资网络变量对投资绩效的影响。通过控制创业投资机构的投资经验、投资风险、行业竞争及市场机会,可以发现创业投资机构的网络变量对投资绩效会有显著的正向影响。表 6-4 列出了 6 个模型,模型(1) 是本研究的框架模型,对各个控制变量进行了检验,结果大多与理论预期符号相符。投资经验越丰富、投资风险越大、投资绩效越高、行业的竞争越大,投资绩效越差,而市场的投资机会对投资绩效没有显著的影响,这与我国二级证券市场起步较晚,欠成熟,市盈率不能充分反映市场的投资机会有关。模型(2)至(6)则分别将 5 个网络变量逐次加入模型中。每一个模型都说明占据优质的网络位置可以显著地提高投资绩效,假设 H 得到证实。

在五个解释变量中，标准化的接近中心度对投资绩效的经济影响最大，接近中心度每增加一个标准差，成功退出率可以非常显著地增加 13.898 个百分点。这说明创业投资机构与网络中其他创业投资的距离越近，网络中的不受控制的能力越强，在整个网络中影响力越大，可以最大限度地提高投资绩效。其次，是标准化的度数中心度和标准点入度，它们每增加一个标准差，成功退出率分别可以非常显著地增加 5.61 个百分点和 4.48 个百分点。也就是说，创业投资机构与他人的合作越多、被他人邀请参与联合投资的次数越多，越会显著地提高投资绩效。接下来就是标准中间中心度和标准点出度，它们每增加一个标准差，成功退出率可以分别显著增加 2.38 个百分点和 2.17 个百分点。这说明创业投资机构在网络中成为"中介"或"桥"去控制网络的能力越强，越可显著提高投资绩效，但是其经济影响大小会相对弱些。另外，作为领投人发出投资邀请的次数（outdegree）越多，其将来被邀请的机会可能会增加，对投资绩效的间接影响可能更大，而直接的经济影响相对较弱。

6.3.3 反向因果关系说明及绩效持续性检验

网络变量对投资绩效的显著影响，会不会只是反向因果关系呢？也就是说，高的退出率使得创业投资机构的网络地位提高，而不是有利的网络位置增加了创业投资的退出率。因为我们是用投资当年前 5 年的数据来测量当年创业投资机构的网络变量的，而投资绩效的测量是在投资事件发生后几年甚至十几年，所以从时间上来说只可能是网络变量影响了投资绩效，不存在反向因果关系。

为了进一步检验网络变量是否只是投资绩效持续性的替代，我们在模型中加上投资绩效的滞后项再重新进行回归检验，模型中以投资绩效的一阶滞后项为控制变量的回归结果见表 6-6。

表 6-6 创业投资绩效的持续性检验

变量		成功退出率					
		(1)	(2)	(3)	(4)	(5)	(6)
创业投资机构的投资经验	此次投资前创业投资总投资轮次	-0.0014 (0.001)	-0.0013 (0.001)	-0.0013 (0.001)	-0.0017 (0.001)	-0.0018 (0.001)	-0.0023 (0.002)
	距离创业投资第一次投资的时间	0.0398 (0.034)	0.0516 (0.034)	0.0468 (0.034)	0.0485 (0.034)	0.0415 (0.033)	0.0437 (0.034)
投资风险	投资时创业企业平均年龄	0.0519*** (0.019)	0.0510*** (0.018)	0.0489*** (0.019)	0.0514*** (0.019)	0.0557*** (0.018)	0.0487*** (0.019)
	投资时创业企业平均被投轮次	0.0768*** (0.025)	0.0684*** (0.025)	0.0776*** (0.025)	0.0741*** (0.025)	0.0681*** (0.025)	0.0797*** (0.025)
	投资时创业企业平均被投阶段	0.0002 (0.035)	0.0012 (0.035)	0.0003 (0.035)	0.0029 (0.035)	-0.0179 (0.035)	-0.0029 (0.035)

续表 6-6

变量		成功退出率					
		(1)	(2)	(3)	(4)	(5)	(6)
行业竞争	年市场新募集创业投资资金量	-0.0390 (0.031)	-0.0103 (0.032)	-0.0244 (0.032)	-0.0278 (0.031)	-0.0736** (0.031)	-0.0258 (0.031)
	年市场创业投资机构投资资金量	0.0158 (0.027)	0.0088 (0.027)	0.0165 (0.027)	0.0236 (0.027)	-0.0028 (0.026)	0.0107 (0.027)
市场机会	二级证券市场年平均市盈率	0.0006 (0.001)	0.0005 (0.001)	0.0006 (0.001)	0.0006 (0.001)	0.0006 (0.001)	0.0005 (0.001)
绩效的持续性	成功退出率	0.0095 (0.045)	0.0047 (0.044)	0.0063 (0.044)	0.0026 (0.045)	-0.0234 (0.044)	0.0066 (0.044)
网络位置	标准化度数中心度		0.1019*** (0.036)				
	标准化点出度			0.0725* (0.038)			
	标准化点入度				0.1678** (0.072)		
	接近中心度					0.0056*** (0.001)	
	中间中心度						0.0275** (0.011)
截距		0.5242** (0.249)	0.4309* (0.249)	0.4581* (0.251)	0.4098 (0.252)	0.7711*** (0.250)	0.5054** (0.248)
观察值		15 446	15 446	15 446	15 446	15 446	15 446

表 6-6 中模型（1）显示，滞后一期的成功退出率对现期成功退出率的影响并不显著，也就是说，模型显示的结果无法证明在我国创业投资的绩效具有持续性。相反，由模型（2）～模型（6）可以证明，在控制了有可能存在的投资绩效的持续性以后，创业投资的网络变量对投资绩效依旧有很显著的影响，且对创业投资绩效产生的经济影响也没太大变化。网络的接近中心度每增加一个标准差依旧可以显著地提高投资绩效——成功退出率的 13.19 个百分点；接下来是度数中心度、点入度、中间中心度和点出度，它们的一个标准差的增加可使投资绩效增长 2.15～4.34 个百分点。由此可见，网络变量对投资绩效的影响绝对不只是对模型中缺少的绩效的持续性替代。

6.3.4 其他稳健性检验

综上检验可见,本研究的假设 H 得到了验证,网络位置对投资绩效有显著的影响,在创业投资网络中占据优质的网络位置有利于获取高的投资绩效。为了检验上述结果的稳健性,本研究将证实模型中的被解释变量——成功退出率分别替换为资金加权成功退出率、IPO 数目、并购数目,重新对实证模型进行估计。具体的稳健性检验结果见表 6-7 至表 6-10。检验结果表明,除以资金加权成功退出率作为被解释变量时,网络点出度对资金加权成功退出率的影响不显著以外,其余的所有模型中网络变量对被解释变量均有非常显著的影响。网络点出度代表的是创业投资机构作为领投人邀请其他创业投资机构联合投资的次数,发出邀请的目的通常是期望将来有更多的被邀请联合投资的好机会,所以这需要一定的时间才能体现出价值。在前文的研究中,点出度相对于其他网络指标对投资绩效的影响较小,且显著性也较弱。总体而言,检验结果表明创业投资网络位置对投资绩效的显著影响具有很好的稳健性。

表 6-7 以资金加权成功退出率定义投资绩效的稳健性检验

变量		成功退出率					
		(1)	(2)	(3)	(4)	(5)	(6)
创业投资机构的投资经验	此次投资前创业投资总投资轮次	-0.0000 (0.002)	-0.0003 (0.002)	-0.0003 (0.002)	-0.0010 (0.002)	-0.0009 (0.002)	-0.0014 (0.002)
	距离创业投资第一次投资的时间	0.0585* (0.033)	0.0660** (0.032)	0.0570* (0.033)	0.0602* (0.032)	0.0553* (0.032)	0.0571* (0.032)
投资风险	投资时创业企业平均年龄	0.0540*** (0.019)	0.0533*** (0.019)	0.0516*** (0.019)	0.0496*** (0.019)	0.0570*** (0.018)	0.0518*** (0.019)
	投资时创业企业平均被投轮次	0.0819*** (0.024)	0.0703*** (0.024)	0.0800*** (0.024)	0.0780*** (0.024)	0.0683*** (0.023)	0.0821*** (0.024)
	投资时创业企业平均被投阶段	-0.0306 (0.035)	-0.0291 (0.035)	-0.0278 (0.035)	-0.0313 (0.035)	-0.0414 (0.035)	-0.0307 (0.035)
行业竞争	年市场新募集创业投资资金量	-0.0459 (0.030)	-0.0131 (0.031)	-0.0398 (0.030)	-0.0208 (0.031)	-0.0898*** (0.030)	-0.0367 (0.030)
	年市场创业投资机构投资资金量	0.0096 (0.027)	0.0106 (0.027)	0.0190 (0.027)	0.0209 (0.027)	-0.0003 (0.027)	0.0130 (0.027)
市场投资机会	二级证券市场年平均市盈率	0.0004 (0.001)	0.0005 (0.001)	0.0005 (0.001)	0.0005 (0.001)	0.0006 (0.001)	0.0004 (0.001)

续表6-7

变量		成功退出率					
		(1)	(2)	(3)	(4)	(5)	(6)
网络位置	标准化度数中心度		0.1232*** (0.037)				
	标准化点出度			0.0535 (0.039)			
	标准化点入度				0.1894*** (0.057)		
	接近中心度					0.0063*** (0.001)	
	中间中心度						0.0324*** (0.012)
截距		0.8203*** (0.242)	0.5900** (0.248)	0.6807*** (0.248)	0.5488** (0.250)	0.9832*** (0.245)	0.7091*** (0.246)
观察值		15 446	15 446	15 446	15 446	15 446	15 446

表6-8　以IPO数目定义投资绩效的稳健性检验

变量		首次公开上市数目					
		(1)	(2)	(3)	(4)	(5)	(6)
创业投资机构的投资经验	此次投资前创业投资总投资轮次	0.0458*** (0.005)	0.0337*** (0.005)	0.0395*** (0.005)	0.0388*** (0.005)	0.0428*** (0.005)	0.0193*** (0.006)
	距离创业投资第一次投资的时间	0.0244 (0.104)	0.0577 (0.100)	0.0481 (0.103)	0.0397 (0.103)	0.0038 (0.103)	0.0378 (0.097)
投资风险	投资时创业企业平均年龄	0.1521** (0.069)	0.1412** (0.066)	0.1275* (0.068)	0.1356** (0.068)	0.1547** (0.068)	0.1212* (0.064)
	投资时创业企业平均被投轮次	-0.0610 (0.085)	-0.1765** (0.083)	-0.0793 (0.084)	-0.0965 (0.084)	-0.1195 (0.085)	-0.0589 (0.079)
	投资时创业企业平均被投阶段	0.3553*** (0.127)	0.3608*** (0.123)	0.3506*** (0.126)	0.3453*** (0.126)	0.3131** (0.126)	0.2841** (0.119)

续表6-8

变量		首次公开上市数目					
		(1)	(2)	(3)	(4)	(5)	(6)
行业竞争	年市场新募集创业投资资金量	-0.2838*** (0.109)	0.0081 (0.113)	-0.1524 (0.112)	-0.1295 (0.113)	-0.3726*** (0.109)	-0.0650 (0.104)
	年市场创业投资机构投资资金量	0.1346 (0.106)	0.0793 (0.104)	0.1406 (0.106)	0.1390 (0.106)	0.0896 (0.107)	0.0747 (0.100)
市场投资机会	二级证券市场年平均市盈率	0.0102*** (0.003)	0.0095*** (0.003)	0.0101*** (0.003)	0.0098*** (0.003)	0.0100*** (0.003)	0.0082*** (0.003)
	创业投资网络位置						
	标准化度数中心度		0.7722*** (0.110)				
	标准化点出度			0.6127*** (0.138)			
	标准化点入度				0.8553*** (0.192)		
	接近中心度					0.0154*** (0.003)	
	中间中心度						0.3619*** (0.037)
截距		-0.2809 (0.870)	-1.7691** (0.875)	-1.0527 (0.885)	-1.3215 (0.898)	0.1797 (0.877)	-1.0648 (0.823)
观察值		15 446	15 446	15 446	15 446	15 446	15 446

表6-9 以成功并购数目定义投资绩效的稳健性检验

变量	首次公开上市数目					
	(1)	(2)	(3)	(4)	(5)	(6)
此次投资前创业投资总投资轮次	0.0112*** (0.002)	0.0073*** (0.002)	0.0099*** (0.002)	0.0089*** (0.002)	0.0107*** (0.002)	0.0085*** (0.002)
距离创业投资第一次投资的时间	-0.0510 (0.038)	-0.0611 (0.037)	-0.0548 (0.038)	-0.0554 (0.038)	-0.0462 (0.038)	-0.0511 (0.038)
投资时创业企业平均年龄	0.0286 (0.025)	0.0222 (0.025)	0.0209 (0.025)	0.0203 (0.025)	0.0264 (0.025)	0.0229 (0.025)

续表6-9

变量	首次公开上市数目					
	(1)	(2)	(3)	(4)	(5)	(6)
投资时创业企业平均被投轮次	-0.0145 (0.031)	-0.0538* (0.031)	-0.0205 (0.031)	-0.0282 (0.031)	-0.0274 (0.031)	-0.0167 (0.031)
投资时创业企业平均被投阶段	-0.0718 (0.047)	-0.0652 (0.046)	-0.0681 (0.047)	-0.0702 (0.046)	-0.0748 (0.047)	-0.0746 (0.047)
年市场新募集创业投资资金量	-0.1224*** (0.040)	-0.0286 (0.042)	-0.0961** (0.041)	-0.0719* (0.042)	-0.1389*** (0.041)	-0.1002** (0.041)
年市场创业投资机构投资资金量	0.0425 (0.039)	0.0340 (0.039)	0.0534 (0.039)	0.0533 (0.039)	0.0441 (0.040)	0.0463 (0.039)
二级证券市场年平均市盈率	-0.0003 (0.001)	-0.0004 (0.001)	-0.0002 (0.001)	-0.0003 (0.001)	-0.0002 (0.001)	-0.0004 (0.001)
标准化度数中心度		0.2490*** (0.041)				
标准化点出度			0.1247** (0.051)			
标准化点入度				0.2819*** (0.071)		
接近中心度					0.0028** (0.001)	
中间中心度						0.0374*** (0.014)
截距	1.0483*** (0.320)	0.4946 (0.324)	0.8114** (0.328)	0.6319* (0.330)	1.0508*** (0.326)	0.8824*** (0.324)
观察值	15 446	15 446	15 446	15 446	15 446	15 446

第7章 网络位置在所有权性质与投资绩效间的中介作用

第6章用中国创业投资的数据证实了创业投资机构凭借其在创业投资网络中的优质网络地位可以显著地提高自己的投资绩效。而网络关系的构建是需要付出成本的（Meuleman 等，2009），外资创业投资机构为什么会不惜成本让自己拥有优质的网络地位呢？资本是逐利的，外资创业投资机构将资本投入中国的创业企业，它的主要目的显然只有一个：让资本增值。那么，外资创业投资机构会不会通过控制网络而获取更高的投资绩效呢？本章将对此展开实证研究。

7.1 所有权性质、创业投资网络与投资绩效

7.1.1 所有权性质与投资绩效

不少学者就所有权性质对企业绩效的影响进行了研究，认为在发展中国家和转型经济国家，外资所有权对企业绩效能起到更重要的作用（Aydin 等，2007；吕萍，2012）。因为外资所有者更有能力通过良好的激励机制来引导管理者行为，并可以带来新技术和新管理，使得企业效率得到提高，所以外资所有权能产生更高的绩效（Lu 等，2010；Aydin 等，2007）。但是很少有学者就创业投资行业中所有权性质对投资绩效的影响进行实证研究。在中国创业投资行业，外资创业投资占有相当大的比重，中资、外资创业投资机构在注册地、适用法律、运作方式直到退出渠道都存在诸多不同，所以分析创业投资行业的所有权性质对投资绩效的影响更加重要。

在我国，外资创业投资机构有98.39%来自以美国为主的西方发达国家，这些国家开始创业投资的时间都远远早于我国。有着30年私募股权经验的投资人Sampson（2007）在其著作 *Private Equity as an Asset Class*（《资产的博弈》）中写道：从多方面来看，创业投资都是一门艺术而不是科学，经验和直觉更加重要。从创业投资的经验和专业投资技巧上来说，外资创业投资总体优于中资创业投资。

Fuller（2010）运用扎根理论（grounded theory）对新兴经济体创业投资的制度分离现象进行研究，认为在中国，政府主导了一种制度，而绝大多数外资创业投资机构则在中国境外注册，以离岸基金方式运作，这使得外资创业投资机构得以规避国内外汇管制及相关的金融法规，并具有明显的税收优势（张世坤，2004）。中资

创业投资机构则必须遵守中国政府主导的制度。中国的创业投资的相关制度在近20年内经历了从无到有再到不断完善的过程，而中资创业投资机构在此过程中一直承受着较高的税负和限制，以至于有少数本土创业投资机构为摆脱国内制度束缚而效仿外资创业投资绕道海外进行离岸注册，变身为外资再投资国内市场。

可见，不同性质的创业投资机构，其资金来源、组织形式、适用法律、投资经验、退出渠道等多方面存在诸多不同，外资所有权具有明显的制度优势。为此，我们提出以下假设。

假设1a：在中国创业投资市场，具有明显的制度优势的外资创业投资机构可以取得更高的投资绩效。

假设1b：在中国创业投资市场，不具备制度优势的中资创业投资机构的投资绩效更低。

假设1c：在中国创业投资市场，适用的制度环境不同的不同性质的创业投资机构有不同的投资绩效。

7.1.2 所有权性质与创业投资网络

创业投资网络即创业投资机构之间由于联合投资于同一家创业企业而形成的合作关系网络（Abell等，2007；Ewens，2010；周育红等，2012）。企业基于信任通过合作关系实现网络化发展，既可以减少存在于市场中的交易费用，又无须增加由于企业规模扩大产生的组织内部的交易成本（Johanson等，1987；Carney，1998），对规模不经济的创业投资而言，网络化发展是降低交易费用的不可忽视的重要途径。

跨国管理理论认为企业进入外国市场是一个很艰辛的过程，企业会利用所在国的优势去弥补在国外运作的困难。创业投资机构的网络优势可以从一个市场转移到另一个市场（Guler等，2010）。外资创业投资机构要进入中国创业投资市场，也是个艰难的过程，它们利用自身对行业和管理的经验优势吸引中国本土的合作伙伴（Hopp，2010a），通过与本土的创业投资机构建立合作关系以克服进入障碍（Hochberg等，2010），然后利用自己的资源优势（如雄厚的资金实力）快速占据当地创业投资网络的中心位置（Hallen，2009；Keil等，2010）。虽然说，当地市场的创业投资网络越强，越能有效地限制外来者的进入（Hochberg等，2010），但通过观察我们发现，有许多外资创业投资机构一进入中国市场就开始构建自己的合作关系网络，在大多数中资创业投资机构还没注意到网络位置的重要性时，外资创业投资机构已经成为中国创业投资网络中的在位者（incumbents），并且利用网络的外部性阻止新进入者的进入（Hochberg等，2010），使得中资创业投资机构在创业投资网络中处于弱势。可见，不同所有权性质的创业投资机构构建网络地位的经验、意识和动力均不相同。我们绘制近年来中国创业投资网络最核心部分的最大k-核图①（图7-1），可见中国创业投资网络的核心部分外资最多，合资其次，中资非常少。

---

①k-核（k-core）指网络中某子图中的点至少与该子图中的k个其他点邻接。k-核的k值越大，该子图处于网络中的接近部位越核心，子图中主体间的凝聚力越强。

第7章 网络位置在所有权性质与投资绩效间的中介作用

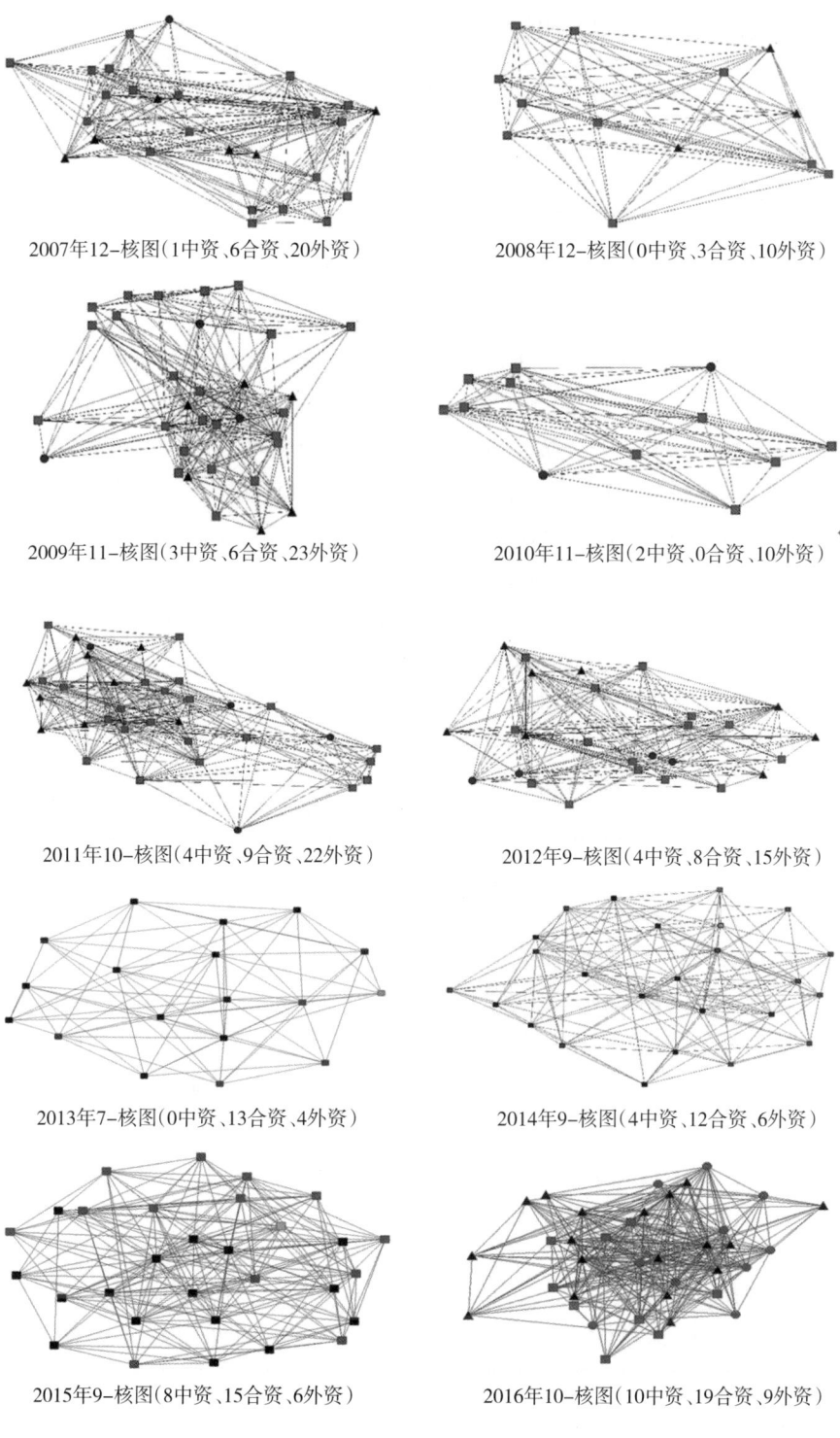

图 7-1 2007—2016 年中国创业投资网络最大 k-核图

为此，我们提出以下研究假设。

假设2a：在中国市场上，具有网络经验优势的外资创业投资机构处于网络优势地位。

假设2b：在中国市场上，缺乏网络经验的中资创业投资机构处于网络弱势地位。

假设2c：在中国市场上，不同所有权性质的创业投资机构的网络地位不同。

7.1.3 创业投资网络对投资绩效的中介作用

中资创业投资机构对本土文化、政治、经济、制度体系熟悉，更容易获得投资机会的信息，也更容易在本土二级证券市场退出。而外资创业投资机构对当地环境不熟悉，存在外来者劣势（liability of foreignness）（Eden等，2004），但它们往往具有雄厚的财力，还具有经验优势，有利于对创业企业的投资后管理，并且更容易实现在全球范围内寻找退出机会。网络化发展有利于创业投资机构间创造互惠实现优势互补（Hopp，2008），这种交换形态是以双方过去所积累的交易经验为基础，进而产生规范性的标准，继续影响未来的合作行为与信任关系，从而获得长期利益（罗家德，2010），获取更高投资绩效。在募集完投资资金后，创业投资机构就开始了可重叠的循环投资过程，包括搜寻投资机会、评价和筛选创业项目、投资、投资后管理和增值服务、退出再回到创业投资网络寻找新的投资机会。基于信任而形成的创业投资网络是非常重要的信息来源和投资机会来源（Bygrave，1988），利用创业投资网络可以有效地获得新投资项目（Teten等，2010）；可以共享创业投资机构的人力资源，分享企业各自的专业技巧和专业知识，从而更加全面地评价项目的投资价值（Bygrave，1987；Hopp，2010a）。无论创业投资机构的资金实力如何，通过创业投资网络，创业投资机构可以进入更大的资金池进行联合投资（Hochberg等，2007），在一定的资金实力下有机会投资于更多的创业企业，从而分散投资风险和分享更多投资机会（Bygrave，1987）。对中资创业投资机构而言，可以通过网络弥补资金来源制度的不足。因为网络具有可传递性，创业投资机构可以利用自身的网络优势地位，将其对创业企业的认证传递出去（Large等，2008），通过网络运作实现对创业企业的人力资源管理（Carvalho，2008），把其通过网络积累的社会资本部分转移给创业企业，从而驱使服务提供商（包括猎头、专利律师、投资银行、会计师）向创业企业提供增值服务（Barkus等，2009；Hochberg等，2007）。另外，创业投资机构实现IPO退出的难易程度会受到退出地的经济和政策环境的影响，创业投资机构可以利用创业投资网络主动寻找更有利的方式和地区实现退出。所以说，网络是在特殊的制度环境下，微观个体之间为适应宏观环境而产生的互动模式（Granovetter，1985），个体在网络结构中的位置会影响到其在网络中能获取的资源（Lin，2001），优势的网络地位可以在一定程度上弥补不完善的正式制度带来的负面影响（Ahlstrom等，2010）。

由此，我们提出以下研究假设。

假设3a：网络位置是外资创业投资机构和投资绩效之间的中介变量，外资创业投资机构通过优势的网络地位获取更高的投资绩效。

假设3b：网络位置是中资创业投资机构和投资绩效之间的中介变量。

假设3c：网络位置是不同性质创业投资机构和投资绩效之间的中介变量。

7.2 研究设计

7.2.1 研究方法

中介作用分析是用来考察某项数据是否具有中介结构的一套统计方法。中介结构是指一种特定形式的因果关系机制——某个自变量对某个因变量的影响可能并非直接的，而是通过某种中介过程实现的。中介作用背后的理论假设是，中介变量反映了自变量通过它来影响因变量的过程。研究者通过中介变量来评估自变量对因变量的直接作用和间接作用（通过中介变量产生的作用）分别有多大①。

如图7-2所示，X是自变量，M是假定的中介变量，Y是因变量。最常用也最传统的检验中介作用的方法是Baron和Kenny（1986）提出的方法。根据这一方法，需要拟合三个回归方程②：

$$M = \beta_1 + aX + \varepsilon_1 \quad (7-1)$$
$$Y = \beta_2 + cX + \varepsilon_2 \quad (7-2)$$
$$Y = \beta_3 + c'X + bM + \varepsilon_3 \quad (7-3)$$

方程中β表示截距，ε表示模型的误差项，a、b、c、c'表示回归系数，反映三个关键变量

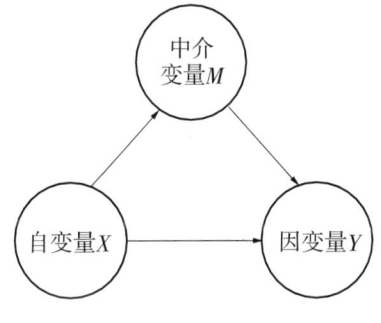

图7-2 三变量中介作用模型

之间的关系。如果中介作用存在，那么在数据关系上需要满足以下三个条件：

（1）方程（7-1）中的a显著；

（2）方程（7-2）中的c显著；

（3）方程（7-3）中的b显著，c'显著，但与c相比回归系数变小或者c'不显著。

三个条件全部满足则中介作用通过检验，只要有一个条件不满足，则中介作用不存在。在第三个条件中，c'显著，但与c相比回归系数变小，说明X对Y的影响

---

① 参考陈晓萍、徐淑英、樊景立：《组织与管理研究的实证方法》，北京大学出版社，2008，第324页。道恩·亚科布齐：《中介作用分析》，李骏译．格致出版社、上海人民出版社，2012，第4页。

② 参考道恩·亚科布齐：《中介作用分析》，李骏译．格致出版社、上海人民出版社，2012，第19页。

部分是直接的,部分是间接通过 M 这个中介变量实现的,即 M 为部分中介(partial mediation);如果在控制了 M 后 X 对 Y 的影响就不显著了,即 c′ 不显著,则 M 的中介作用是完全的(full mediation)。

7.2.2 样本选取及数据来源

本研究的相关数据主要来源于 ChinaVenture 集团的 CVSource 数据库,对其中部分缺失的数据则用清科数据库的数据作补充;证券市场的相关数据则来源于万得(Wind)中国金融数据库。

本研究采用 CVSource 数据库收集的所有已经发生投资于中国境内创业企业行为的创业投资机构作为研究样本,构建不平衡面板数据多元回归模型,就创业投资网络对投资绩效的影响进行检验。其中,创业投资机构投资事件涉及的数据时间范围为 1989 年至 2015 年 12 月 31 日。衡量创业投资事件绩效的数据涉及的时间范围为 1989 年至 2019 年 12 月 31 日,也就是说在 2016 年 1 月 1 日至 2019 年 12 月 31 日是给 2015 年 12 月 31 日以前的投资事件留有的观察其投资效果的时间。另外,构建创业投资网络的数据为 2015 年 12 月 31 日以前的所有创业投资事件,1996—2015 年每年构建一个网络。排除缺失投资机构数据的事件,样本数据总共包括 3416 家创业投资机构对 11 175 家创业企业的 15 446 轮次创业投资事件,其中 25.64% 的投资轮次采用联合投资。

7.3 创业投资机构的性质对投资绩效的影响研究

7.3.1 变量测量

1. 被解释变量——创业投资绩效

本节创业投资绩效采用与上一章节相同的方法,根据每年创业投资机构投资的创业企业的成功退出率来测量。如果创业投资机构在第 t 年投资了 n 家创业企业,在 2019 年 12 月 31 日前这 n 家创业企业中 IPO、被成功并购的企业数目之和的占比就是创业投资机构在第 t 年的投资绩效。所有投资只要在 2019 年 12 月 31 日前 IPO、并购均视为投资成功,其余视为投资失败。

2. 解释变量

为避免严重的多重共线性,我们将创业投资机构的所有权性质分别用以下 3 个变量来表示:

外资创业投资(Foreign):以 0 - 1 变量表示,"1"表示外资创业投资机构,"0"表示其他。

中资创业投资(China):以 0 - 1 变量表示,"1"表示中资创业投资机构,"0"

表示其他。

不同性质创业投资（Source）：用顺序变量表示，"0"表示中资创业投资机构，"1"表示合资创业投资机构，"2"表示外资创业投资机构。

3. 控制变量

本章依旧将创业投资机构的投资经验、投资风险、行业的竞争和市场的投资机会作为研究创业投资绩效的控制变量。

7.3.2 实证模型

1. 实证模型的构建

为检验创业投资机构性质对投资绩效的影响，构建以下三个不平衡面板数据模型对研究假设进行检验：

$$\text{Performance}_{it} = \alpha + \beta \text{Foreign}_i + \sum_{j=1}^{k} \gamma_i \text{Control}_{jit} + \varepsilon_{it} \quad (7-4)$$

$$\text{Performance}_{it} = \alpha + \beta \text{China}_i + \sum_{j=1}^{k} \gamma_i \text{Control}_{jit} + \varepsilon_{it} \quad (7-5)$$

$$\text{Performance}_{it} = \alpha + \beta \text{Source}_i + \sum_{j=1}^{k} \gamma_i \text{Control}_{jit} + \varepsilon_{it} \quad (7-6)$$

其中，因变量 Performance_{it} 表示第 i 个创业投资机构在第 t 年的绩效，由第 t 年投资的创业企业的成功退出率及投资金额加权成功退出率来表示。自变量 Foreign_i 表示第 i 个创业投资机构是否为外资，自变量 China_i 表示第 i 个创业投资机构是否为中资，Source_i 则是表示第 i 个创业投资机构的性质。Control_{jit} 表示控制变量，ε 表示随机误差项，α、β、γ 表示待估参数。

2. 面板数据模型类型的选取

本章的解释变量为属性变量，表示的是个体效应，固定效应面板模型会剔除个体效应的影响，所以本部分研究不适合用固定效应模型。我们将通过以下几个步骤在不平衡混合面板回归、不平衡随机效应变截距面板回归、不平衡误差分解二阶段最小二乘随机效应（EC2SLS）回归中选择合适的模型进行检验。

第一步，对随机效应模型的回归结果进行 LM 检验，检验原假设：$\text{Var}(v_i)=0$。如果不拒绝原假设，则用不平衡混合面板回归即可。如果拒绝原假设，则说明原模型中应该有一个反映个体特征的扰动项，因而不应该用混合回归模型，进入第二步。

第二步，用固定效应模型进行回归并记录结果，进入第三步。

第三步，通过 Hausman 检验（Hausman，1978），判断使用固定效应模型还是随机效应模型。Hansman 检验是检验零假设：由随机效应模型得到的估计量所施加的额外正交性条件是有效的。如果不拒绝原假设，回归元与创业投资机构的个体效应不相关，那么随机效应模型的估计量是一致且有效的，应选择随机效应模型。如果拒绝原假设，回归元与创业投资机构的个体效应相关，那么固定效应模型就是一致的，随机效应模型的估计量是不一致的，应该选择固定效应模型。但本研究不适合使用固定效应模型，则进入第四步。

第四步，采用不平衡误差分解二阶段最小二乘随机效应（EC2SLS）回归模型以解决内生变量的问题。

7.3.3 实证研究结果与分析

首先利用样本数据对实证模型的选取进行检验，最后得出本样本数据适用于不平衡面板随机效应变截距模型，表7-1所示为检验的结果。

表7-1 不同性质创业投资机构对投资绩效的影响

变量		成功退出率			投资资金加权成功退出率		
		(1)	(2)	(3)	(4)	(5)	(6)
所有权性质		0.0517** (0.023)			0.0614*** (0.024)		
外资			0.0843** (0.039)			0.1026** (0.041)	
中资				-0.0896** (0.042)			-0.1032** (0.044)
创业投资经验	此次投资前创业投资总投资轮次	0.0003 (0.001)	0.0004 (0.001)	0.0002 (0.001)	0.0002 (0.001)	0.0003 (0.001)	-0.0001 (0.001)
	距离创业投资第一次投资的时间	0.0723** (0.029)	0.0745** (0.029)	0.0722** (0.029)	0.0498 (0.032)	0.0526 (0.033)	0.0498 (0.032)
投资风险	投资时创业企业平均年龄	0.0551*** (0.018)	0.0550*** (0.018)	0.0545*** (0.018)	0.0558*** (0.018)	0.0560*** (0.018)	0.0550*** (0.018)
	投资时创业企业平均被投轮次	0.0910*** (0.025)	0.0917*** (0.025)	0.0930*** (0.025)	0.0721*** (0.025)	0.0727*** (0.025)	0.0747*** (0.025)
	投资时创业企业平均被投阶段	-0.0465 (0.039)	-0.0463 (0.039)	-0.0460 (0.039)	-0.0327 (0.039)	-0.0328 (0.039)	-0.0320 (0.039)
行业竞争	年市场新募集创业投资资金量	-0.0513* (0.031)	-0.0511* (0.031)	-0.0510* (0.031)	-0.0486 (0.033)	-0.0482 (0.033)	-0.0481 (0.033)
	年市场创业投资机构投资资金量	0.0204 (0.028)	0.0209 (0.028)	0.0211 (0.028)	0.0048 (0.031)	0.0054 (0.030)	0.0059 (0.031)
市场机会	二级证券市场年平均市盈率	0.0002 (0.001)	0.0002 (0.001)	0.0002 (0.001)	0.0004 (0.001)	0.0005 (0.001)	0.0004 (0.001)

续表 7-1

变量	成功退出率			投资资金加权成功退出率		
	(1)	(2)	(3)	(4)	(5)	(6)
截距	0.8254*** (0.240)	0.8500*** (0.240)	0.9057*** (0.240)	0.7602*** (0.260)	0.7893*** (0.260)	0.8537*** (0.261)
观察值	15 446	15 446	15 446	15 446	15 446	15 446

模型（1）显示出不同性质的创业投资公司对投资绩效有显著的影响，对应的 p 值为 0.023，即假设 1c 通过显著性检验。模型（2）显示出外资创业投资机构对投资绩效有显著性为 0.031 的影响，系数为 0.0843，即从平均意义上来说，外资创业投资机构可以比其他性质的创业投资机构的退出率高 8.43%，假设 1a 通过检验。模型（3）显示出中资创业投资机构对投资绩效有显著性为 0.032 的显著影响，系数为 -0.896，即从平均意义上来说，中资创业投资机构比其他性质的创业投资机构的退出率要低 8.96%，假设 1b 通过检验。模型（4）～模型（6）则是用资金加权后的创业投资成功退出率来测度投资绩效得到的检验模型，3 个模型均显示出前面结果具有稳健性。值得注意的是，采用资金加权后的退出率来测度投资绩效时，3 个模型中自变量的回归系数的绝对值都变大了，说明不同性质创业投资机构对投资绩效的影响更大了，外资创业投资机构的退出率更高，中资创业投资机构的退出率更低。

7.4 创业投资机构的所有权性质对创业投资网络的影响

7.4.1 变量测量

1. 被解释变量——创业投资机构的网络位置

依旧用网络的五个中心度指标分别从不同角度来测定创业投资机构的网络位置。需要说明的是，网络位置作为被解释变量时，网络形成的时间应该在解释变量与控制变量之后，指投资事件发生后的 5 年形成的网络。所以，所有控制变量都应该取滞后 5 期的数据。

2. 解释变量

为避免严重的多重共线性，我们将创业投资机构的所有权性质分别用以下 3 个变量来表示：

外资创业投资（Foreign）：以 0-1 变量表示，"1"表示外资创业投资机构，"0"表示其他。

中资创业投资（China）：以 0-1 变量表示，"1"表示中资创业投资机构，"0"表示其他。

不同性质创业投资（Source）：用顺序变量表示，"0"表示中资创业投资机构，

"1"表示合资创业投资机构,"2"表示外资创业投资机构。

3. 控制变量

本章依旧将创业投资机构的投资经验、投资风险、行业的竞争和市场的投资机会作为本研究的控制变量。

7.4.2 实证模型

为检验创业投资机构性质对创业投资机构的网络地位的影响,需要构建15个不平衡面板数据模型对研究假设进行检验,其通用模型如下:

$$\text{Centrality}_{it} = \alpha + \beta \text{Foreign}_i + \sum_{j=1}^{k} \gamma_i \text{Control}_{jit} + \varepsilon_{it} \quad (7-7)$$

$$\text{Centrality}_{it} = \alpha + \beta \text{China}_i + \sum_{j=1}^{k} \gamma_i \text{Control}_{jit} + \varepsilon_{it} \quad (7-8)$$

$$\text{Centrality}_{it} = \alpha + \beta \text{Source}_i + \sum_{j=1}^{k} \gamma_i \text{Control}_{jit} + \varepsilon_{it} \quad (7-9)$$

其中,因变量 Centrality_{it} 表示第 i 个创业投资机构在第 t 年的网络位置,分别用5个中心度指标表示。自变量 Foreign_i 表示第 i 个创业投资机构是否为外资,自变量 China_i 表示第 i 个创业投资机构是否为中资, Source_i 则表示第 i 个创业投资机构的性质。Control_{jit} 表示控制变量,ε 表示随机误差项,$\alpha、\beta、\gamma$ 表示待估参数。

7.4.3 实证研究结果及分析

与上节所用的方法相同,本节首先对实证模型的选取进行了检验,先将不平衡随机效应面板数据回归与混合面板回归进行比较,LM检验证明随机效应模型更好。接下来将固定效应回归与随机效应回归进行比较,用Hausman检验,得出本样本数据适合于用不平衡面板随机效应变截距模型,表7-2~表7-4为检验的结果。

表7-2 外资创业投资机构在中国创业投资网络中的网络地位

变量		标准化度数中心度	标准化点出度	标准化点入度	接近中心度	中间中心度
		(1)	(2)	(3)	(4)	(5)
所有权性质	外资	0.0734***	0.0324**	0.0282**	5.8781***	-0.2430**
		(0.022)	(0.014)	(0.011)	(2.171)	(0.100)
创业投资机构经验	此次投资前创业投资总投资轮次	0.0066***	0.0054***	0.0035***	0.0574	0.0275***
		(0.001)	(0.001)	(0.000)	(0.044)	(0.004)
	距离创业投资第一次投资的时间	-0.0052	-0.0034	-0.0008	0.0670	0.0263
		(0.009)	(0.005)	(0.004)	(0.481)	(0.035)

续表 7-2

变量		标准化度数中心度	标准化点出度	标准化点入度	接近中心度	中间中心度
		(1)	(2)	(3)	(4)	(5)
投资风险	投资时创业企业平均年龄	0.0130	0.0003	0.0040	1.6122***	-0.0004
		(0.011)	(0.007)	(0.006)	(0.494)	(0.045)
	投资时创业企业平均被投轮次	0.0087	0.0044	0.0019	-0.0845	-0.0333
		(0.017)	(0.011)	(0.009)	(0.801)	(0.071)
	投资时创业企业平均被投阶段	-0.0165	0.0244*	-0.0091	0.1188	0.1230
		(0.022)	(0.014)	(0.011)	(1.004)	(0.090)
行业竞争	年市场新募集创业投资资金量	-0.1622***	-0.1298***	-0.0823***	3.1522***	-0.2541***
		(0.017)	(0.011)	(0.009)	(0.812)	(0.070)
	年市场创业投资机构投资资金量	-0.0035	0.0009	0.0036	-0.3813	-0.0347
		(0.018)	(0.012)	(0.009)	(0.713)	(0.073)
市场机会	二级证券市场年平均市盈率	0.0027***	0.0024***	0.0013***	-0.2351***	-0.0020
		(0.001)	(0.000)	(0.000)	(0.030)	(0.003)
截距		1.1592***	0.8626***	0.5579***	15.3111***	2.3578***
		(0.120)	(0.076)	(0.060)	(5.546)	(0.489)
观察值		15 446	15 446	15 446	15 446	15 446

表7-2显示，创业投资机构的所有权性质为外资时，对其5项网络位置的指标均有显著的影响。模型（1）显示，外资创业投资机构的标准度数中心度比其他所有制形式的创业投资机构显著要高0.0734，说明外资创业投资机构在网络中拥有的关系户最多，有更多与他人交换资源的机会（Hochberg等，2007）。模型（2）外资创业投资的回归系数显著为正，说明外资创业投资机构发起联合投资的能力要高于平均水平。模型（3）以更高的显著性，说明外资创业投资机构被邀请一起投资的机会更多，也就是说获得投资机会的能力更强。模型（4）系数显著为正，说明外资在整个网络中的影响力较大，可以较方便地接近其他创业投资机构。模型（5）的系数显著为负，说明外资创业投资机构在网络中的中介能力显著低于平均水平，外资创业投资机构并不乐于将网络中没有联系的投资机构联系在一起。以上结果显示，总体而言，外资创业投资机构的网络地位较高，假设2a通过检验。

表 7-3 中资创业投资机构在中国创业投资网络中的网络地位

变量		标准度数中心度	标准化点出度	标准化点入度	接近中心度	中间中心度
		(1)	(2)	(3)	(4)	(5)
所有权性质	中资	-0.1592***	-0.0911***	-0.0682***	-9.4991***	-0.1841*
		(0.021)	(0.014)	(0.011)	(2.122)	(0.099)
创业投资机构经验	此次投资前创业投资总投资轮次	0.0057***	0.0049***	0.0031***	0.0492	0.0272***
		(0.001)	(0.001)	(0.000)	(0.044)	(0.004)
	距离创业投资第一次投资的时间	-0.0000	-0.0003	0.0014	0.1099	0.0363
		(0.008)	(0.005)	(0.004)	(0.478)	(0.035)
投资风险	投资时创业企业平均年龄	0.0152	0.0020	0.0051	1.6355***	0.0127
		(0.011)	(0.007)	(0.005)	(0.492)	(0.045)
	投资时创业企业平均被投轮次	-0.0082	-0.0072	-0.0060	-0.2543	-0.1079
		(0.017)	(0.011)	(0.008)	(0.795)	(0.071)
	投资时创业企业平均被投阶段	-0.0145	0.0250*	-0.0084	0.1636	0.1135
		(0.022)	(0.014)	(0.011)	(0.998)	(0.090)
行业竞争	年市场新募集创业投资资金量	-0.1634***	-0.1306***	-0.0829***	3.1593***	-0.2580***
		(0.017)	(0.011)	(0.008)	(0.807)	(0.070)
	年市场创业投资机构投资资金量	-0.0016	0.0019	0.0044	-0.3671	-0.0378
		(0.018)	(0.011)	(0.009)	(0.709)	(0.073)
市场机会	二级证券市场年平均市盈率	0.0031***	0.0026***	0.0015***	-0.2303***	-0.0010
		(0.001)	(0.000)	(0.000)	(0.030)	(0.003)
	截距	1.2106***	0.8893***	0.5790***	21.2298***	2.3243***
		(0.117)	(0.074)	(0.059)	(5.515)	(0.488)
观察值		15 446	15 446	15 446	15 446	15 446

表 7-3 显示，创业投资机构的所有权性质为中资时，对其 5 项网络位置的指标均有非常显著的负向影响。模型（1）显示，中资创业投资机构的标准度数中心度会显著地低于平均水平，说明中资创业投资机构在网络中的局部影响力较差，不乐于与其他创业投资机构合作。模型（2）显示，中资创业投资的回归系数显著为负，说明中资创业投资机构发起联合投资的能力较低。模型（3）说明，中资创业投资机构被邀请一起投资的机会显著较少，也就是说获得投资机会的能力较弱。模型（4）系数显著为负，说明中资创业投资在整个网络中的影响力小于一般水平。模型（5）的系数显著为负，说明中资创业投资机构在网络中的中介能力同样显著低于平

均水平,中资创业投资机构并不乐于也没有能力将网络中没有联系的投资机构联系在一起。以上结果显示,中资创业投资机构的网络地位较低,假设2b通过检验。

表7-4 所有权性质对网络地位的影响

变量		标准度数中心度 (1)	标准化点出度 (2)	标准化点入度 (3)	接近中心度 (4)	中间中心度 (5)
所有权性质		0.0701*** (0.012)	0.0372*** (0.008)	0.0291*** (0.006)	4.4860*** (1.155)	-0.0163 (0.054)
创业投资机构经验	此次投资前创业投资总投资轮次	0.0063*** (0.001)	0.0053*** (0.001)	0.0033*** (0.000)	0.0546 (0.044)	0.0278*** (0.004)
	距离创业投资第一次投资的时间	-0.0025 (0.008)	-0.0019 (0.005)	0.0003 (0.004)	0.0994 (0.479)	0.0296 (0.035)
投资风险	投资时创业企业平均年龄	0.0151 (0.011)	0.0017 (0.007)	0.0049 (0.006)	1.6360*** (0.493)	0.0064 (0.045)
	投资时创业企业平均被投轮次	-0.0047 (0.017)	-0.0040 (0.011)	-0.0041 (0.009)	-0.2433 (0.799)	-0.0704 (0.071)
	投资时创业企业平均被投阶段	-0.0170 (0.022)	0.0237* (0.014)	-0.0095 (0.011)	0.1395 (1.001)	0.1146 (0.090)
行业竞争	年市场新募集创业投资资金量	-0.1630*** (0.017)	-0.1303*** (0.011)	-0.0827*** (0.008)	3.1436*** (0.809)	-0.2547*** (0.070)
	年市场创业投资机构投资资金量	-0.0030 (0.018)	0.0011 (0.012)	0.0038 (0.009)	-0.3828 (0.711)	-0.0380 (0.073)
市场机会	二级证券市场年平均市盈率	0.0030*** (0.001)	0.0025*** (0.000)	0.0014*** (0.000)	-0.2320*** (0.030)	-0.0016 (0.003)
截距		1.1035*** (0.119)	0.8311*** (0.076)	0.5342*** (0.060)	13.1308** (5.587)	2.2919*** (0.492)
观察值		15 446	15 446	15 446	15 446	15 446

在表7-4中,模型(1)~模型(4)中对创业投资机构性质的回归系数显著为正,表明创业投资机构的所有权性质对用网络度数中心度、点入度、点出度、接近中心度表示的网络位置有显著影响。但是模型(5)表示创业投资机构的所有权性质对中间中心度的影响并不显著,进一步分析其原因,发现是因为合资创业投资的作用,合资创业投资机构是中资和外资的结合,天生具有将没有联系的中资和外资创业投资机构聚集起来的能力,合资创业投资机构具有成为中介的优势,把合资创业投资机构放在中间,使得该指标对中间中心度没有显著的影响。于是,我们对不同性质创业投资机构的测量方式进行了替换,0为中资、1为外资、2为合资再进行回归,同时以合资(co)为自变量对中间中心度进行回归,回归结果如表7-5所示。结果显示,所有权性质对中间中心度也有非常显著的影响。假设2c通过检验。

表7-5 调整后的所有权性质对网络地位的影响

变量		标准度数中心度	标准点出度	标准点入度	接近中心度	中间中心度	中间中心度
		(1)	(2)	(3)	(4)	(5)	(6)
所有权性质		0.1051***	0.0642***	0.0464***	6.2026***	0.2619***	
		(0.014)	(0.009)	(0.007)	(1.460)	(0.064)	
合资	创业投资机构经验						0.6509***
							(0.121)
	此次投资前创业投资总投资轮次	0.0051***	0.0045***	0.0028***	0.0434	0.0260***	0.0254***
		(0.001)	(0.001)	(0.000)	(0.044)	(0.004)	(0.004)
	距离创业投资第一次投资的时间	0.0005	0.0003	0.0018	0.0840	0.0429	0.0405
		(0.008)	(0.005)	(0.004)	(0.478)	(0.035)	(0.035)
投资风险	投资时创业企业平均年龄	0.0128	0.0007	0.0041	1.6019***	0.0139	0.0049
		(0.011)	(0.007)	(0.005)	(0.491)	(0.045)	(0.045)
	投资时创业企业平均被投轮次	0.0031	-0.0015	-0.0014	-0.0558	-0.1211*	-0.0746
		(0.016)	(0.010)	(0.008)	(0.790)	(0.069)	(0.068)
	投资时创业企业平均被投阶段	-0.0098	0.0278**	-0.0064	0.1777	0.1225	0.1374
		(0.022)	(0.014)	(0.011)	(0.997)	(0.090)	(0.090)
行业竞争	年市场新募集创业投资资金量	-0.1630***	-0.1305***	-0.0827***	3.1991***	-0.2627***	-0.2640***
		(0.017)	(0.011)	(0.008)	(0.807)	(0.069)	(0.069)
	年市场创业投资机构投资资金量	0.0001	0.0030	0.0052	-0.3375	-0.0333	-0.0274
		(0.018)	(0.011)	(0.009)	(0.708)	(0.073)	(0.073)
市场机会	二级证券市场年平均市盈率	0.0031***	0.0026***	0.0015***	-0.2317***	-0.0004	-0.0008
		(0.001)	(0.000)	(0.000)	(0.030)	(0.003)	(0.003)
截距		1.0399***	0.7863***	0.5040***	12.2121**	1.9819***	2.0243***
		(0.118)	(0.075)	(0.059)	(5.592)	(0.493)	(0.489)
观察值		15 446	15 446	15 446	15 446	15 446	15 446

7.5 创业投资机构的网络地位对投资绩效的中介作用

7.5.1 变量测量

1. 因变量——创业投资绩效

本节采用与上一章节相同的方法,以每年创业投资机构投资的创业企业的成功退出率来测量创业投资绩效。如果创业投资机构在 t 年投资了 n 家创业企业,在 2019 年 1 月 31 日前这 n 家创业企业中 IPO、被成功并购的企业数目之和的占比就是创业投资机构在第 t 年的投资绩效。所有投资只要在 2019 年 12 月 31 日前 IPO、并购或续投均视为投资成功,其余视为投资失败。

2. 自变量——所有权性质

为避免严重的多重共线性,我们将创业投资机构的所有权性质分别用以下 3 个变量来表示:

外资创业投资(Foreign):以 0-1 变量表示,"1"表示外资创业投资机构,"0"表示其他。

中资创业投资(China):以 0-1 变量表示,"1"表示中资创业投资机构,"0"表示其他。

不同性质创业投资(Source):用顺序变量表示,"0"表示中资创业投资机构,"1"表示合资创业投资机构,"2"表示外资创业投资机构。

3. 中介变量——创业投资机构的网络位置

为避免多重共线性,依旧采用五个中心度指标分别来测定创业投资机构的网络位置。

4. 控制变量

依旧将创业投资机构的投资经验、投资风险、行业的竞争和市场的投资机会作为研究创业投资绩效的控制变量。

7.5.2 模型构建

为检验创业投资机构的网络位置在创业投资机构性质对投资绩效的影响中的中介效应,需要构建 15 个不平衡面板数据模型对研究假设进行检验,将 15 个模型用以下三个通用模型表示:

$$\text{Performance}_{it} = \alpha + \beta \text{Foreign}_i + \delta \text{Centrality}_{it} + \sum_{j=1}^{k} \gamma_i \text{Control}_{jit} + \varepsilon_{it} \quad (7-10)$$

$$\text{Performance}_{it} = \alpha + \beta \text{China}_i + \delta \text{Centrality}_{it} + \sum_{j=1}^{k} \gamma_i \text{Control}_{jit} + \varepsilon_{it} \quad (7-11)$$

$$\text{Performance}_{it} = \alpha + \beta \text{Source}_i + \delta \text{Centrality}_{it} + \sum_{j=1}^{k} \gamma_i \text{Control}_{jit} + \varepsilon_{it} \quad (7-12)$$

其中，因变量 Performance$_{it}$ 表示第 i 个创业投资机构在第 t 年的绩效，由该创业投资机构第 t 年投资的创业企业中的成功退出率来表示。自变量 Foreign$_i$ 表示第 i 个创业投资机构是否为外资，自变量 China$_i$ 表示第 i 个创业投资机构是否为中资，Source$_i$ 则是表示第 i 个创业投资机构的性质。中介变量 Centrality$_{it}$ 表示第 i 个创业投资机构第 t 年的网络位置，分别由 5 个网络中心度指标表示。Control$_{jit}$ 表示控制变量，ε 表示随机误差项，α、β、δ、γ 表示待估参数。

7.5.3 实证研究结果及分析

选用面板数据回归计量模型的方法，首先将不平衡随机效应面板数据回归与混合面板回归进行比较，并进行 LM 检验，结果显示随机效应模型更好。接下来用 Hausman 检验，将固定效应回归与随机效应回归进行比较，得出本样本数据适合用不平衡面板随机效应变截距模型。为了更好地比较分析网络变量出现前后所有权性质变量对投资绩效的影响，将表 7-2 中所有权性质对投资绩效影响的回归结果加到本次回归结果每张表格的模型（1）中，结果如表 7-6～表 7-8 所示。

表 7-6　网络位置在外资创业投资机构和投资绩效之间的中介作用

变量		成功退出率					
		(1)	(2)	(3)	(4)	(5)	(6)
所有权性质	外资	0.0843**	0.0591	0.0720*	0.0616	0.0318	0.0798*
		(0.042)	(0.042)	(0.042)	(0.042)	(0.041)	(0.042)
网络位置	标准度数中心度		0.1252***				
			(0.034)				
	标准化点出度			0.0657*			
				(0.036)			
	标准化点入度				0.1816***		
					(0.053)		
	接近中心度					0.0057***	
						(0.001)	
	中间中心度						0.0307***
							(0.011)
创业投资机构经验	此次投资前创业投资总投资轮次	0.0004	0.0002	0.0002	-0.0005	-0.0004	-0.0008
		(0.002)	(0.002)	(0.002)	(0.002)	(0.001)	(0.002)
	距离创业投资第一次投资的时间	0.0745**	0.0849***	0.0758**	0.0785**	0.0761***	0.0742**
		(0.030)	(0.030)	(0.030)	(0.030)	(0.029)	(0.030)

续表7-6

变量		成功退出率					
		(1)	(2)	(3)	(4)	(5)	(6)
投资风险	投资时创业企业平均年龄	0.0550***	0.0539***	0.0518***	0.0503***	0.0561***	0.0530***
		(0.017)	(0.017)	(0.017)	(0.017)	(0.017)	(0.017)
	投资时创业企业平均被投轮次	0.0917***	0.0827***	0.0914***	0.0906***	0.0835***	0.0928***
		(0.022)	(0.022)	(0.022)	(0.022)	(0.022)	(0.022)
	投资时创业企业平均被投阶段	-0.0463	-0.0445	-0.0434	-0.0467	-0.0523*	-0.0463
		(0.032)	(0.032)	(0.032)	(0.032)	(0.032)	(0.032)
行业竞争	年市场新募集创业投资资金量	-0.0511*	-0.0176	-0.0428	-0.0267	-0.0900***	-0.0425
		(0.027)	(0.029)	(0.028)	(0.028)	(0.028)	(0.028)
	年市场创业投资机构投资资金量	0.0209	0.0212	0.0296	0.0317	0.0137	0.0233
		(0.024)	(0.024)	(0.024)	(0.024)	(0.024)	(0.024)
市场机会	二级证券市场年平均市盈率	0.0002	0.0003	0.0003	0.0003	0.0004	0.0002
		(0.001)	(0.001)	(0.001)	(0.001)	(0.001)	(0.001)
截距		0.8500***	0.6494***	0.7266***	0.6137***	1.0294***	0.7613***
		(0.222)	(0.226)	(0.227)	(0.229)	(0.226)	(0.225)
观察值		15 446	15 446	15 446	15 446	15 446	15 446

表7-6中模型（1）显示：没加网络变量时，外资创业投资对投资绩效有显著的正向影响。模型（2）至模型（6）则显示，一旦加上网络位置变量，外资对投资绩效的影响或者显著性完全消失，或者显著性变弱、回归系数变小。当在模型（2）中加入创业投资机构的网络标准度数中心度时，我们发现标准度数中心度有p值小于0.01的显著性，同时外资的性质对投资绩效的影响不显著，也就是说，以网络标准度数中心度测量的网络位置是外资对投资绩效影响的完美中介。模型（3）显示以网络标准点出度测量的创业投资机构的网络位置是外资对投资绩效影响的部分中介。由于标准点出度以p值小于0.1的显著性加入，外资对投资绩效影响的显著性下降了，同时回归系数也由0.0843降为0.0720，所以说，标准点出度是外资所有权对投资绩效影响的部分中介。模型（4）是以网络的点入度来测度网络位置的，表示的是创业投资机构被邀请参加联合投资的机会。当点入度一加入模型就有p值小于0.01的显著性，同时外资对投资绩效的影响显著性消失，所以说，以点入度测量的网络地位是外资对投资绩效影响的完全中介。模型（5）是以网络的接近中心度来测度网络位置的，由于网络接近中心度的加入，外资对投资绩效影响的显著性完全消失，而网络接近中心度却显示出对投资绩效有p值小于0.01的显著影响。所以，网络接近中心度也可以成为外资对投资绩效影响的完全中介。模型（6）用中

间中心度来测量网络位置，中间中心度显示出 p 值小于 0.01 的显著性，同时由于中间中心度的加入，外资对投资绩效影响的显著性由 p 值小于 0.05 下降为 p 值仅小于 0.1，同时外资所有权的回归系数从 0.0843 下降到 0.0798，证明网络的中间中心度是外资对投资绩效影响的部分中介。综上所述，再加上前文证实的外资所有权对网络位置的显著影响，假设 3a 得到支持，网络位置是外资所有权对投资绩效影响的中介变量。同时可以得出，外资创业投资机构通过优势的网络地位获取更高的投资绩效。

表 7-7 网络位置在中资创业投资机构和投资绩效之间的中介作用

变量		成功退出率					
		(1)	(2)	(3)	(4)	(5)	(6)
所有权性质	中资	-0.0896** (0.042)	-0.0474 (0.043)	-0.0744* (0.043)	-0.0580 (0.043)	-0.0032 (0.044)	-0.0757* (0.042)
网络位置	标准度数中心度		0.1218*** (0.035)				
	标准化点出度			0.0615* (0.037)			
	标准化点入度				0.1769*** (0.054)		
	接近中心度					0.0058*** (0.001)	
	中间中心度						0.0285** (0.012)
创业投资机构经验	此次投资前创业投资总投资轮次	0.0002 (0.002)	-0.0000 (0.002)	0.0000 (0.002)	-0.0007 (0.002)	-0.0005 (0.001)	-0.0010 (0.002)
	距离创业投资第一次投资的时间	-0.0722** (0.030)	-0.0840*** (0.030)	-0.0736** (0.030)	-0.0771** (0.030)	-0.0775*** (0.030)	-0.0723** (0.030)
投资风险	投资时创业企业平均年龄	0.0545*** (0.017)	0.0533*** (0.017)	0.0515*** (0.017)	0.0499*** (0.017)	0.0555*** (0.017)	0.0524*** (0.017)
	投资时创业企业平均被投轮次	0.0930*** (0.022)	0.0849*** (0.022)	0.0927*** (0.022)	0.0921*** (0.022)	0.0858*** (0.022)	0.0944*** (0.022)
	投资时创业企业平均被投阶段	-0.0460 (0.032)	-0.0440 (0.032)	-0.0431 (0.032)	-0.0462 (0.032)	-0.0518 (0.032)	-0.0456 (0.032)

续表 7-7

变量		成功退出率					
		(1)	(2)	(3)	(4)	(5)	(6)
行业竞争	年市场新募集创业投资资金量	-0.0510*	-0.0183	-0.0433	-0.0272	-0.0905***	-0.0430
		(0.027)	(0.029)	(0.028)	(0.028)	(0.028)	(0.028)
	年市场创业投资机构投资资金量	0.0211	0.0223	0.0299	0.0322	0.0147	0.0244
		(0.024)	(0.024)	(0.024)	(0.024)	(0.024)	(0.024)
市场机会	二级证券市场年平均市盈率	0.0002	0.0003	0.0003	0.0002	0.0004	0.0002
		(0.001)	(0.001)	(0.001)	(0.001)	(0.001)	(0.001)
截距		0.9057***	0.6850***	0.7751***	0.6549***	1.0443***	0.8099***
		(0.222)	(0.228)	(0.228)	(0.230)	(0.226)	(0.225)
观察值		15 446	15 446	15 446	15 446	15 446	15 446

表 7-7 显示出网络位置在中资创业投资机构对投资绩效影响中所起的中介作用。模型（1）显示出中资所有权对投资绩效有系数为负的显著影响。模型（2）至（6）则是加入网络位置变量后中资所有权对投资绩效的影响，即对网络位置作为中介变量的检验。模型（2）显示，由于网络标准度数中心度的加入使得中资所有权性质对投资绩效影响的显著性完全消失，同时网络标准度数中心度对投资绩效的影响显示出很强的正向显著性（p 值小于 0.01），说明以网络标准度数中心度测量的网络位置是中资对投资绩效影响的完全中介。模型（3）则显示出网络的标准点出度以 p 值为 0.1 的显著性成为中资所有权对投资绩效影响的部分中介，使得中资所有权的显著性下降，回归系数也由 -0.0896 变为 -0.0744，中资所有权对投资绩效的经济影响下降。模型（4）显示出以网络标准点入度测量的创业投资机构的网络位置在中资对创业投资绩效影响中起到完全中介作用，标准点入度在模型中显示出 p 值小于 0.01 的显著性，同时中资所有权的显著性完全消失。模型（5）显示出以网络标准接近中心度测量的网络位置在中资所有权对投资绩效产生的影响中起完全中介作用。网络接近中心度以 p 值小于 0.01 的较高显著性对绩效产生影响，同时中资所有权对投资绩效影响的显著性完全消失。模型（6）显示出以网络标准中间中心度测量的网络位置在中资所有权对投资绩效影响中的部分中介作用，网络的标准中间中心度以 0.05 的显著性加入模型后，中资对投资绩效影响的显著性由 p 值小于 0.05 降到 p 值小于 0.1，对投资绩效的影响由 -0.0896 下降到 -0.0757。综上所述，再加上前文证实的中资所有权对网络位置的负向显著影响，假设 3b 得到支持，即网络位置在中资所有权对绩效的影响中起中介作用。

表7-8 网络位置在创业投资机构所有权性质和投资绩效之间的中介作用

变量		成功退出率					
		(1)	(2)	(3)	(4)	(5)	(6)
所有权性质		0.0517**	0.0320	0.0437*	0.0358	0.0111	0.0462**
		(0.023)	(0.023)	(0.023)	(0.023)	(0.023)	(0.023)
网络位置	标准度数中心度		0.1215***				
			(0.035)				
	标准化点出度			0.0621*			
				(0.036)			
	标准化点入度				0.1767***		
					(0.054)		
	接近中心度					0.0057***	
						(0.001)	
	中间中心度						0.0294**
							(0.011)
创业投资机构经验	此次投资前创业投资总投资轮次	0.0003	0.0001	0.0001	-0.0006	-0.0005	-0.0008
		(0.002)	(0.002)	(0.002)	(0.002)	(0.001)	(0.002)
	距离创业投资第一次投资的时间	-0.0723**	-0.0835***	-0.0737**	-0.0769**	-0.0763***	-0.0723**
		(0.030)	(0.030)	(0.030)	(0.030)	(0.029)	(0.030)
投资风险	投资时创业企业平均年龄	0.0551***	0.0538***	0.0520***	0.0503***	0.0558***	0.0530***
		(0.017)	(0.017)	(0.017)	(0.017)	(0.017)	(0.017)
	投资时创业企业平均被投轮次	0.0910***	0.0832***	0.0909***	0.0905***	0.0845***	0.0925***
		(0.022)	(0.022)	(0.022)	(0.022)	(0.022)	(0.022)
	投资时创业企业平均被投阶段	-0.0465	-0.0445	-0.0436	-0.0467	-0.0520	-0.0463
		(0.032)	(0.032)	(0.032)	(0.032)	(0.032)	(0.032)
行业竞争	年市场新募集创业投资资金量	-0.0513*	-0.0186	-0.0435	-0.0275	-0.0899***	-0.0431
		(0.027)	(0.029)	(0.028)	(0.028)	(0.028)	(0.028)
	年市场创业投资机构投资资金量	0.0204	0.0214	0.0291	0.0314	0.0142	0.0232
		(0.024)	(0.024)	(0.024)	(0.024)	(0.024)	(0.024)
市场机会	二级证券市场年平均市盈率	0.0002	0.0003	0.0003	0.0003	0.0004	0.0002
		(0.001)	(0.001)	(0.001)	(0.001)	(0.001)	(0.001)
截距		0.8254***	0.6398***	0.7089***	0.6021***	1.0279***	0.7410***
		(0.222)	(0.226)	(0.227)	(0.229)	(0.228)	(0.225)
观察值		15 446	15 446	15 446	15 446	15 446	15 446

表 7-8 显示出网络位置在不同所有权性质的创业投资机构对投资绩效的影响中发挥的中介作用。模型（1）显示不同所有权性质创业投资机构对投资绩效产生的显著影响，从中资到合资再到外资，其对投资绩效产生了正向的显著影响。模型（2）到模型（6）同样证明了创业投资机构的网络位置在所有权性质对投资绩效产生影响中的中介效应。模型（2）显示，以网络标准度数中心度测量的网络位置在所有权性质对投资绩效影响中起完全中介作用。模型（3）显示以网络标准点出度来测量网络位置时，标准点出度在所有权性质对投资绩效影响中所起的部分中介作用。模型（4）和模型（5）说明了分别以网络标准点入度及网络标准接近中心度来测量网络位置时，它们都可以在所有权性质对投资绩效影响中起到完全中介的作用。模型（6）显示网络的中间中心度在所有权性质对投资绩效影响中的部分中介作用。因此，假设 3c 得到支持，网络位置是不同性质创业投资机构和投资绩效之间的中介变量。

7.6 对中介效应中的多重共线性分析

在研究者提出的有关如何正确评估中介作用的文献中，争论之一是方程（7-1）所界定的情形，意味着 X 是 M 的一个显著预测变量，当 X 和 M 被一同用来预测 Y 时（方程（7-3）），那么，X 与 M 之间总是会存在多重共线性（Cote，2001；Iacobucci，2012）。但是，多重共线性是一个程度问题，严重的共线性会导致估计量的标准误差增大，但是只要不存在严重的多重共线性 OLS 估计还是 BLUE（最优线性无偏估计量）的（Gujarati，2007）。

本研究对模型中的自变量与中介变量间的相关系数进行计算，制出表 7-9。自变量创业投资机构的所有制性质分别以三种方式来测量，中介变量创业投资机构的网络位置分别以五种方式进行测量。表 7-9 显示，自变量的测度与中介变量的测度之间的 Pearson 相关系数最大的也只有 0.292，并不存在高度相关的问题。另外，本章所用的模型均为面板数据模型，面板数据具有更多的信息、更大的变异、更大的自由度以及更高的效率，变量间的共线性更弱，可以得到更可靠的参数估计值。由此可见，在本研究中不存在严重的多重共线性。

表7-9 自变量与中介变量的 Pearson 相关系数矩阵

		自变量			中介变量				
		所有权性质	外资	中资	标准度数中心度	标准化点出度	标准化点入度	接近中心度	中间中心度
自变量	所有权性质	1							
	外资	0.949	1						
	中资	-0.952	-0.807	1					
中介变量	标准度数中心度	0.167	0.133	-0.184	1				
	标准化点出度	0.111	0.082	-0.129	0.511	1			
	标准化点入度	0.130	0.103	-0.143	0.730	0.216	1		
	接近中心度	0.279	0.238	-0.292	0.072	0.041	0.048	1	
	中间中心度	0.038	-0.024	-0.094	0.350	0.295	0.286	0.218	1

7.7 稳健性检验

为了检验上述结果的稳健性，本研究将实证模型中的被解释变量成功退出率替换为资金加权成功退出率进行稳健性检验。检验结果（表7-10、表7-11、表7-12）表明，除网络点出度在所有权性质对资金加权成功退出率影响中的中介效应变得不显著以外，其余的所有网络位置变量在自变量对因变量的影响中都起到了与前述分析相同的完全中介效应或部分中介效应。网络点出度代表的是创业投资机构作为领投人邀请其他创业投资机构进行联合投资的情况，也就是说把自己的投资机会拿出来与大家共享，一般发出邀请是有成本的，其目的是期望将来可以有更多地被邀请联合投资的好机会，这需要一定的时间才能体现出价值（Hochberg 等，2007），所以当期点出度的高低并不能很好地说明当期创业投资机构的网络地位优劣，这可以解释为什么点出度没有通过稳健性检验。事实上，在前文的研究中点出度相对于其他网络指标对投资绩效的影响较小，且显著性也较弱；另外用成功退出率作为因变量进行检验时，网络的点出度也只能起到部分中介作用，所以网络点出度没通过稳健性检验也就可以理解了。但总体而言，检验结果表明创业投资网络位置在所有权性质对投资绩效的影响中具有较好的稳健性。

表 7-10 网络位置在外资创业投资机构对资金加权成功退出率影响中的中介效应

变量		资金加权成功退出率					
		(1)	(2)	(3)	(4)	(5)	(6)
所有权性质	外资	0.1026**	0.0783*	0.0922**	0.0798*	0.0460	0.0976**
		(0.044)	(0.044)	(0.044)	(0.044)	(0.044)	(0.044)
网络位置	标准度数中心度		0.1141***				
			(0.037)				
	标准化点出度			0.0453			
				(0.039)			
	标准化点入度				0.1759***		
					(0.058)		
	接近中心度					0.0061***	
						(0.001)	
	中间中心度						0.0325***
							(0.012)
创业投资机构经验	此次投资前创业投资总投资轮次	0.0003	-0.0001	0.0000	-0.0007	-0.0007	-0.0011
		(0.002)	(0.002)	(0.002)	(0.002)	(0.002)	(0.002)
	距离创业投资第一次投资的时间	-0.0526	-0.0609*	-0.0515	-0.0555*	-0.0527*	-0.0519
		(0.032)	(0.032)	(0.033)	(0.032)	(0.032)	(0.032)
投资风险	投资时创业企业平均年龄	0.0560***	0.0549***	0.0537***	0.0514***	0.0578***	0.0538***
		(0.019)	(0.019)	(0.019)	(0.019)	(0.018)	(0.019)
	投资时创业企业平均被投轮次	0.0727***	0.0639***	0.0717***	0.0710***	0.0645***	0.0735***
		(0.024)	(0.024)	(0.024)	(0.024)	(0.023)	(0.024)
	投资时创业企业平均被投阶段	-0.0328	-0.0310	-0.0301	-0.0330	-0.0421	-0.0331
		(0.035)	(0.035)	(0.035)	(0.035)	(0.035)	(0.035)
行业竞争	年市场新募集创业投资资金量	-0.0482	-0.0172	-0.0428	-0.0243	-0.0889***	-0.0385
		(0.030)	(0.031)	(0.030)	(0.031)	(0.030)	(0.030)
	年市场创业投资机构投资资金量	0.0054	0.0073	0.0145	0.0168	-0.0019	0.0083
		(0.027)	(0.027)	(0.027)	(0.027)	(0.027)	(0.027)
市场机会	二级证券市场年平均市盈率	0.0005	0.0005	0.0006	0.0005	0.0006	0.0004
		(0.001)	(0.001)	(0.001)	(0.001)	(0.001)	(0.001)
	截距	0.7893***	0.5832**	0.6666***	0.5432**	0.9632***	0.6869***
		(0.242)	(0.247)	(0.248)	(0.250)	(0.246)	(0.245)
	观察值	15 446	15 446	15 446	15 446	15 446	15 446

表7-11 网络位置在中资创业投资机构对资金加权成功退出率影响中的中介效应

变量		资金加权成功退出率					
		(1)	(2)	(3)	(4)	(5)	(6)
所有权性质	中资	-0.1032** (0.045)	-0.0639 (0.046)	-0.0917** (0.046)	-0.0719 (0.046)	-0.0096 (0.047)	-0.0884** (0.045)
网络位置	标准度数中心度		0.1092*** (0.038)				
	标准化点出度			0.0400 (0.040)			
	标准化点入度				0.1704*** (0.058)		
	接近中心度					0.0062*** (0.001)	
	中间中心度						0.0300** (0.012)
投资经验	此次投资前创业投资总投资轮次	-0.0001 (0.002)	-0.0003 (0.002)	-0.0003 (0.002)	-0.0009 (0.002)	-0.0009 (0.002)	-0.0013 (0.002)
	距离创业投资第一次投资的时间	-0.0498 (0.033)	-0.0594* (0.033)	-0.0486 (0.033)	-0.0538* (0.033)	-0.0545* (0.032)	-0.0497 (0.033)
投资风险	投资时创业企业平均年龄	0.0550*** (0.019)	0.0540*** (0.019)	0.0530*** (0.019)	0.0507*** (0.019)	0.0571*** (0.018)	0.0529*** (0.019)
	投资时创业企业平均被投轮次	0.0747*** (0.024)	0.0668*** (0.024)	0.0736*** (0.024)	0.0732*** (0.024)	0.0677*** (0.023)	0.0758*** (0.024)
	投资时创业企业平均被投阶段	-0.0320 (0.035)	-0.0301 (0.035)	-0.0294 (0.035)	-0.0322 (0.035)	-0.0414 (0.035)	-0.0319 (0.035)
行业竞争	年市场新募集创业投资资金量	-0.0481 (0.030)	-0.0183 (0.032)	-0.0435 (0.030)	-0.0249 (0.031)	-0.0894*** (0.030)	-0.0392 (0.030)
	年市场创业投资机构投资资金量	0.0059 (0.027)	0.0088 (0.027)	0.0150 (0.027)	0.0177 (0.027)	-0.0005 (0.027)	0.0098 (0.027)
市场机会	二级证券市场年平均市盈率	0.0004 (0.001)	0.0005 (0.001)	0.0005 (0.001)	0.0005 (0.001)	0.0006 (0.001)	0.0004 (0.001)
	截距	0.8537*** (0.242)	0.6300** (0.249)	0.7258*** (0.249)	0.5937** (0.252)	0.9837*** (0.245)	0.7435*** (0.246)
	观察值	15 446	15 446	15 446	15 446	15 446	15 446

表7-12 网络位置在所有制性质对资金加权成功退出率影响中的中介效应

变量		资金加权成功退出率					
		(1)	(2)	(3)	(4)	(5)	(6)
所有权性质		0.0614**	0.0428*	0.0551**	0.0456*	0.0176	0.0555**
		(0.024)	(0.025)	(0.025)	(0.025)	(0.025)	(0.024)
网络位置	标准度数中心度		0.1088***				
			(0.037)				
	标准化点出度			0.0405			
				(0.040)			
	标准化点入度				0.1696***		
					(0.058)		
	接近中心度					0.0061***	
						(0.001)	
	中间中心度						0.0309**
							(0.012)
投资经验	此次投资前创业投资总投资轮次	0.0002	-0.0002	-0.0001	-0.0008	-0.0008	-0.0012
		(0.002)	(0.002)	(0.002)	(0.002)	(0.002)	(0.002)
	距离创业投资第一次投资的时间	-0.0498	-0.0588*	-0.0487	-0.0534	-0.0528*	-0.0495
		(0.032)	(0.033)	(0.033)	(0.033)	(0.032)	(0.032)
投资风险	投资时创业企业平均年龄	0.0558***	0.0546***	0.0537***	0.0514***	0.0574***	0.0536***
		(0.019)	(0.019)	(0.019)	(0.019)	(0.018)	(0.019)
	投资时创业企业平均被投轮次	0.0721***	0.0645***	0.0712***	0.0710***	0.0658***	0.0733***
		(0.024)	(0.024)	(0.024)	(0.024)	(0.023)	(0.024)
	投资时创业企业平均被投阶段	-0.0327	-0.0308	-0.0302	-0.0328	-0.0416	-0.0328
		(0.035)	(0.035)	(0.035)	(0.035)	(0.035)	(0.035)
行业竞争	年市场新募集创业投资资金量	-0.0486	-0.0188	-0.0438	-0.0253	-0.0887***	-0.0393
		(0.030)	(0.032)	(0.030)	(0.031)	(0.030)	(0.030)
	年市场创业投资机构投资资金量	0.0048	0.0076	0.0139	0.0165	-0.0012	0.0083
		(0.027)	(0.027)	(0.027)	(0.027)	(0.027)	(0.027)
市场机会	二级证券市场年平均市盈率	0.0004	0.0005	0.0005	0.0005	0.0006	0.0004
		(0.001)	(0.001)	(0.001)	(0.001)	(0.001)	(0.001)
截距		0.7602***	0.5701**	0.6443***	0.5284**	0.9581***	0.6625***
		(0.242)	(0.247)	(0.248)	(0.250)	(0.248)	(0.246)
观察值		15 446	15 446	15 446	15 446	15 446	15 446

7.8 对实证结果的讨论

本章第 3 节的实证说明在没有控制网络位置变量时,所有权性质对投资绩效有显著的影响。第 4 节的实证说明外资创业投资机构非常注重自身网络地位的建设,使得以 4 个网络指标测量的网络位置都优于一般水平。同时,中资创业投资没注意到合作的重要性,忽视了网络的存在,以至于以 5 个网络指标测量的网络位置都低于一般水平,处于不利的网络位置。第 5 节的实证发现,当控制住网络位置变量,以三种方式测度的所有权性质变量对投资绩效变量的影响或者显著性完全消失,或者显著性变弱同时回归系数变小。由此证明了网络位置是所有权性质对投资绩效影响的中介变量(图 7-3)。在五种不同的网络位置的测度方式中,创业投资机构的网络影响力(以度数中心度、接近中心度表示)和在合作的网络中的受欢迎程度(以点入度即被邀请联合投资的次数表示)具有完全中介的作用。创业投资机构将投资机会与其他机构分享(点出度)及创业投资机构作为中介将没有联系的投资机构聚集起来的能力(网络中间中心度)具有部分中介作用。

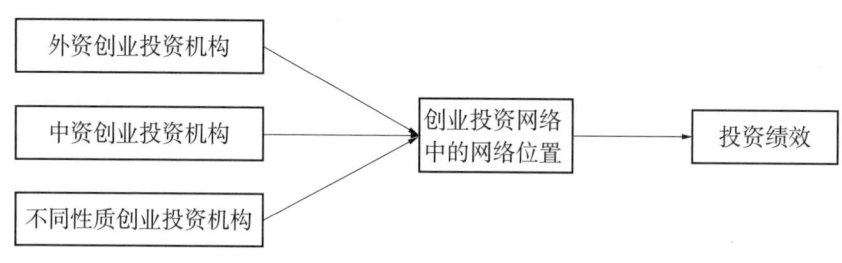

图 7-3 创业投资网络中介作用示意图

通过以上实证,我们验证了创业投资机构的网络位置在所有权性质对投资绩效影响中的中介效应。可以说,网络是在特殊的制度环境下微观个体之间为适应宏观环境而产生的互动模式(Granovetter,1985),个体在网络结构中的位置会影响到其在网络中能获取的资源(Lin,2001),通过优势的网络地位可以在一定程度上弥补不完善的正式制度带来的负面影响(Ahlstrom 等,2010)。外资创业投资之所以一进入中国市场就开始构建自己的优势网络地位,其原因还是为了获取更高的投资回报。在既有的制度环境下,创业投资机构可以通过合作的网络关系扩大自身的优势,弥补自身的不足,从而获得更高的投资绩效。这又从中介作用的角度证实了 Hochberg 等(2007)所提出的,高网络收益说明增强网络地位是一个值得所有创业投资机构考虑的重要战略。

第8章 制度环境在所有权性质与投资绩效间的调节作用以网络位置为中介

相对于经济效率、市场竞争、资源禀赋等因素,东道国制度环境水平对跨国投资决策和规模起着决定性作用(Arregle 等,2013;王永钦等,2014)。较大的制度文化距离会使得跨国创业投资机构与国内创业企业之间沟通不顺畅,进而导致交易成本和投资风险的增大,即"外来者劣势(liability of foreignness)",跨国投资也由此面临诸如信息不对称和低绩效等问题(Bell 等,2012)。

近年来,随着我国经济改革的不断深化以及"双创"政策的推出,创业投资行业的规模日益增长并整体呈现稳步向上发展态势,创业投资所处的制度环境也在不断演变。创投机构的投资活动都是在特定的制度环境下进行的,也必然会受到诸如经济、市场、法律等制度环境的规范和约束。North(1971)首次引入制度因素来解释资本市场的运作,随后越来越多的学者(Ahlstrom 等,2010;Lu,2013)开始尝试用制度因素来解释创业投资的战略选择。众多学者研究表明,完善、高效的制度体系可以减少交易成本,促进创投资本的有效配置(Rodrik 等,2004;张东生,2000;Aparicio,2016)。但我国不断变化的制度环境和特殊政治背景却让外来资本非常困扰,外资、合资以及中资创投机构的投资行为和投资绩效也存在着明显的差异,中资与外资创投机构制度分离的现象由此颇为明显(Fuller,2010;Lu 等,2010)。制度环境究竟如何影响不同资本来源创投机构的投资绩效呢?本章将对此问题进行实证探索。

8.1 制度环境、资本来源与投资绩效

8.1.1 制度环境在资本来源与投资绩效间调节作用

1. 资本来源与投资绩效的关系

近年来中国创业投资的制度环境正在不断改善,创业投资呈现出快速发展的势头。中资创投机构更是以倍数方式飞速增长,并于2008年美国次贷危机后开始从募资规模和募资数量上全面超过外资创投,成为中国创投的主导力量,外资创投在中国也占有相当大的比重。目前外资创投常常采取注册离岸基金的方式参与中国的创业投资,主要投资于有市场前景的高科技创新型公司,帮助该公司快速成长并在境外

证券市场上市，然后实现高收益的 IPO 退出。在中国，就日益完善的创投市场制度环境来说，中资和外资创投机构的融资渠道、项目来源、项目哺育和退出方式上都有明显不同，致使中资与外资所有权创投机构出现制度分离（Fuller，2010）的现象。

从创投融资渠道来看，外资创投资本主要来源于养老基金、保险基金、银行、大公司、政府、富有的个人和家庭等，且外资创投多为市场化运作（Devigne 等，2016）。而我国相当多的创投机构具有国有背景，资本则主要来源于国有机构和以政府引导基金为首的财政支出。国有创投机构与各级政府之间有着千丝万缕的联系，它们可以利用自身具备的政治关联帮助创业企业更容易地实现本地或跨地区并购（余琰等，2014），也可以更容易获得证券发行监管机构的支持，比如较快的审批时间、较高的发行价格和较低的抑价（Francis 等，2009），从而成功实现上市退出。

其次，在项目来源和项目哺育方面，在 2016 年 9 月之前，中国内地对于外资风险投资都是施行个案审批制，外来资本并不能自由投资中国内地的项目（原《外商投资法》）。另外，外资创投在东道国实施跨国投资过程中还遭受着信息不对称和合法性缺失等因素导致的外来者劣势风险（Cumming 等，2010；Luo 等，2011）。外资创投机构对我国的商业规范、市场知识等缺乏了解，对创业项目信息的认知能力也受到更多的限制，对项目信息的解读就可能出现偏差。与此同时，外来者劣势问题还大大提高了因空间距离所形成的沟通成本以及关系维护成本（Liu 等，2017），外资创投也因此面临投资成本增加和低绩效等问题。而本土创投机构更熟悉本地的制度规则和社会文化，更容易获取本地信息、网络和知识，并利用这些资源帮助创业企业或项目成长（Cumming 等，2010），因此在项目哺育方面中资创投较外资创投更具有优势。

另外，从退出渠道来看，外资风投的 IPO 退出主要是在海外市场，2008 年爆发的金融危机使得之后欧美股市长期低迷，加上中概股在美国市场遇冷，严重影响了跨境风险投资的退出收益。而中国本土的风险投资却逆势攀高，尤其是 2009 年创业板市场正式开板，拓宽了创业投资资金退出的通道，便利了创投机构通过 IPO 实现资本增值后的退出。此外，与国内中资企业 A 股上市的条件相比，外资控股企业上市条件要更加严格，受到的障碍更多。根据 2001 年外经贸部发布的《关于上市公司涉及外商投资股份公司有关问题的通知》规定，现有外商投资股份公司申请上市发行 A 股，不仅要具备基本的股份和盈利条件，还需要符合我国的外商投资产业政策，并经过地方省级政府和对外经贸部的批准进行股份制改造，成立外商投资股份有限公司，之后才能报送证监会审批。而中资创业企业主板上市在批准的程序上则要简单得多，在符合基本的上市发行股票条件后仅需要证监会核准公开发行即可。

可见，不同资本来源的创投机构，其投资方式、投资约束、税收政策和文化差异等方面存在诸多不同，而现在中资创投有明显的绩效优势。综上所述，我们提出以下假设：

假设 1：在中国创投市场，创投机构资本来源对投资绩效有显著的影响，中资创投可以取得更高的投资绩效。

2. 制度环境对投资绩效的影响

制度变迁理论认为，经济参与者的行为与其所处的制度环境息息相关（North，1990），尤其对于转型经济国家来说，其经济行为更是容易受到不断变化的制度环境影响（周业安，2000），因此在研究投资活动时，制度环境这一因素是不容忽视的。创业投资作为提高科技创新能力的重要机制而被我国政府视为促进经济发展的重要力量，创投行业的发展自然也与我国制度环境的演变有着密切的关系，其发展呈现出明显的政府推动特征（何建洪等，2008）。改革开放之后，我国由计划经济慢慢向市场经济转型，并采取"先试点后推广"的梯度逐步推进。这种体制改革过程中各级政府的行为差异对各地区制度环境造成了不同的影响（李扬等，2005），并导致地区间的创投发展进程存在显著差异。因此可以说，我国的制度环境变迁在相当程度上是由政府推动、主要依靠政策规范和法令来展开的。在创业投资还是新兴行业时，政府为了发展和推进市场，制定了许多优惠扶持政策，由法律完善程度、资金自由度、行业限制等制度因素形成的行业软环境得到较大改善。

当政府促使创业投资相关政策体系及制度环境趋于完善时，投资交易成本较少和风险较小，股份权益和投资收益能够得到较好的保护，这大大提升了创投机构的投资信心以及投资绩效，从而吸引更多的投资资金和人力资本进入创投行业。另外，在转型经济国家，国有背景创投机构或是政府引导创业基金往往承担着政府的多重目标，这些创投机构承担的政策性任务使得其投资战略多是要为区域经济发展、就业、社会养老、环保以及维护社会稳定做贡献（林毅夫，2004），为了完成这些政策性任务，它们也更有动力利用自身的政府背景优势去帮助创业企业成长，比如寻找优惠的银行信贷通道、获得减税免税以及财政补贴等，继而提高投资绩效并完成政治指标。因此，由政府干预调控并稳步推动的制度环境变化，在一定程度上促进了创投行业的发展，提升了创投机构的投资绩效。基于以上分析，我们提出假设2a：

假设2a：在转型经济体中，制度环境对投资绩效有显著影响，在一定程度下，政府干预程度越大，创投的绩效越高。

从融资渠道来看，为了促进各渠道资本对创业投资的积极性，我国不断完善创业投资法律体制环境。2006年国务院提出允许券商发起创业投资基金或风险投资基金，也可通过私募方式积聚资金来投资创业科技企业。2010年7月保险资金获准进行私募股权投资，但规定暂时"不得从事创业风险投资"，2016年，国务院又明确提出多渠道拓宽创业投资资金来源，保险资金从此可以投资创业投资企业和创业投资母基金。这些政策制度有效拓宽了中资创投的融资渠道，并优化了本土创投行业的资本结构，但是对外资创投的影响并不明显。在2018年的第二季度，根据Crunchbase的风投交易数据，中国初创企业的风险投资资金增加了47%，并首次在融资规模上超越美国和加拿大。

从创投本身健康发展来看，以往我国创投机构组织大多采用公司制，不能有效调动各种资本进入创投领域，也不能有效控制投资者与创业企业之间的利益冲突，导致投资者要承担代理成本所导致的低收益风险，而且需要承担双重税负，一定程度上阻碍了我国本土创投行业的发展。而在 2007 年 6 月 1 日，我国新的合伙企业法专门增加有限合伙条款，允许法人合伙，为中国创投行业开拓了除公司制、信托制以外的又一新天地。同时有限合伙制有利于创投机构内部设置激励约束制度，减少了代理成本（Atanasov 等，2006），尤为重要的是，有限合伙型创投机构先分后税，避免合伙人重复缴纳（关华，2011），这大大促进了我国中资创投绩效的提高。

从退出渠道来看，2009 年 10 月底中国创业板市场正式开埠对中国创投事业的发展具有里程碑式的意义。创业板是创投机构实现退出的一个最重要的渠道。在创业板开板后仅 3 年的时间里，几乎承载了有史以来所有中国创投在境内二级市场的一半退出。创业板的推出对中资创投机构而言意义更加重大，因为它们几乎完全依赖于在中国境内退出。另外，2013 年底 12 月新三板正式扩容至全国，2017 年财政部和税务总局出台天使投资税收优惠政策，大大便利了中资创投的退出。

特别地，在税收优惠方面，我国政府积极引导推进本土创投产业，鼓励和支持本土创投的政策纷纷出台，政策优惠逐渐向中资创投倾斜，中资创投在近几年具有明显的税收优势。1991—2008 年，我国为了吸引外资，给予了外资创投很多优惠便利，比如 1991 年的《外商投资企业和外国企业所得税法》（现已废止）明确规定，对外国投资者从外商投资企业取得的利润免征所得税。但是 2008 年 1 月 1 日起施行的《企业所得税法》取消了前述免税优惠。另外，中资创投机构投资于未上市的中小高新技术企业，可按该创投机构对中小高新技术企业投资额的 70% 抵免应纳税所得额，但是离岸基金直接从境外对中国企业进行投资却无法享受投资额 70% 抵免应纳税所得额的优惠，而且取得股息收入还需要承担 10% 的预提所得税。

综上所述，中资、外资创投机构存在制度分离的现象，使得制度环境的完善对不同资本来源的创投机构会产生不同程度的影响，而本土创投具有明显的制度优势，由此，我们提出假设 2b：

假设 2b：制度环境是创投机构资本来源对投资绩效影响的调节变量，本土创投能更好地与变化的制度环境互动，从而获得更高地投资绩效。

3. 资本来源与制度环境的交互作用对投资绩效的影响

良好的制度环境是创业投资健康持续发展的重要基础。创业投资者需要依靠稳定的制度体系来促进和保护他们的投资活动，制度环境的稳定性和可预见性能有效降低投资项目的不确定性和风险，并提高创投机构退出的成功率（Wright，1998）。当我们进一步分析创投机构资本来源对投资绩效产生影响的三个方面，可以发现创业投资不同的资本来源都是在与不断变化的制度环境互动的过程中对绩效产生影响。首先，在融资渠道方面，随着时间的推移，我国在政策上不断放开融资渠道，本土创投的融资渠道越来越多，而外资创投在融资渠道上原有的相对优势越来越不明显，在境内退出也受到诸多障碍。其次，在外来者劣势方面，由于文化差异和地理距离，外资创投了解与熟悉地方不断变化的制度环境的难度更大，并存在滞后的问题（Cumming 等，2010；Seasholes 等，2010），需要更多的时间去适应该制度环境，外来者劣势问题便随着制度变迁频率加快而愈发凸显,但是中资创投更熟悉本地的制度规则和社会文化,因此能够较快地适应制度环境的变化。此外,在我国创业板推出前,外资创投因为可帮助创业企业在国外创业板上市,而中资创投只能在上市难度非常高的主板或中小企业板中 IPO 退出,所以在退出渠道方面,外资曾经具有明显优势。但我国创业板开埠后,拓宽了创投资金的退出通道,这对中资创投是雪中送炭,而对外资创投是锦上添花。同时,我国《关于上市公司涉及外商投资有关问题的若干意见》还规定外商投资股份有限公司在我国创业板发行上市需要在申请前 3 年均通过外商投资企业联合年检,上市发行股票后,其外资股占总股本的比例不得低于 10%,因此外资退出渠道的相对优势明显减弱。由此可见,创业投资的资本来源是通过与制度环境之间的互动从而影响投资绩效的,中外资创投之所以有不同的投资绩效,不是因为本身的资本来源不同,而是因为中资、外资创投会与我国不断变化的制度环境相互作用而产生不同绩效影响。综上所述,我们提出假设 3 系列:

假设 3a:创投机构资本来源与制度环境的交互作用对投资绩效有显著影响,交互作用越强,投资绩效越高。

假设 3b:资本来源与制度环境的交互作用是资本来源对投资绩效的中介变量,创投机构资本来源影响投资绩效需要通过资本来源与制度环境的交互作用来实现。

8.1.2 制度环境对资本来源影响投资绩效的调节作用以网络位置为中介

创投网络即创投机构投资创业企业而形成的各个利益关系人之间的合作关系网络(周育红等,2012,2014)。对规模不经济的创业投资而言,网络化发展是降低交易费用的不可忽视的重要途径。许多学者都通过实证得出创投网络对投资绩效具有显著影响(Hochberg 等,2007;Nisar 等,2007;Guler 等,2010)。基于信任而形成的创投网络是非常重要的信息来源和投资机会来源(Gloor,2006)。占据核心网络位置的创投机构能更好地获取并共享创投网络中的人力资源和专业知识,从而有效获得并全面评价新投资项目(Hochberg 等,2011)。

在网络经济时代,创投机构在网络组织中的位置会随制度大环境的发展而变化,其与网络组织中其他创投机构的信任关系及联系强度也随之变化(Smith 等,2008)。同样地,网络位置较好的创投机构不仅能优先获取创投网络中的资源,而且能迅速对制度环境的变化作出反应。制度环境的变化使得资本来源不同的创投机构的优劣势发生变化,而创投机构选择合作伙伴更希望通过网络化发展实现优势互补、取长补短(Hopp,2010)。因此创投机构会基于制度环境的改变而考虑如何与其他机构合作。比如我国在放开创投行业融资渠道后,保险、券商自营等大量资金开始进入创投市场,创投资金池扩大,创投机构资金缺乏而合作的事件减少,出于项目来源、退出渠道、投资经验等其他原因而合作的事件相对增多。再如我国在 2007 年实施新合伙企业法后,大多数创投机构都开始选择有限合伙制,在有限合伙制这种运作模式下,普通合伙人对企业债务承担无限连带责任,这样可以对其起到一定程度的约束作用,并有效激发普通合伙人谋求更优业绩的动力,同时也大大降低了道德风险，提高了创投机构的可信度，这种可信度有利于创投机构之间产生进一步合作关系。而在中国创业板推出后，由于中资创投在中国创业板退出的优势，外资创投更倾向于与中资创投机构合作。所以说，制度环境的变化影响了创投机构的合作选择，从而影响了创投机构在由于合作关系而形成的网络中的位置。综上所述，我们提出假设4系列：

假设4a：制度环境显著影响创投机构的网络位置。

假设4b：资本来源与制度环境的交互作用显著影响创投机构的网络位置。

新制度经济学认为，经济制度的变迁必然引起资源配置方式和资源配置流向的变化，也必然引起经济利益和市场资金的重新分配（North，2005）。同时，资源依赖理论认为，任何企业都无法拥有交易活动所需的一切资源，为了生存，企业必须与所处环境中的因素互动来获取必要资源，这种需求使企业对外部制度环境产生了依赖（Salancik等，1978），企业可以通过相互间的合作建立网络来获取这些关键资源，从而适应制度环境的变化。在特定制度环境下，占据优势网络位置的创投机构在收集信息和规避风险方面更具优势（Prato，2014），它们更容易以较低的成本获取其他企业溢出的知识（李玲，2011），进而适应环境、提升投资绩效。而制度环境的变化，会给中外资创投带来不同程度的利弊影响，而这种影响可以通过合作的中观网络进行扩大或减小，进而对投资绩效产生影响。比如2006年政府允许券商发起创业投资基金，2010年允许保险资金进入创投市场，中资创投融资环境得到改善，但如果资金充裕却缺乏项目资源或投资经验，中资创投机构便会通过选择有项目资源或投资经验丰富的创投机构进行合作来扩大这种资金优势并规避自身劣势。同样地，我国推出创业板后，中资创投机构在本土退出渠道上占有绝对优势，所以外资创投机构愿意出让自身的其他优势吸引中资创投机构建立合作关系，从而实现"共赢"。于是在既定的制度环境下，中外资创投机构都能通过创投网络发挥自身优势并形成优势互补，将投资绩效最大化。另外，创投机构实现IPO退出的难易程度会受到退出地的经济和政策环境的影响，创投机构可以利用创投网络主动寻找更有利的方式和地区实现退出。因此可以认为，网络是在特殊的制度环境下微观个体之间为适应宏观环境而产生的互动模式（Granovetter，1985），宏观制度环境可以部分通过网络位置对投资绩效产生影响。个体在网络结构中的位置会影响到其在网络中能获取的资源，资本来源不同的创投机构可以通过与制度环境的互动来寻求合作伙伴，建立合作网络，从而实现资源的优势互补并规避制度风险，进而取得更高的投资绩效。所以随着制度环境的变迁，资本来源不同的创投机构构建网络地位的经验、意识和动力也会发生变化，即制度环境可以部分通过网络位置影响投资绩效，网络位置成为资本来源和制度环境的交互作用影响投资绩效的桥梁。创投机构可以通过优势的网络地位在一定程度上弥补不完善的正式制度带来的负面影响（Ahlstrom等，2010）。综上所述，我们提出假设5系列：

假设5a：网络位置是制度环境影响投资绩效影响的中介。

假设5b：网络位置是资本来源和制度环境交互项对投资绩效产生影响的中介。

综上所述，我们可以将以上5个系列的理论假设（H）用图8-1来表示。如果H1、H2a、H2b成立，说明制度环境是资本来源对投资绩效影响的调节变量；H1、H3b成立，则说明资本来源与制度环境的交互作用是资本来源对投资绩效影响的完全中介；H2a、H4a、H5a成立，说明网络位置是制度环境对投资绩效影响的部分中介；H3a、H4b、H5b成立，说明网络位置是资本来源与制度环境交互作用对投资绩效影响的部分中介。

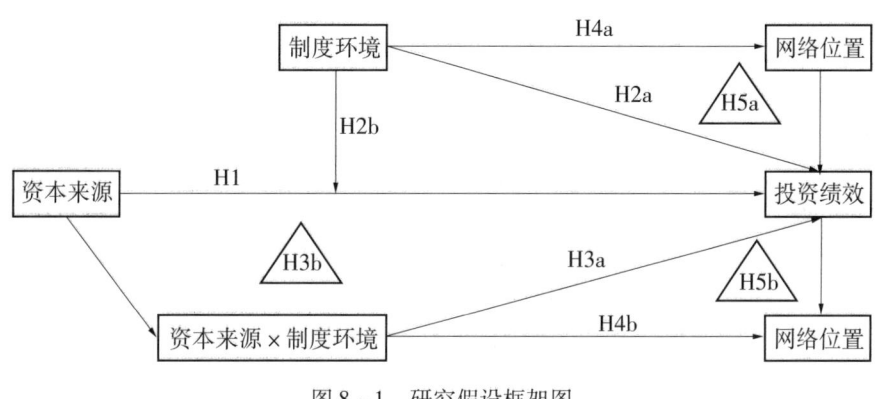

图8-1 研究假设框架图

8.2 研究设计

8.2.1 研究样本与数据来源

本章选取1996—2015年在中国大陆的所有创投事件作为研究对象。所需的风险投资的相关数据来源于中投集团的CVSource数据库，金融市场的相关数据来自万德（Wind）、世界银行数据库、上交所和国家统计局公布数据。创业投资机构投资事件涉及的数据时间范围为1989年至2015年12月31日。衡量创业投资事件绩效的数据涉及的时间范围为1989年至2019年12月31日，也就是2016年1月1日至2019年12月31日是给2015年12月31日以前的投资事件留有的观察其投资效果的时间。另外，构建创业投资网络的数据涉及的时间范围为2015年12月31日以前的所有创业投资事件，1996—2015年每年构建一个网络。排除缺失投资机构数据的事件，样本数据总共包括3416家创业投资机构对11 175家创业企业的15 446轮次创业投资事件，其中25.64%的投资轮次采用联合投资。

8.2.2 变量定义与指标选择

1. 因变量：投资绩效

创投属于私募股权投资的一种，风险较高，其收益数据一般不作公开，专业数据收集商很难获取到创投的年收益率数据。因此本研究采用间接测度法对投资绩效进行测度。风险资本的退出有首次公开募股（IPO）、兼并与收购（M&A）、管理层收购（MBO）等多种方式，现有研究认为 IPO 和 M&A 既是最重要的，也是机构投资收益最高的两种退出方式，而风险投资高风险的本质特征也使得创投机构倾向于通过 IPO 和 M&A 退出的项目收益来弥补其他失败项目的损失。本研究定义通过 IPO 和 M&A 退出为风险投资机构成功退出。若投资机构成功退出，则取值为 1，其他情况取值为 0。

2. 自变量：资本来源

资本来源按照创投机构的所有者构成来划分，分为中资、外资、合资所有权。本研究采用资本来源来区分三类创投机构，外资为 1，合资为 2，中资为 3。

3. 调节变量：中国创投的制度环境

市场化程度是指由政府通过计划经济方式分配经济资源过渡到由市场分配经济资源的程度。市场化程度与政府干预程度反向相关，市场化程度越小表示政府干预程度相对越强。本研究运用的是 2016 年版的中国分省份市场化指数报告[①]，并在相关指标体系中选取了与创业投资市场联系最紧密的两个指标要素——市场发展指数（finaninx）以及市场中介发展指数（govinx）来界定创业投资的制度环境。要素市场发展指数是由金融业的市场化、人力资源供应条件、技术成果市场化这三个一级分项指数组成，分别反映金融市场制度环境。市场中介组织发展指数则是由市场中介组织发育、维护市场的法治环境、知识产权保护这三个一级分项指数构成，我们以此衡量中介市场制度环境。

4. 中介变量

（1）资本来源与制度环境的相互作用。

指创投机构的资本来源与制度环境的互动。本研究采用资本来源和制度环境的乘积项来表示。

（2）网络位置。

对创投机构的网络位置的测定，参照社会网络分析方法，在 Hochberg 等（2007）的基础上，除了采用度数中心度、点出度和点入度三个中心度指标外，还加上子群指标（effsize）和派系指标（cutpoints）。由于这五个指标只是从不同的角度来测量同一创投网络的属性指标间会产生较强的多重共线性，所以本研究将分别在不同模型中引入网络位置指标进行分析。

网络的度数（程度）中心度，指在网络所属的 5 年内与创投机构有过直接合作关系的机构数目。度数中心度越大，代表创投机构在网络中获得信息、交易流、专家、联系人和资金池的能力越强，创投机构的网络地位越高。

点出度是指某创投机构在一定的时间窗口中作为领投人发出联合投资邀请的次数。点入度则是在一定时间窗中作为跟投人接受联合投资邀请的次数（Hochberg 等，2007）。

[①] 详情参见：王小鲁，樊纲. 中国市场化指数：各地区市场化相对进程报告（2016 年）.

个体网有效规模（effsize）是指该机构的个体网规模减去网络的冗余度，即有效规模等于网络中的非冗余因素。

网络区块切割点（cutpoints）指的是这样的点，即如果去掉它，就会增加成分的数目，没有它，网络子图就会分为两个或多个独立的子群，并且各个子群之间无关联。切割点是在构成一个成分的各个区块之间起到中枢作用的关键点，起到"桥"的作用，它代表的创投机构处于网络局部中心地位[1]。

5. 控制变量

A. 创投机构的投资经验

Kaplan 等（2005）、Hochberg（2007）、Nisar 等（2007）、Nahata（2008）、钱苹等（2007）均证实了风险投资机构丰富的投资经验有助于风险项目的选择以及投资绩效的提高。本研究用此次投资距离创投机构首次投资的天数（dayvcexp）来测量创投机构投资创业企业时的投资经验。

B. 投资风险

我们用创业企业所处的发展阶段（投资时创业企业平均被投阶段）来测量创投的风险（Nahata，2008）。投资早期项目，项目还不成熟，风险投资机构面临的风险更大；投资后期项目，项目趋于成熟，风险相对降低。

C. 投资机会

市场的投资机会越多，创投的可选择性越大，退出时获得的收益可能越大，这对创投机构获取更高的绩效是有利的。我们用投资年的二级证券市场的平均市盈率（averageinvPE）来测量市场的投资机会（Hochberg 等，2007；Nisar 等，2007）。

D. 行业竞争

用中国创投市场上年募集资金额（financingNo）来测量。在中国创投市场上，每年创投募集的资金越多，创投机构获得优质项目的竞争会越大，为获得优质项目投入的成本就会越高，收益也会因此而减少，因而影响创投机构的绩效。

E. 市场创新能力

市场的创新能力越高，越多的专利科技成果能转化为流通产品，由此带来更多优质地极具价值的创业企业和创新项目，这些企业或项目拥有比较优势，在未来长期表现更有竞争力，进而投资于此的创投机构也会有更好的绩效表现（赵武等，2015）。本研究使用国家知识产权局授予各省专利的数目的对数（lnpatent）作为衡量各省创新水平的指标。

F. 经济增长

国民经济的稳定发展是促进科技创新成果转化的助推器，经济增长的新动能拉动了民间投资服务实体经济，激发了创业创新，能大大提升创投机构的投资绩效。本研究用每年 GDP 增长率（GDPgrowth）来衡量我国经济的增长。

---

[1]详情参见：刘军. 整体网分析 [M]. 北京：致格出版社，2014，210-230.

8.2.3 模型设计

1. 数据模型类型的选择

被解释变量为 IPO 退出，是二值变量，因而选用二值离散选择模型中的 Logit 模型对本研究的假设进行检验。

2. 待检验回归模型设定

为了检验假设 1，将待检验回归模型设定为

$$\text{Performance}_{it} = \alpha + \beta \text{Source}_i + \sum_{j=1}^{k} \delta_j \text{Control}_{jit} + \varepsilon_{it} \qquad (8-1)$$

该模型在控制了创投机构的投资经验、投资风险、行业竞争、创新能力和经济增长的情况下，重点研究创投机构资本来源对投资绩效的影响。

为了检验假设 2、假设 3、假设 4 和假设 5，通过层次回归分析来检验制度环境的变化在资本来源影响投资绩效过程中的调节作用，以及资本来源与制度环境交互项的中介作用，分别设定主效应模型（8-2）与调节中介效应模型（8-3）：

$$\text{Performance}_{it} = \alpha + \beta \text{Source}_i + \gamma \text{institution}_t + \sum_{j=1}^{k} \delta_j \text{Control}_{jit} + \varepsilon_{it}$$
$$(8-2)$$

$$\text{Performance}_{it} = \alpha + \beta \text{Source}_i + \gamma \text{institution}_t + \lambda \text{Source}_i \times \text{institution}_t +$$
$$\sum_{j=1}^{k} \delta_j \text{Control}_{jit} + \varepsilon_{it} \qquad (8-3)$$

设定模型（8-4）来检验制度环境和资本来源与制度环境交互项是否影响创投机构的网络位置。

此外，采用 Baron 和 Kenny（1986）的三阶段模型来检验创投机构的网络位置在制度环境以及资本来源与制度环境交互项对投资绩效影响中所起的部分中介作用。三个阶段模型分别为模型（8-3）、模型（8-4）、模型（8-5）。

$$\text{Centrality}_{it} = \alpha + \beta \text{Source}_i + \gamma \text{institution}_t + \lambda \text{Source}_i \times \text{institution}_t +$$
$$\sum_{i=1}^{k} \delta_j \text{Control}_{it} + \varepsilon_{it} \qquad (8-4)$$

$$\text{Performance}_{it} = \alpha + \beta \text{Source}_i + \gamma \text{institution}_t + \lambda \text{Source}_i \times \text{institution}_t +$$
$$\eta \text{Centrality}_{it} + \sum_{j=1}^{k} \delta_j \text{Control}_{jit} + \varepsilon_{it} \qquad (8-5)$$

其中，Performance_{it} 表示创投机构是否成功退出；Source_i 表示为测量分类变量资本来源而设定的虚拟变量；institution 表示制度环境，用 govinx_t 和 finaninx_t 衡量；Centrality_{it} 表示第 i 个创投机构在第 t 年的网络位置，分别由 5 个指标 degree、outdegree、indegree、effsize 和 cutpoints 表示；Control 表示控制变量，ε 表示误差项，α、β、γ、λ、μ、ν、η、δ_j 表示待估参数。

8.3 实证结果与分析

8.3.1 描述性统计

表 8-1 为主要变量的描述性统计结果。结果显示投资于中国市场的创投机构有以下表现：①投资机构通过 IPO 或 M&A 退出的项目均值为 63.4%，不同创投机构间成功退出的差异较大；②中资创投机构为中国创投的主导力量，外资和合资创投在中国也占有一定的比重；③不同地区在不同年份的制度环境差异很大，即不同地区的创投机构在不同时间段受到的制度环境因素影响不一样，对于市场中介组织发展指数，评分最低为 -0.7，最高为 16.19，而要素市场发展程度评分的差异略小于中介市场，最低为 -0.97，最高为 12.23；④我国创投网络个体差异较大，不同创投机构对于创投网络的重视程度不同；⑤从测量投资风险的指标来看，各个投资阶段不同的企业分布不均匀，并且从均值中可以看出处于发展期的创业企业数量明显要多于其后两个阶段，即成熟期，这也和创投产业内的现实相符，相对于外资风险投资机构把成熟期项目作为投资重点，中资风险投资机构更偏向投资于成长期的项目；⑥投资时创投机构的投资年龄分布离散程度也偏大，说明样本中创投机构成立的年限跨度也较大；⑦从年均创投资金的募集金额来看创投行业的竞争情况，我国每年平均募集约 8.21 亿元，创投机构之间资金竞争较为激烈；⑧我国 GDP 增长率标准差较小，约为 0.02，经济平稳增长，为创投行业的发展创造了良好的经济环境。

表 8-1 变量的描述性统计分析

变量名	变量定义	平均值	标准差	最小值	最大值
Success	通过 IPO 和 M&A 退出为风险投资机构成功退出	0.634	0.426	0	1
Foreign	外资创投机构	0.130	0.336	0	1
Joint	合资创投机构	0.269	0.443	0	1
China	中资创投机构	0.601	0.490	0	1
Govinx	市场中介组织发展指数	9.866 089	3.837 355	-0.69	16.19
Finaninx	要素市场发展指数	7.598 123	2.851 405	-0.97	12.23
degree	度数中心度	15.395 87	23.894 57	0	129
outDegree	点出度	10.777 8	19.436 6	0	114
indegree	点入度	6.317 532	8.855 328	0	50
effsize	个体网有效规模	14.524 11	23.113 69	0	127.933
cutpoints	区块切割点	1.545 346	0.497 958	1	2

续表 8-1

变量名	变量定义	平均值	标准差	最小值	最大值
dayvcexp	投资经验：此次投资距离创投机构首次投资的天数	1762	1710	0	8887
nstage	投资风险：创业企业所处的发展阶段	1.841	0.673	1	4
averageinvPE	投资机会：投资年的二级证券市场的平均市盈率	16.919	8.465	5.58	32.07
patent	创新能力：各省创新水平	77 684.24	62 827.76	142	269 944
GDPgrowth	经济增长：GDP 增长率	0.092	0.019	0.067	0.142
financingNo	行业竞争：中国创投市场年募集资金额	820.607	1 264.801	0	5122

8.3.2 相关性分析

对自变量、调节变量与中介变量进行相关性检验，检验结果如表 8-2 所示，自变量的测度与中介变量的测度之间的 Pearson 相关系数最大的也只有 0.296，并不存在高度相关的问题。因此可以判断这三类变量之间不存在多重共线性，实证检验可以得到更可靠的参数估计值。

表 8-2　相关性分析检验结果

		自变量	调节变量		中介变量				
		所有权性质	市场中介组织发展指数	要素市场发展指数	度数中心度	点入度	点出度	个体网有效规模	区块切割点
自变量	所有权性质	1							
调节变量	市场中介组织发展指数	-0.02	1						
	要素市场发展指数	-0.116	0.6699	1					
中介变量	度数中心度	-0.296	0.0624	0.074	1				
	点入度	-0.29	0.1503	0.1746	0.888	1			
	点出度	-0.279	0.0305	0.0382	0.988	0.8121	1		
	个体网有效规模	-0.283	0.0544	0.0628	0.999	0.8752	0.9905	1	
	区块切割点	-0.167	0.0772	0.06	0.485	0.4652	0.4543	0.48	1

8.3.3 实证结果分析

1. 制度环境调节资本来源对投资绩效的影响

表8-3和表8-4描述了创投机构资本来源对投资绩效的影响及制度环境对此影响的调节作用。我们分别用要素市场发展指数和市场中介发展指数来衡量制度环境。

模型（1）对各个控制变量进行了检验，结果大多与理论预期符号相符。投资风险越小、投资绩效越高，行业的竞争越大、投资绩效越差，市场创新能力越强、国家经济增长越快、绩效越好。由模型（2）的回归结果可以看出，创投机构的资本来源的标准化回归系数（$\beta = 0.3124$）显著为正，证明了资本来源对投资绩效有显著影响，中资创投能够得到显著的高绩效，假设1得到证实。

表8-3 资本来源对投资绩效的影响和要素市场制度环境的调节效应

变量	控制变量模型（1）	资本来源（2）	主效应（3）	调节效应（4）
所有权性质		0.3142*** (0.027)	0.3355*** (0.036)	0.0983 (0.103)
要素市场发展指数			-0.0955*** (0.009)	-0.1816*** (0.036)
所有权性质 * 要素市场发展指数				0.0332** (0.014)
投资经验	-0.0002*** (0.000)	-0.0001*** (0.000)	-0.0001*** (0.000)	-0.0001*** (0.000)
创业企业所处的发展阶段	0.8976*** (0.030)	0.9231*** (0.030)	0.8783*** (0.039)	0.8777*** (0.039)
投资年的二级证券市场的平均市盈率	0.0140*** (0.004)	0.0128*** (0.004)	0.0626*** (0.009)	0.0635*** (0.009)
行业竞争	-0.0005*** (0.000)	-0.0005*** (0.000)	-0.0004*** (0.000)	-0.0004*** (0.000)
创新能力	0.0417** (0.019)	0.0293 (0.019)	0.0413* (0.022)	0.0420* (0.022)
GDP增长率	3.6578*** (1.140)	4.8418*** (1.149)	21.6269*** (2.455)	22.1667*** (2.467)

续表 8-3

变量	控制变量模型 (1)	资本来源 (2)	主效应 (3)	调节效应 (4)
截距	-2.9482*** (0.244)	-3.7085*** (0.253)	-5.8196*** (0.419)	-5.2740*** (0.473)
Pseudo R^2/%	9.28	9.97	11.71	11.75
Prob > chi2	0.0000	0.0000	0.0000	0.0000
观察值	15 446	15 446	15 446	15 446

从实证结果可以看出，制度环境可以显著调节资本来源对投资绩效的影响，甚至交互作用能显著调节中介资本来源对投资绩效的影响。首先在表 8-3 模型（2）的基础上加上制度环境主效应变量（要素市场发展指数）得到模型（3），实证结果显示制度环境估计变量要素市场发展指数在 1% 的显著性水平下为负，即市场化程度对投资绩效有显著的负相关关系，而政府干预又与市场化程度负相关，因此在我国这个特殊的转型经济体中，制度环境对投资绩效有显著影响，对于创投行业来说，在适度范围内，政府干预程度越大，投资绩效反而更高，假设 2a 得证。同时这也反映出一个现实问题，现阶段经济市场化使得创投的生存环境从优越变得普通，创投的趋利性越来越强，许多正常的投资和退出机制无法满足其对利益的追逐，一些创投机构便打擦边球规避政策规定，这样不仅加剧了行业竞争，还会导致创投绩效降低。但是创业投资是连接社会创新和经济发展的重要纽带，创业投资同时也具有一定的公益性和经济正外部性（Ferrary 等，2009），因此政府希望大力发展地区创投。政府部门一方面通过建立创业基金直接对创投进行引导和示范，另一方面作为制度制定者，用积极的政策法规环境促进创投行业的发展，这样适度的政策干预在一定程度上提升了创投机构的投资绩效。

之后，在模型（3）中加入资本来源与制度环境的交互项（所有权性质 * 要素市场发展指数）得到模型（4），以此来检验制度环境的调节作用。结果显示交互项的回归系数为 0.0332，且具有统计上的显著性，说明资本来源与制度环境的交互作用对投资绩效具有显著影响，资本来源与制度环境的交互作用越强，投资绩效越高，且制度环境的变化在创投资本来源对投资绩效的影响过程中具有显著的调节作用，假设 2b 和假设 3a 得证。图 8-2 描述了制度环境的调节效应，从图 8-2 中可以看到三条线非平行，且中资创投机构的回归线在外资和合资之上。外资创投回归线的斜率大于中资创投，也就是说，随着市场化程度的提高，外资创投的投资绩效比中资创投下降得更快，中资创投机构能更好地与其所处的制度环境互动来减缓绩效的降低。

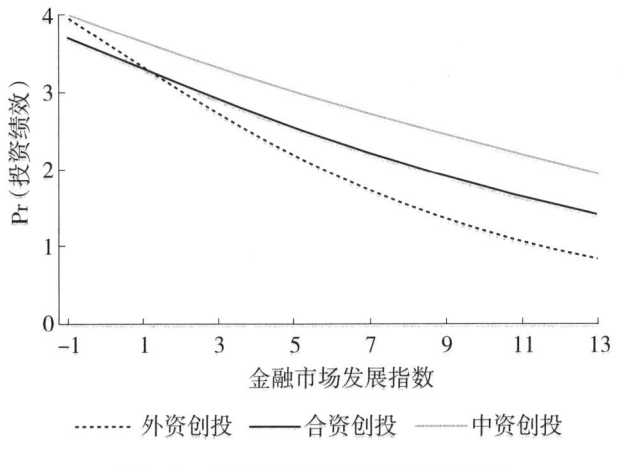

图8-2 要素市场制度环境的调节效应

不同制度环境会对资本来源与投资绩效的关系产生不同的影响。中国创投行业飞速发展,制度环境得到较大的完善并逐渐向中资创投倾斜,在创投税收优惠政策和创业板开市之后,中外资创投机构制度分离的现象尤为明显,对投资绩效的影响也开始分化,中资创投机构的绩效得到了显著提高,进一步强化了假设1的结论。另外,当没有加上资本来源与制度环境的交互项时,创投资本来源对投资绩效有显著的正向影响,而加上资本来源与制度环境的交互项(所有权性质*要素市场发展指数)后资本来源对投资绩效的影响或者显著性完全消失。由此可以判断资本来源与制度环境的交互作用是资本来源对投资绩效的完全中介,创投资本来源是通过资本来源与制度环境的互动作用来影响投资绩效的,假设3b得证。

为了进一步验证我们的假设,我们另外用表示市场中介发展程度的市场中介发展指数来衡量制度环境,实证结果如表8-4所示。

表8-4 中介市场制度环境的调节效应

变量	控制变量模型 (1) 成功退出	资本来源 (2) 成功退出	主效应 (5) 成功退出	调节效应 (6) 成功退出
所有权性质		0.3142*** (0.027)	0.3781*** (0.036)	0.0595 (0.097)
市场中介发展指数			-0.0459*** (0.009)	-0.1409*** (0.029)
所有权性质*市场中介 发展指数				0.0355*** (0.010)

续表 8-4

变量	控制变量模型(1)	资本来源(2)	主效应(5)	调节效应(6)
	成功退出	成功退出	成功退出	成功退出
投资经验	-0.0002***	-0.0001***	-0.0001***	-0.0001***
	(0.000)	(0.000)	(0.000)	(0.000)
创业企业所处的发展阶段	0.8976***	0.9231***	0.8901***	0.8875***
	(0.030)	(0.030)	(0.039)	(0.039)
投资年的二级证券市场的平均市盈率	0.0140***	0.0128***	0.0642***	0.0657***
	(0.004)	(0.004)	(0.009)	(0.009)
行业竞争	-0.0005***	-0.0005***	-0.0005***	-0.0005***
	(0.000)	(0.000)	(0.000)	(0.000)
创新能力	0.0417**	0.0293	0.1376***	0.1372***
	(0.019)	(0.019)	(0.030)	(0.030)
GDP 增长率	3.6578***	4.8418***	24.5200***	24.8154***
	(1.140)	(1.149)	(2.475)	(2.480)
截距	-2.9482***	-3.7085***	-7.4225***	-6.6273***
	(0.244)	(0.253)	(0.406)	(0.462)
Pseudo R^2/%	9.28	9.97	11.16	11.24
Prob > chi2	0.0000	0.0000	0.0000	0.0000
观察值	15 446	15 446	15 446	15 446

表 8-4 模型（5）结果仍然显示，在中介市场制度环境下市场中介发展指数在 1% 的显著性水平下为负，这也说明政府干预程度的增加在一定程度上能有效提升创投机构的投资绩效，这进一步验证了假设 2a。依照表 4 方法，在模型（5）的基础上加上了资本来源与中介市场制度环境的交互项（所有权性质 * 市场中介发展指数）得到模型（6），结果显示资本来源与中介市场制度环境的交互项的系数为 0.0355，且在 1% 的显著性水平下为正，说明资本来源与制度环境的交互作用对投资绩效具有显著影响，制度环境能显著调节资本来源对投资绩效的影响，假设 2b 和假设 3a 得证。图 8-3 描述了中介市场制度环境的调节作用，与图 8-2 类似，图 8-3 中的三条回归线非平行，中资创投绩效更好，其所属的回归线在外资和合资之上。外资创投回归线的斜率大于中资创投，因此随着市场化程度的提高，外资创投的投资绩效比中资创投下降得更快，中资创投机构能更好地与其所处的制度环境互动来减缓绩效的降低。此外，在加上资本来源与中介市场制度环境的交互项（所有

第 8 章 制度环境在所有权性质与投资绩效间的调节作用以网络位置为中介

权性质 * 市场中介发展指数）后，资本来源对投资绩效的影响或者显著性同样是完全消失，表示资本来源与制度环境的交互作用能完全中介资本来源对投资绩效的影响，进一步验证了假设 3b。

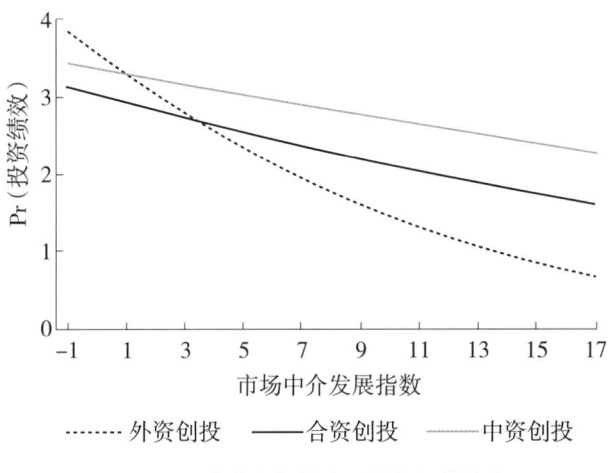

图 8 - 3 中介市场制度环境的调节效应

2. 创投网络位置的中介作用

表 8 - 5 和表 8 - 6 通过模型（7）～模型（16）检验了制度环境以及资本来源与制度环境的交互项对网络位置的影响。表 8 - 5 用要素市场发展指数（Finaninx）衡量制度环境，表 8 - 6 用市场中介发展指数（Gonvinx）衡量制度环境。

表 8 - 5 要素市场制度环境对网络位置的影响

变量	度数中心度（7）	点出度（8）	点入度（9）	个体网有效规模（10）	区块切割点（11）
所有权性质	- 13.7273*** (0.724)	- 12.2844*** (0.612)	- 2.4163*** (0.269)	- 13.3993*** (0.706)	- 0.1386*** (0.017)
要素市场发展指数	- 3.1373*** (0.228)	- 3.1281*** (0.193)	- 0.0811 (0.085)	- 3.2652*** (0.222)	- 0.0363*** (0.005)
所有权性质 * 要素市场发展指数	1.1131*** (0.086)	1.0768*** (0.072)	0.0752** (0.032)	1.1416*** (0.083)	0.0154*** (0.002)
投资经验	0.0078*** (0.000)	0.0060*** (0.000)	0.0028*** (0.000)	0.0075*** (0.000)	0.0001*** (0.000)
创业企业所处的发展阶段	- 0.2201 (0.272)	- 0.1112 (0.230)	- 0.3376*** (0.101)	- 0.1669 (0.265)	0.0194*** (0.006)

续表 8-5

变量	度数中心度 (7)	点出度 (8)	点入度 (9)	个体网有效规模 (10)	区块切割点 (11)
投资年的二级证券市场的平均市盈率	0.1394** (0.065)	0.1699*** (0.055)	-0.0627*** (0.024)	0.1757*** (0.064)	0.0041*** (0.002)
行业竞争	0.0041*** (0.000)	0.0027*** (0.000)	0.0023*** (0.000)	0.0037*** (0.000)	0.0000 (0.000)
创新能力	0.1000 (0.174)	0.0472 (0.147)	0.0502 (0.064)	0.1052 (0.169)	0.0238*** (0.004)
GDP 增长率	9.0087 (18.700)	27.6067* (15.799)	-22.6263*** (6.950)	9.2911 (18.239)	0.7966* (0.442)
截距	26.4916*** (3.574)	22.8945*** (3.019)	5.5689*** (1.328)	25.6035*** (3.486)	1.1479*** (0.085)
Pseudo R^2/%	43.03	38.46	43.03	42.03	26.84
Prob > chi2	0.0000	0.0000	0.0000	0.0000	0.0000
观察值	15 446	15 446	15 446	15 446	15 446

表 8-6 中介市场制度环境对网络位置的影响

变量	度数中心度 (12)	点出度 (13)	点入度 (14)	个体网有效规模 (15)	区块切割点 (16)
所有权性质	-12.0101*** (0.702)	-10.6225*** (0.594)	-2.0751*** (0.261)	-11.6690*** (0.685)	-0.1298*** (0.017)
市场中介发展指数	-2.2707*** (0.186)	-2.2723*** (0.158)	0.0123 (0.069)	-2.3778*** (0.182)	-0.0268*** (0.004)
所有权性质*市场中介发展指数	0.7159*** (0.066)	0.6949*** (0.056)	0.0221 (0.025)	0.7384*** (0.065)	0.0115*** (0.002)
投资经验	0.0078*** (0.000)	0.0061*** (0.000)	0.0028*** (0.000)	0.0076*** (0.000)	0.0001*** (0.000)
创业企业所处的发展阶段	-0.2746 (0.272)	-0.1488 (0.230)	-0.3613*** (0.101)	-0.2162 (0.265)	0.0186*** (0.006)

续表 8-6

变量	度数中心度 (12)	点出度 (13)	点入度 (14)	个体网有效规模 (15)	区块切割点 (16)
投资年的二级证券市场的平均市盈率	0.1227* (0.065)	0.1543*** (0.055)	-0.0657*** (0.024)	0.1589** (0.064)	0.0041*** (0.002)
行业竞争	0.0041*** (0.000)	0.0026*** (0.000)	0.0024*** (0.000)	0.0037*** (0.000)	0.0000* (0.000)
创新能力	0.9680*** (0.228)	1.0467*** (0.192)	-0.1138 (0.085)	1.0827*** (0.222)	0.0160*** (0.005)
GDP 增长率	-19.1857 (18.989)	1.2896 (16.051)	-25.9147*** (7.052)	-19.3851 (18.523)	0.6567 (0.449)
截距	17.3791*** (3.456)	12.2806*** (2.921)	6.9032*** (1.284)	15.4037*** (3.371)	1.2173*** (0.082)
Pseudo R^2/%	42.87	38.23	42.95	41.86	26.82
Prob > chi2	0.0000	0.0000	0.0000	0.0000	0.0000
观察值	15 446	15 446	15 446	15 446	15 446

从表 8-5 和表 8-6 可以看出,除被邀请一起投资的机会(点入度)外,制度环境以及资本来源与制度环境的交互项对创投机构在网络中的合作能力(度数中心度)、发起联合投资的能力(点出度)、其成员进行交往的机会(个体网有效规模)和网络区块间的依赖程度(区块切割点)均有显著影响,假设 4a 和假设 4b 通过检验。

在验证了制度环境能显著影响网络位置后,我们进一步实证研究网络位置的中介作用,实证结果如表 8-7 和表 8-8 所示。

表 8-7 网络位置的中介作用(**本表用要素市场发展指数衡量制度环境**)

变量	成功退出 (4)	成功退出 (17)	成功退出 (18)	成功退出 (19)	成功退出 (20)	成功退出 (21)
所有权性质	0.0983 (0.103)	0.1557 (0.105)	0.1668 (0.105)	0.1036 (0.104)	0.1596 (0.105)	0.1163 (0.103)
要素市场发展指数	-0.1816*** (0.036)	-0.1695*** (0.037)	-0.1650*** (0.037)	-0.1814*** (0.036)	-0.1677*** (0.037)	-0.1776*** (0.036)

续表 8-7

变量	成功退出 (4)	成功退出 (17)	成功退出 (18)	成功退出 (19)	成功退出 (20)	成功退出 (21)
所有权性质*要素市场发展指数	0.0332** (0.014)	0.0290** (0.014)	0.0277** (0.014)	0.0331** (0.014)	0.0285** (0.014)	0.0316** (0.014)
度数中心度		0.0041*** (0.001)				
点出度			0.0054*** (0.001)			
点入度				0.0018 (0.004)		
个体网有效规模					0.0045*** (0.001)	
区块切割点						0.1533*** (0.051)
投资经验	-0.0001*** (0.000)	-0.0001*** (0.000)	-0.0001*** (0.000)	-0.0001*** (0.000)	-0.0001*** (0.000)	-0.0001*** (0.000)
创业企业所处的发展阶段	0.8777*** (0.039)	0.8798*** (0.039)	0.8802*** (0.039)	0.8788*** (0.039)	0.8799*** (0.039)	0.8757*** (0.039)
投资年的二级证券市场的平均市盈率	0.0635*** (0.009)	0.0630*** (0.009)	0.0627*** (0.009)	0.0637*** (0.009)	0.0628*** (0.009)	0.0631*** (0.009)
行业竞争	-0.0004*** (0.000)	-0.0004*** (0.000)	-0.0004*** (0.000)	-0.0004*** (0.000)	-0.0004*** (0.000)	-0.0004*** (0.000)
创新能力	0.0420* (0.022)	0.0417* (0.022)	0.0417* (0.022)	0.0423* (0.022)	0.0416* (0.022)	0.0384* (0.022)
GDP 增长率	22.1667*** (2.467)	22.1754*** (2.469)	22.0783*** (2.469)	22.2298*** (2.469)	22.1695*** (2.469)	22.0785*** (2.469)
截距	-5.2740*** (0.473)	-5.3998*** (0.476)	-5.4179*** (0.476)	-5.2963*** (0.474)	-5.4060*** (0.476)	-5.4477*** (0.477)
Pseudo R^2/%	11.75	11.84	11.86	11.77	11.85	11.84
Prob > chi2	0.0000	0.0000	0.0000	0.0000	0.0000	0.0000
观察值	15 446	15 446	15 446	15 446	15 446	15 446

第8章 制度环境在所有权性质与投资绩效间的调节作用以网络位置为中介

表 8-7 模型（4）显示，当没加网络变量时，制度环境（要素市场发展指数）以及资本来源与制度环境的交互项（所有权性质 * 要素市场发展指数）对投资绩效有显著的正向影响，且标准化回归系数分别为 -0.1816 和 0.0332。表 8-7 模型 （17）～模型（21）中依次引入网络位置变量后，可以发现度数中心度、点出度、个体网有效规模和区块切割点在 1% 显著性水平上对投资绩效有显著的影响，而点入度对投资绩效的相关系数是正向的但并不显著。由此表明创投机构联结的投资合作伙伴数量越多，成功退出的可能性越大；创投机构作为领投人促成的网络联结数量越多，成功退出的可能性越大；此外，个体网的有效规模越大，越能促进资源共享和创投机构投资绩效的提升；网络区块间的联系越多，各创投机构通过网络转移自身所能够提供的资源越频繁，可以形成"共赢"的状态，从而强化区块间的依赖关系，提升创投机构的投资绩效。另外，在加上度数中心度、点出度、个体网有效规模和区块切割点后，表 8-7 模型（17）～模型（21）中制度环境（要素市场发展指数）以及资本来源与制度环境的交互项（所有权性质 * 要素市场发展指数）的回归系数的绝对值同时变小，而且网络位置变量对投资绩效依然是产生显著的正向影响，例如模型（17）在加上度数中心度后，制度环境（要素市场发展指数）以及资本来源与制度环境的交互项（所有权性质 * 要素市场发展指数）的绝对值同时变小，分别为 0.1695 和 0.0290。再结合表 8-5 中模型（7）～模型（11）显示要素市场制度环境以及资本来源和要素市场制度环境的交互作用显著影响网络位置，我们可以判断制度环境以及资本来源和制度环境的交互作用是通过网络位置来影响投资绩效的，即制度环境对资本来源和投资绩效的调节作用以网络位置为部分中介，假设 4a、4b 以及假设 5a、5b 均得到证实。也就是说，创投机构与他人的合作联结（度数中心度）、发起联合投资的能力（点出度）、个体网有效规模和网络区块间的依赖程度（区块切割点）可显著提高投资绩效，能弥补制度环境带来的劣势。

为了进一步验证假设，我们另外用市场中介发展指数来衡量制度环境，并以此来检验网络位置的中介作用，实证结果如表 8-8 所示。

表 8-8 网络位置的中介作用（**本表用市场中介发展指数衡量制度环境**）

变量	成功退出 (6)	成功退出 (22)	成功退出 (23)	成功退出 (24)	成功退出 (25)	成功退出 (26)
所有权性质	0.0595 (0.097)	0.1113 (0.099)	0.1217 (0.099)	0.0612 (0.098)	0.1150 (0.099)	0.1150 (0.099)
市场中介发展指数	-0.1409*** (0.029)	-0.1324*** (0.029)	-0.1290*** (0.029)	-0.1410*** (0.029)	-0.1311*** (0.029)	-0.1311*** (0.029)
所有权性质 * 市场中介发展指数	0.0355*** (0.010)	0.0330*** (0.010)	0.0320*** (0.010)	0.0355*** (0.010)	0.0326*** (0.010)	0.0326*** (0.010)

续表 8-8

变量	成功退出(6)	成功退出(22)	成功退出(23)	成功退出(24)	成功退出(25)	成功退出(26)
度数中心度		0.0043*** (0.001)				
点出度			0.0058*** (0.001)			
点入度				0.0005 (0.004)		
个体网有效规模					0.0058*** (0.001)	
区块切割点						0.0047*** (0.001)
投资经验	-0.0001*** (0.000)	-0.0001*** (0.000)	-0.0001*** (0.000)	-0.0001*** (0.000)	-0.0001*** (0.000)	-0.0001*** (0.000)
创业企业所处的发展阶段	0.8875*** (0.039)	0.8900*** (0.039)	0.8905*** (0.039)	0.8884*** (0.039)	0.8905*** (0.039)	0.8901*** (0.039)
投资年的二级证券市场的平均市盈率	0.0657*** (0.009)	0.0652*** (0.009)	0.0649*** (0.009)	0.0659*** (0.009)	0.0649*** (0.009)	0.0650*** (0.009)
行业竞争	-0.0005*** (0.000)	-0.0005*** (0.000)	-0.0005*** (0.000)	-0.0005*** (0.000)	-0.0005*** (0.000)	-0.0005*** (0.000)
创新能力	0.1372*** (0.030)	0.1333*** (0.030)	0.1314*** (0.030)	0.1379*** (0.030)	0.1314*** (0.030)	0.1324*** (0.030)
GDP 增长率	24.8154*** (2.480)	24.9407*** (2.483)	24.8685*** (2.483)	24.8501*** (2.482)	24.8685*** (2.483)	24.9497*** (2.483)
截距	-6.6273*** (0.462)	-6.7187*** (0.464)	-6.7185*** (0.464)	-6.6435*** (0.463)	-6.7185*** (0.464)	-6.7175*** (0.464)
Pseudo R^2/%	11.24	11.33	11.36	11.26	11.34	11.32
Prob > chi2	0.0000	0.0000	0.0000	0.0000	0.0000	0.0000
观察值	15 446	15 446	15 446	15 446	15 446	15 446

表 8-8 模型（6）显示，当没加网络变量时，制度环境（市场中介组织发展指数）以及资本来源与制度环境的交互项（所有权性质*市场中介发展指数）对投资绩效有显著的正向影响，标准化回归系数的绝对值分别为 0.1409 和 0.0355。在表 8

−8模型（22）～模型（26）中依次引入网络位置变量，我们同样可以发现度数中心度、点出度、个体网有效规模（和区块切割点在1%显著性水平上对投资绩效有显著的影响，而点入度对投资绩效的相关系数是正向的但并不显著。另外，在加上度数中心度、点出度、个体网有效规模和区块切点后，表8-8模型（22）～模型（26）中制度环境市场中介组织发展指数和资本来源与制度环境交互项（所有权性质*市场中介发展指数）的回归系数的绝对值同时变小，同时网络位置变量对投资绩效是产生显著的正向影响。再结合表8-6中模型（12）～模型（16）显示制度环境（市场中介发展指数）以及资本来源和制度环境的交互作用（所有权性质*市场中介发展指数）显著影响网络位置，可以判断制度环境以及资本来源和制度环境的交互作用是通过网络位置来影响投资绩效的，即制度环境对资本来源和投资绩效的调节作用以网络位置为中介，这进一步验证了假设5a和假设5b。

综上所述，网络位置是制度环境以及资本来源和制度环境交互作用影响投资绩效的中介，位于制度环境相对较差地区的创投机构可以通过占领优势的网络位置来规避不完善的正式制度带来的负面影响，从而获取更高投资绩效。

8.3.4 稳健性检验

为了保证结论的稳健性，以下从两个方面进行检验。

首先，用变量中资创投代替资本来源变量所有权性质，检验结果表明，中资创投具有显著的绩效优势，制度环境依旧在资本来源对投资绩效的影响中起调节作用，创投网络位置在制度环境对投资绩效的影响过程中具有较好的稳健性，这与前文结论是一致的。

其次，考虑到制度环境衡量指标的时间跨度有限，进一步使用1994—2014年的所有投资事件样本来进行稳健性检验。Kortum等（2000）利用美国1979年通过法案允许养老基金投资创投行业促使其开始飞速发展这一外生性政策变化来作为研究创业投资的时间工具变量。借鉴其思路，在我国，风险投资真正引起重视，还是在1998年3月民建中央向全国政协提交《尽快发展我国风险投资事业的提案》（即"一号提案"）之后，自此大量资金涌入创投行业，并从1999年初开始第一次蓬勃发展，因此我们将1999年作为第一个时间节点来代替制度环境变量。此外，2007年初颁布的税收优惠政策规定，创投企业可按其对中小高新技术企业投资额的70%抵扣应纳税所得额，该政策让中国体制内的创投有机会解绑于"双重税收"的束缚，极大地促进了中国创投的发展（刘健钧，2008）。2007年6月，新修订的合伙企业法也正式生效，新法明确了有限合伙制度，为我国风险投资机构组织形式多元化发展提供了法律保障。在经济、政策双重利好的刺激下，2007年中国创投行业继续呈现快速发展势头，募资规模和投资总量双双刷新历史纪录，因此我们将2007年作为第二个时间节点来代替制度环境变量。估计结果显示，制度环境的变迁显著影响了创投机构投资绩效，大多数网络位置变量在其影响过程中起到部分中介作用。

第9章 创业投资网络对地区创新绩效的影响

9.1 创业投资小世界网络结构与地区创新绩效

9.1.1 小世界网络结构对地区创新的影响

继 Milgram（1967）提出"六度分割理论"奠定了小世界网络概念的雏形后，Watts（1999）进一步给出了小世界网络应该具有的至少四个特征：首先，网络是巨大的，包含相当多的成员；其次，网络是稀疏的，每个成员直接联系的对象，相对总体而言极小；再次，网络应该是去中心化的；最后，网络是高度聚类的，大多数群落有重叠。此外，Watts 等（1998）与 Watts（1999）用较高的连通性（用特征途径长度衡量）与较高的聚类性（用聚类系数衡量）定义了"小世界网络图"。

小世界网络结构因其高连通性与高聚类性，至少也能从驱动与维稳两个角度对区域创新系统的产出产生影响。从驱动角度来说，高度的连通性意味着可以更快地进行创新资源传输（比如说知识），更容易获取远距离创新资源（Burt，2004；Fleming 等，2006；Sullivan 等，2014），在提高了创新参与者互动效率的同时，也促进了多样化创新资源的联合（Uzzi 等，2005；Sleuwaegen 等，2014），扩大了创新资源池。不仅如此，考虑到企业本质上倾向于本地化（Gupta 等，1992；Sorenson 等，2001），通过小世界网络结构获得远距离创新资源的企业，更愿意扩张活动边界，比如创投机构会创新自身的投资领域（Sullivan 等，2014），从而促进区域创新水平的提升。高度的聚类性有利于第三方关系网的扩大与重复联系增加，从而促进合作、信任与风险共担（Granovetter，1985；Uzzi 等，2005；Alizadeh 等，2017）。不仅如此，高度聚类性更使得创新资源在跨群落以及群落内的传输更有效率（Reagans 等，2003；Schilling 等，2007）。从维稳角度来说，小世界网络结构具有相对稳定性。小世界网络结构中相对而言处于中心位置的创新参与者更愿意与其他创新参与者合作，即使较多创新参与者间关系发生断裂也不会使网络发生崩解，因此小世界网络结构具有较好的稳定性，能产生强力而持久的影响（Kogut 等，2001）。

此外，小世界网络结构还能从其他两个方面影响区域创新系统产出。首先，小世界网络结构内部能对中介产生激励效应。小世界网络结构内部存在大量的结构洞（Burt，1992，2004），中间人有足够的激励（Cowan 等，2004；Crespo 等，2012）为创新资源的传输与创新资源池的构建牵线搭桥（Chen 等，2014）。其次，小世子网络对整体网络能产生吸引与聚合效应。实际网络中的小世界子网络的高效率能刺激整体网络的聚合，各孤立点开始向群落靠拢，导致大规模成分的数目增加，刺激了中间人把握机遇在以前无关系的大规模成分间活动（Stuart 等，1999；Burt，2004），促进了创新资源流动，扩大了创新资源池。

与网络结构对创新系统产出的研究类似，学者们集中于创新发明者技术合作小世界结构对区域创新系统产出的影响，研究结论不尽相同。Fleming 等（2006）研究了硅谷与128 公路内发明者的技术合作网络，发现了网络结构呈现出"小世界"的特征，然而并没有得到小世界网络结构对创新发明者的创造力有影响的结论；Fleming 等（2007）则仅发现了小世界网络的连通性（以特征途径长度表示）有助于增加创新产出，从而提升区域创新产出，聚类性的贡献不显著。但是 Zhang 等（2014）以中国北京市与广东省的专利合作网络为对象的研究在肯定了之前小世界网络结构的连通性有效的基础上，进一步得到小世界网络结构，总体而言有助于提升专利产出的一些证据。

9.1.2 创业投资小世界网络结构对地区创新的影响

创新绝不仅是一个直接取决于创新发明者 R&D 投入的专业化活动（Audretsch 等，2002；Belussi，2010），也是一个更广泛的市场活动。区域创新系统内部的主体除了创新发明者之外，还包括一群对创新过程、创新产出乃至创新成果转化起着重要支持作用的创新支持者（Belussi 等，2010），因而分别对应系统内两种组织网络，即创新发明者技术合作网络与创新支持者经济合作网络。

创新支持者中，创投机构因其对创业企业的非金融增值作用（Hellmann 等，2002；Large 等，2008）饱受赞誉。而基于联合投资的优质创投网络可以被视为区域创新系统中的一种隐性社会资本，至少能改善企业部门的创新效率，提升其创新产出（付雷鸣等，2012；黄福广等，2013）。企业部门作为多数国家区域创新的主力军，其 R&D 投入占据全体部门 R&D 投入的主要部分，而创投机构支持与投资的创业企业又较多来自高技术产业，其高价值的专利产出更多。

当前，趋于成熟的创投网络越来越呈现出一种"小世界"的结构形式（Gu 等，2019；Guo 等，2018）。创业投资网络作为区域创新系统内诸多企业部门网络的重要组成部分，其创投小世界网络结构可以部分代理区域创新系统资源流通配置效率，其带来的经济、社会资源流通效率提升、竞合关系稳定等作用，将直接促进区域创新系统产出量的提升。综上所述，我们提出假设 H_1：

H_1：创业投资小世界网络结构对区域创新系统产出的直接影响显著为正。创业投资网络的小世界特性越强，区域创新系统中的创投资源流通配置效率越高，区域创新系统产出越多。

在是否考虑 R&D 投入部门间异质性的基础上，H_1 又可细分为假设 H_{1a} 和 H_{1b}：

H_{1a}：不考虑 R&D 投入部门的异质性，使用全体部门 R&D 投入，创业投资小世界网络结构对区域创新系统产出的直接影响显著为正。

H_{1b}：考虑 R&D 投入部门的异质性，将全体部门 R&D 投入划分为企业部门 R&D 投入与非企业部门 R&D 投入，创业投资小世界网络结构对区域创新系统产出的直接影响依旧显著为正。

此外，如前文所述，创业投资小世界网络结构因其高连通性、高聚类性与较好的稳定性，至少也能从驱动效应和维稳效应两方面提高区域创新系统内部，尤其是创投机构、创业企业间创新资源的流通配置效率，从而改善区域创新系统中 R&D 投入部门（尤其是企业部门）的创新投入，提升区域创新系统的创新产出。因此可以提出假设 H_2：

H_2：创业投资小世界网络结构是全体部门 R&D 投入对区域创新系统产出影响的正向调节变量。不考虑 R&D 投入部门的异质性，创业投资网络的小世界特性越强，在相同全体部门 R&D 投入下，区域创新系统产出越多。

在区域创新系统中进行 R&D 投入的部门除企业部门外，政府部门（主要是政府资助的研究与开发机构）也不容忽视。尤其是在中国，根据《中国科技统计年鉴》数据，中国政府部门 R&D 投入自 21 世纪就一直稳居全体部门 R&D 的第二位，而大学 R&D 投入占比甚至不到政府 R&D 投入的一半。甚至在京津冀经济区，政府 R&D 投入和企业 R&D 投入几乎持平。虽然国外大学部门 R&D 投入全体部门中往往占比不小，但是到目前国外案例的研究往往很少单独对大学部门 R&D 投入进行分析，而是研究大学部门与企业部门的 R&D 投入合作（Maietta，2015）。

世界各国政府部门，尤其中国政府部门深度参与着市场活动，在资源分配领域有极大的影响力（Guo 等，2016）。政府干预导致的市场扭曲，是有据可查且广为人知的（Brandt 等，2013；Guo 等，2014）。以中国最大的政府研发项目之一——科技型中小企业创新基金为例的研究发现，政府部门 R&D 项目需要改善治理结构，进行分散化治理，才能在区域创新系统中更好地发挥作用。

创投与市场化运作的企业部门联系更紧密，本身对非市场化的政府部门与大学部门影响有限，加之创投的行业特性局限，创业投资小世界网络结构只能部分代理区域创新系统的资源流通配置效率。因此，创业投资小世界网络结构更趋向于提升市场化运作的企业部门 R&D 投入效果，对非市场化运作的非企业部门 R&D 投入效果影响不明显。因此，提出假设 H_3：

H_3：创业投资小世界网络结构的正向调节作用在企业部门、非企业部门间存在异质性。具体而言，创业投资小世界网络结构是企业部门 R&D 投入对区域创新系统产出影响的正向调节变量，但是在非企业部门 R&D 投入影响区域创新系统产出过程中无显著调节作用。

9.2 研究方案设计

9.2.1 研究样本与数据来源

本研究样本选取 2019 年 GII 公布的全球技术集聚排名第三的中国、美国和德国三国内六大技术集聚区及创投集聚区（中国的京津冀、长三角、珠三角，美国的硅谷与 128 公路，德国整体），以其 1999—2015 年共计 16 年的区域数据作为样本，这些样本在经济发达地区中具有相当的代表性。

数据方面，代表区域创新系统产出的被解释变量采用滞后 3 年的人均 PCT 专利申请数之和（如 2015 年采用 2016—2018 年各年的每百万人均 PCT 专利申请数之和），并取对数，原始数据来自于 OECD 数据库、WIPO 世界知识产权组织数据库。作为解释变量的小世界网络结构指标使用小世界 Q 值，由本研究构建的 5 年移动窗口（如 1999 年包括 1995—1999 年数据）的创投网络数据得出，原始数据来源于 Thomeson One 与 CV 所有权性质数据库。而其他控制变量参考全球创新指数报告（GII）推荐的数据库，或者来源于官方统计机构数据、官方统计年鉴（如 OECD 数据库、UIS 数据库、欧盟统计局、中国统计年鉴等）数据，所涉货币单位均通过国际货币基金组织（IMF）公开的 2011 年不变购买力平价美元换算，所得控制变量均具有相当的可信性与可比性。

以中美德三国六区为样本，研究创投小世界网络结构对区域创新系统产出的影响，在数据的收集和处理上，主要面临三个问题：创投投资事件数据的收集与创投网络的构建、创投小世界网络结构指标的选取、区域创新系统产出的衡量以及所有控制变量的可比性。

首先，在创投事件数据的收集方面，本研究共收录了 1995—2015 年中美德三国六区共 53 119 起投资事件的数据。美国两区硅谷和 128 公路、德国的创投事件数据来自于 Thomeson One 数据库，而中国三区京津冀、长三角和珠三角的数据来自于 CVSource 投中数据库。CVSource 投中数据库作为国内知名的私募创投数据库，在国内创投事件数据的收录上更为完整。参考 Hochberg 等（2007，2010）、周育红等（2014）构建创投网络的方法，使用 5 年移动窗口的创投事件数据构建创投网络。

其次，创投小世界网络结构指标的选取。小世界网络是关联网络，然而实际的社会网络经常存在较多的孤立点，所以我们进行研究时主要关注网络中的最大成分（Newman，2001；Kogut 等，2001；Davis 等，2003；Fleming 等，2007），即整体网络中规模最大的关联子网络。纵观涉及小世界网络结构衡量的文献，测量小世界网络特性的指数法（Uzzi 等，2005；Telesford 等，2011；Neal，2015，2018）目前较为流行，基本上存在三种。首先设定同规模随机网络与规则网络的聚类系数与特征途径长度：

$$C_{\text{random}} = \frac{k}{n}C_{\text{lattice}} = \frac{3k-6}{4k-4}L_{\text{random}} = \frac{\ln n}{\ln k}L_{\text{lattice}} = \frac{n}{2k} \quad (9-1)$$

三类指数分别为

①Q 指数（Small-World Quotient）。

$$Q = \frac{C/C_{\text{random}}}{L/L_{\text{random}}} = \frac{CC_{\text{ratio}}}{LL_{\text{ratio}}} \quad (9-2)$$

其中，CC_{ratio} 越大（一般大于 1），LL_{ratio} 越接近 1（一般小于 1），或者简单地说，Q 值越大（一般大于 1），网络的小世界特性越强。

②ω 及 ω' 指数。

$$\omega = \frac{L_{\text{random}}}{L} - \frac{C}{C_{\text{lattice}}} \quad (9-3)$$

ω 取值一般在（-1，1）之间，越接近于 0，小世界特性越高。使用 ω' 比较实用，其取值一般在（0，1）之间，越接近于 1，网络的小世界特性越强。

$$\omega' = 1 - |\omega| \quad (9-4)$$

③SWI 指数（Small World Index）。

$$\text{SWI} = \frac{L - L_{\text{lattice}}}{L_{\text{random}} - L_{\text{lattice}}} \times \frac{C - C_{\text{random}}}{C_{\text{lattice}} - C_{\text{random}}} \quad (9-5)$$

SWI 取值一般在（0，1）之间，越接近于 1，网络的小世界特性越强。

可以观察到，与 Q 指数不同，ω' 指数与 SWI 指数都将同等规模规则网络的聚类系数或特征途径长度加入指数作为对比，这是符合 Watts 等（1998）中关于小世界网络的定义的，避免了只与随机网络对比的局限（Neal，2018）。但是，这两类指数要求的条件比较苛刻：ω' 指数要求 $L \approx L_{\text{random}}$，$C \approx C_{\text{lattice}}$；SWI 指数要求 $C \approx C_{\text{lattice}}$，$C \approx C_{\text{random}}$，$L \approx L_{\text{random}}$，$L \approx L_{\text{lattice}}$。若其中一个条件偏差较大，计算得到的 ω' 指数和 SWI 指数会超出合理的取值范围。结合所得到的创投网络数据计算，从取值的可用性上看，Q 指数最适合本研究使用的创投网络数据。

再次，在区域创新系统产出的衡量方面，当下衡量区域创新系统产出的方法是否合理存在争议。衡量区域创新系统产出的方法必须真实有效地反映从创新资源到创新产出及成效的过程与效率（Hauser 等，2018），不能仅仅局限于其中一个方面。创新资源与创新产出固然重要，其成果市场化也一样重要（Kusharsanto 等，2016），而美国作为全球创新领袖的原因也正在此处（Hall，2000）。但是 Hauser 等（2018）对区域创新系统产出的研究方法进行了汇总与分析，最终认为仅仅用一个综合指数来考察区域创新的动态不合适，因为从创新资源投入到创新成果产出的过程缺失了。如果有意考察区域创新的某个角度，使用单一指标法或许更合适。

本研究结合中美德三国不同的创新现状及数据的可获得性，主要采用单一指标法，以国际认可的 PCT 专利数对三国六区的区域创新系统产出进行衡量。PCT 专利可被视为"全球专利申请"（OECD，2009），是具有高经济价值的专利，能将由于不同行业及地区的异质专利行为而造成的潜在扭曲降至最低（Jaffe 等，2004；Crescenzi 等，2013），国际可比性高。

最后，在所有控制变量的可对比性方面，本研究所用控制变量的数据大多来源于 2019 年全球创新指数报告（GII，2019）推荐的数据库，如 OECD 数据库、UIS 数据库、IMF 数据库等，缺失的数据使用各国官方统计局或者相关统计机构数据先对比，没有较大偏差的情况下再补齐，拥有较好的国际可比性和可信度。美国硅谷、128 公路两区的 R&D 投入数据由于只能获得州级数据，硅谷对应加利福尼亚州，128 公路对应马萨诸塞州，使用州级 R&D 投入占州级 GDP 比重的形式作为替代，虽然仍有一定偏差，但在可控范围内。涉及当期货币单位的可比性，我们借鉴 2019 年全球创新指数，使用国际货币基金组织提供的不变购买力平价美元对各国当期货币单位进行换算，尽量削除汇率和通胀的影响。

9.2.2 变量定义与指标选择

1. 被解释变量：中美德三国六区的区域创新系统产出

区域创新系统产出主要反映一个地区利用现有内外部知识存量创造新知识的能力（Tavassoli 等，2014）。专利常被用来衡量区域创新活动（Acs 等，2002），而 3 年的滞后是衡量专利发明过程中滞后性的良好指标（Castaldi 等，2015；De Noni 等，2018）。由于数据的可获得性，我们暂且不考虑区域创新系统的直接经济产出指标。因此，区域创新系统产出可表现为六区创新投入后的 3 年每百万人均区域 PCT 专利数之和（如 2015 年区域创新系统产出为 2016—2018 年各年每百万人均区域 PCT 专利数之和）。最后采用对数变换进行线性化处理，降低偏度，以 lnPCT3 表示。原始数据来源于 OECD 数据库与世界知识产权组织（WIPO）数据库。

2. 解释变量：创业投资小世界网络结构属性

创业投资小世界网络结构属性，以六区创投网络数据计算的小世界 Q 指数衡量，对数化处理，用 lnSWQ 表示。所得的小世界 Q 指数越大，代表创投小世界网络结构属性越强。其中，对 2001 年京津冀区域和 2002 年长三角地区出现的极端值进行修正，以相邻两年 Q 值的均值替代，优化数据的平稳性。原始数据来源于 Thomeson One 数据库和 CV 所有权性质数据库。

此外，为检验小世界网络结构属性作为调节变量的作用，在进行中心化处理后，计算小世界网络结构属性与人均企业部门 R&D 资本存量的交互项、小世界网络结构属性与人均全体部门 R&D 资本存量的交互项、小世界网络结构属性与人均非企业部门 R&D 资本存量的交互项，分别以 lnSBERDC、lnSRDC 和 lnSNOBERDC 表示。

3. 控制变量

（1）宏观环境层面。

①人均 R&D 资本存量。

本研究分别使用了人均企业部门 R&D 资本存量、人均全体部门 R&D 资本存量和人均非企业部门 R&D 资本存量，并均使用了 2011 年不变购买力平价美元（PPP2011 $）作为货币单位，分别表示为 BERDCRDC、RDC 和 NOBERDC。受限于各国政府部门及大学部门 R&D 投入数据统计方法不同与数据缺失问题，本研究暂不对非企业部门作更具体的划分。

参照 Griliches（1980）、Wu 等（2006）的研究成果，可以用式（9－6）计算 R&D 资本存量。

$$K_{it} = (1 - \delta) \times K_{i(t-1)} + E_{it} \qquad (9-6)$$

K_{it} 和 $K_{i(t-1)}$ 代表区域 i 在 t 期和 $t-1$ 期的 R&D 资本存量，δ 是 R&D 资本折旧率（采用5% 的 R&D 资本折旧率）。E_{it} 为区域 i 在 t 期的真实资本支出流量。R&D 价格指数使用 IMF 公布的 2011 年不变购买力平价指数，以 2011 年为基期。为了进一步估计 1999 年的初始资本存量，假设资本存量增长率等于 R&D 支出增长率，则初始资本存量为

$$K_{i0} = E_{i0}/(g + \delta) \qquad (9-7)$$

K_{i0} 为初始资本存量，E_{i0} 为初始资本支出，g 为 1999—2015 年真实资本支出的平均增长率，δ 为折旧率。结合式（9－6）和式（9－7），可得到 1999—2015 年六区历年的 R&D 资本存量。最后，计算各区域的人均 R&D 资本存量作为存量意义下的 R&D 投入指标。每期 R&D 支出的流量数据为原始数据，来源于 UIS 数据库、欧盟统计局、《中国科技统计年鉴》与美国科学基金会（NSF），经过了可比性处理。

②人力资本。

我们可以使用高等教育在校生数占人口比重作为人力资本的代理（Bai，2013），以 HC 表示。高等教育在校生数占人口的比重越高，区域内潜在的发明者占人口的比重越高。该指标选取 ISCED2011 的 5～8 级作为标准，包括本专科生、成人教育、硕士和博士等。德国数据来源于欧盟统计局（Eurostat），中国三区数据来源于《中国统计年鉴》及各省统计局，美国两区数据来源于 IPUMS – NHGIS 数据库。

③高技术产业（制造业）专业化。

鉴于创投机构更喜爱高技术企业，且高技术产业（制造业）作为制造业中最富创新能力的部门（Falk 等，2011；Sleuwaegen 等，2014），相对中低端制造业拥有更多的专利产出，本研究引入高技术产业（制造业）专业化作为控制部门效应的变量，以 HTS 表示。我们可以使用高技术产业（制造业）就业人数占总就业比重（Miguelez 等，2018；Varga 等，2017；Gkypali 等，2016；Broekel，2015）作为高技术产业（制造业）专业化的代理。数据来源于欧盟统计局、《中国高技术产业统计

年鉴》与美国劳工统计局。

④创业投资行业发展水平。

在研究创业投资小世界网络结构对区域创新系统的影响时，由于创业投资本身就是影响区域创新的重要角色（Kortum 等，2000），不得不考虑各区域创业投资行业的发展水平，不同区域内的不同创业投资行业的发展水平会影响区域创新系统产出，也会对各区创投小世界网络结构的特性产生影响。由于创业投资交易额披露数据较少，因此以 2011 年不变购买力平价 GDP 加权的创业投资事件数取对数，作为创业投资行业发展水平的代理，以 lnVCEG 表示。原始数据来自于 Thomeson One 数据库和 CVSource 数据库。

⑤就业状况。

具体而言，使用就业人数占总人口比重，以 EMP 表示。数据来源于 IMF 国际货币基金组织、欧盟统计局、《中国统计年鉴》与美国劳工统计局。

（2）中观网络层面。

①小世界网络规模。

Fleming 等（2007）研究表明，合作网络最大成分的比重与创新系统产出呈正相关。如果更多的创投机构被联系在同一个网络中，不同资金、技术和经验等创新资源的流通将加强对创新主体的支持。我们可以将最大成分含创投机构数占创投机构总数的比例作为小世界网络规模的代理（Fleming 等，2007；Zhang 等，2014；Shi 等，2016），也是小世界网络相对大小的控制，以 SWS 表示。

②网络中心势。

实际网络与小世界模型在关系分布偏态上存在差异，因此对网络集中化的控制至关重要（Ghosh 等，2012；Shi 等，2016）。我们可以使用中间中心势来控制这个因素（Schilling 等，2007），以 BETN 表示。当网络高度集中时，只有少数有实力的创投机构控制整个网络，导致对关键信息和资源的垄断。如果创投机构都在网络中占据类似的位置，网络中心性的集聚度就很低。

变量的基本信息如表 9-1 所示：

表 9-1　变量的基本信息概述

	变量名	内涵	原始数据来源
被解释变量	区域创新系统产出（lnPCT3）	滞后 3 年的每百万人均 PCT 专利数之和（对数化）	OECD 数据库、WIPO 数据库
解释变量	创业投资小世界网络结构（lnSWQ）	创投网络的小世界 Q 指数（对数化）	Thomeson One 数据库、CV 所有权性质数据库

续表 9-1

变量名		内涵	原始数据来源
控制变量：宏观环境层面	人均 R&D 资本存量（BERDC、RDC 和 NOBERDC）	人均企业部门、全体部门和非企业部门 R&D 资本存量（千 PPP2011 $）	UIS 数据库、欧盟统计局、《中国科技统计年鉴》、美国科学基金会
	人力资本（HC）	高等教育在校生数占人口比重	欧盟统计局、《中国统计年鉴》、IPUMS – NHGIS 数据库
	高技术产业（制造业）专业化（HTS）	高技术产业（制造业）就业人数占就业总人数比重	欧盟统计局、《中国高技术产业统计年鉴》与美国劳工统计局
	创业投资发展水平（lnVCEG）	创投事件数/GDP（PPP2011 $）（对数化）	Thomeson One 数据库、CV 所有权性质数据库
	就业情况（EMP）	就业总人数占总人口比重	国际货币基金组织（IMF）、欧盟统计局、《中国统计年鉴》、美国劳工统计局
控制变量：中观网络层面	小世界网络规模（SWS）	创投网络最大成分含创投机构数占创投机构总数的比重	Thomeson One 数据库、CV 所有权性质数据库
	网络中心势（BETN）	创投网络的中间中心势指标	Thomeson One、CV 所有权性质

9.2.3 模型设计

本研究使用的模型基本参照 Noni 等（2018），所有估计结果均使用 Stata 15.0 得出。模型选择的步骤如下：首先，因为被解释变量，即滞后 3 年的区域创新系统产出是一个连续变量，所以它排除了使用计数数据模型的可能性，如泊松模型或负二项模型，这些模型经常被用于研究区域创新。因此，建议采用线性面板模型。考虑了数据平稳性后，进行了 F 检验和 Hausmann 检验，我们采用了具有个体固定效应的模型，因为我们预计中美德三国六区的区域创新产出会受到不同区域的个体效应的显著影响，这也得到了 Hausmann 检验的支持。此外，固定效应模型是消除可能的遗漏变量偏差的最安全的选择。我们还对被解释变量进行了对数变换，使其线性化。最终基准模型形式设定为：

$$y_{i,t} = \beta_0 + \alpha_i + X_{i,t}\delta + \varepsilon_{i,t} \tag{9-8}$$

$y_{i,t}$ 是区域 i 在 t 时期的被解释变量值，$X_{i,t}$ 是一系列控制变量在区域 i 和 t 时期的值，δ 是一系列解释变量和控制变量的系数，α_i 是未被观察到的个体固定效应，$\varepsilon_{i,t}$ 为误差项，β_0 是截距系数。

针对 H_1，为了分别验证在不考虑部门异质性、考虑企业部门与非企业部门异质性的情况下，创业投资小世界网络结构对区域创新系统产出的直接影响，我们分别设定主效应模型（9-9）和（9-10）如下：

$$\ln PCT3_{i,t} = \beta_0 + \beta_1 \ln SWQ_{i,t} + \beta_2 RDC_{i,t} + \sum_{j=1}^{k} \delta_j \text{other Control}_{j,i,t} + \alpha_i + \varepsilon_{i,t} \quad (9-9)$$

$$\ln PCT3_{i,t} = \beta_0 + \beta_1 \ln SWQ_{i,t} + \theta_1 BERDC_{i,t} + \theta_2 NOBERDC_{i,t} + \sum_{j=1}^{k} \delta_j \text{other Control}_{j,i,t} + \alpha_i + \varepsilon_{i,t} \quad (9-10)$$

$\ln PCT3_{i,t}$ 是区域 i 在时期 t 的区域创新系统产出，$\ln SWQ_{i,t}$ 是区域 i 在时期 t 的创业投资小世界网络结构指标，$RDC_{i,t}$ 是区域 i 在时期 t 的全体部门 R&D 投入指标，$BERDC_{i,t}$ 是区域 i 在时期 t 的企业部门 R&D 投入指标，$NOBERDC_{i,t}$ 是区域 i 在时期 t 的非企业部门 R&D 投入指标，$\text{other control}_{j,i,t}$ 是区域 i 在时期 t 的其他控制变量，β_1、β_2、θ_1 和 θ_2 为待估系数。

针对 H_2 和 H_3，为了验证在不考虑部门异质性、考虑企业部门与非企业部门异质性的情况下，创业投资小世界网络结构在各部门 R&D 投入对区域创新系统产出影响中调节作用的差别，分别设定全体部门调节效应模型（9-11）和分部门调节效应模型（9-12）：

$$\ln PCT3_{i,t} = \beta_0 + \beta_1 \ln SWQ_{i,t} + \beta_2 RDC_{i,t} + \beta_3 \ln SRDC_{i,t} + \sum_{j=1}^{k} \delta_j \text{other Control}_{j,i,t} + \alpha_i + \varepsilon_{i,t} \quad (9-11)$$

$$\ln PCT3_{i,t} = \beta_0 + \beta_1 \ln SWQ_{i,t} + \theta_1 BERDC_{i,t} + \theta_2 NOBERDC_{i,t} + \theta_3 \ln SBERDC_{i,t} + \theta_4 \ln SNOBERDC_{i,t} + \sum_{j=1}^{k} \delta_j \text{other Control}_{j,i,t} + \alpha_i + \varepsilon_{i,t} \quad (9-12)$$

其中，$\ln SRDC_{i,t}$ 是区域 i 在时期 t 的中心化处理后的创投小世界指标与全体部门 R&D 投入指标的交互项；$\ln SBERDC_{i,t}$ 是区域 i 在时期 t 的中心化处理后的创投小世界指标与企业部门 R&D 投入指标的交互项；$\ln SNOBERDC_{i,t}$ 是区域 i 在时期 t 的中心化处理后的创投小世界指标与非企业部门 R&D 投入指标的交互项。β_3、θ_3 和 θ_4 为待估系数。

9.3 实证结果与分析

9.3.1 变量描述统计与相关性检验

我们做了变量的描述统计与相关性检验，结果如表 9-2、表 9-3 与表 9-4 所示。数据表明，解释变量与被解释变量即区域创新系统产出密切相关。解释变量与控制变量之间不存在高度相关性。因此，整体而言不存在严重的共线性。

表 9-2 变量的描述统计

变量	样本量	均值	标准差	最小值	最大值
区域创新系统产出	102	5.588	2.108	1.004	8.11
创业投资小世界网络结构	102	4.855	1.134	0	6.363
全体部门 R&D 资本存量	102	15.405	17.328	0.115	53.278
企业部门 R&D 资本存量	102	10.347	11.479	0.065	36.358
非企业部门 R&D 资本存量	102	5.058	6.024	0.05	17.34
创业投资发展水平	102	0.45	0.487	0.019	1.69
就业情况	102	0.522	0.052	0.43	0.645
人力资本	102	0.04	0.027	0.006	0.094
高技术产业专业化	102	0.031	0.019	0.008	0.075
小世界网络规模	102	0.629	0.218	0.16	0.928
网络中心势	102	0.101	0.059	0.007	0.303

表 9-3 含人均全体部门 R&D 存量的变量相关性检验

变量	1	2	3	4	5	6	7	8	9
区域创新系统产出	1								
创业投资小世界网络结构	0.695***	1							
全体部门R&D资本存量	0.806***	0.518***	1						
创投小世界指标 * 全体部门 R&D 投入	0.005*	-0.329***	0.018	1					
就业情况	-0.446***	-0.207**	-0.373***	0.036	1				
高技术产业专业化	0.668***	0.415***	0.456***	-0.080	-0.011	1			
人力资本	0.804***	0.588***	0.927***	-0.069	-0.282**	0.482**	1		
小世界网络规模	0.827***	0.649***	0.830***	-0.031	-0.331**	0.470**	0.844**	1	
网络中心势	0.173*	0.266***	0.164*	0.094	-0.282**	-0.229**	0.050	0.316**	1

第9章 创业投资网络对地区创新绩效的影响

表 9-4 含人均企业部门、非企业部门 R&D 资本存量的变量相关性检验

变量	1	2	3	4	5	6	7	8	9	10	11
区域创新系统产出	1										
创业投资小世界网络结构	0.695***	1									
企业部门 R&D 资本存量	0.823***	0.539***	1								
非企业部门 R&D 资本存量	0.750***	0.461***	0.956***	1							
创投小世界指标 * 企业部门 R&D 投入指标	0.088*	−0.248**	0.120	0.116	1						
创投小世界指标 * 非企业部门 R&D 投入指标	−0.182*	−0.416***	−0.218**	−0.210**	0.600***	1					
就业情况	−0.446***	−0.207**	−0.395***	−0.321***	0.046	0.002	1				
高技术产业专业化	0.668***	0.415***	0.466***	0.423***	0.030	−0.305***	−0.011	1			
人力资本	0.804***	0.588***	0.945***	0.867***	0.025	−0.260***	−0.282***	0.483***	1		
小世界网络规模	0.827***	0.649***	0.840***	0.786***	0.049	−0.201**	−0.331***	0.470***	0.844***	1	
网络中心势	0.173*	0.266***	0.171*	0.147	0.0611	0.140	−0.282***	−0.229**	0.05	0.314***	1

9.3.2 中美德三国六区区域创新系统对比研究

1. 中美德三国六区区域创新系统产出的对比

首先,我们对比了在没有进行人均化处理的六区历年 PCT 专利的总数,其中 2014—2018 年的数据是由 WIPO 数据库的国家层面数据,结合 2013 年及其之前的 OECD 数据库给出的地区层面数据换算得到。如图 9-1 所示,可以清楚地看到,就总数而言,德国自 1999—2015 年长期排在六区的榜首,直到 2016 年被珠三角超越;PCT 专利申请数自 2008 年来增长最快的是珠三角,2016 年后已经远远超过其他五区,一枝独秀,在 2018 年已经接近 28 659 项;128 公路与硅谷长期以来申请数基本平稳,变化不大;2015 年之后,京津冀与长三角区域的 PCT 专利申请数增速也较快,具有很大的潜力。

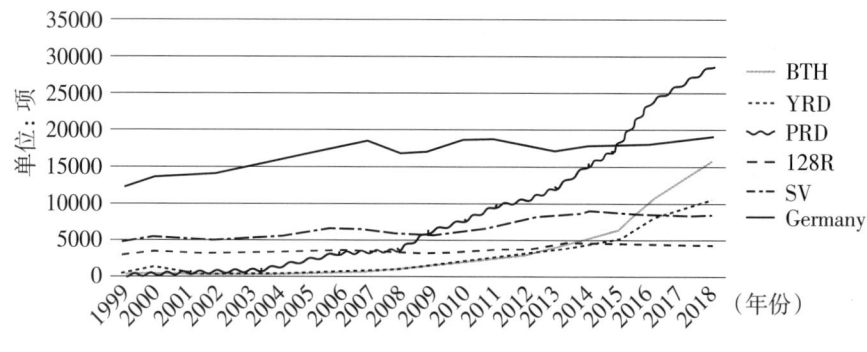

图 9-1 中美德三国六区 PCT 专利数

但是考虑到六区在区域规模上存在一定区别,因此,要进一步对模型中应用的被解释变量区域创新系统产出,即六区滞后 3 年的人均 PCT 专利申请数累计数(未取对数)进行对比(图 9-2)。

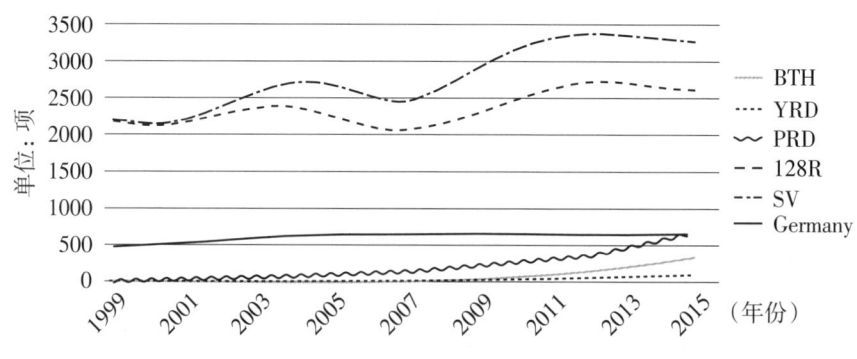

图 9-2 中美德三国六区区域创新系统产出(未取对数)

控制了人口数为代理的区域规模后,如图 9-2 所示,相对图 9-1 我们得到了一些不一样的结论:美国两区硅谷、128 公路在滞后 3 年的人均数之和上始终保持在2000项以上，遥遥领先于其他四区，且呈现出波动上涨的趋势；而德国增长较为平缓，长期居于第二梯队；珠三角保持着较快的增速，2015年已经和德国同处第二梯队，相差无几；京津冀与长三角区域始终增长不大，保持着相对较低的人均水平，不到500项。因此，可以认为，在控制区域规模的影响后，中国三区在人均层面的创新产出上，远低于以美国两区为代表的发达国家创新集聚区。

2. 中美德三国六区创业投资小世界网络结构属性的对比

在构建5年移动窗口的创业投资网络后，我们利用小世界Q指数法对创业投资网络进行了小世界网络结构属性的测量，如图9-3所示。首先，硅谷与128公路小世界网络结构属性长期保持着较高水平，硅谷长期为六区最高水平；德国从2009年开始迅速上升，在2012年、2013年连续超过硅谷，在六区中位居第一；中国三区基本长期处于较低的小世界网络结构水平，从2007年开始均缓慢上升，其中珠三角2015年上升尤为明显，已超过128公路的水平。我们基本可以推断，中国三区的创投小世界网络结构特性长期低于美国两区与德国，这不仅体现在网络规模上有待发展，更体现在联合投资的协作程度上，孤立点和成分数要远多于美德，中国京津冀、长三角两区创投网络的质量有待改善。

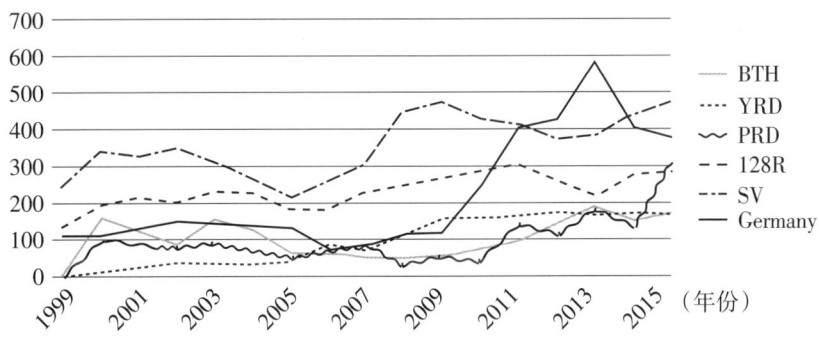

图9-3 中美德三国六区创业投资小世界网络结构属性

3. 中美德三国六区创业投资小世界网络结构属性的对比

在对比网络属性的不同时，往往要考虑控制网络规模的影响。在实际关系网络中，网络规模越大，网络中各点存在关系连接的可能性越高。然而，网络规模越大，实际存在的关系条数相对规模往往趋于变小，即实际网络的网络密度往往随着网络规模而变小。因此有理由怀疑，随着网络规模增大，网络结构的变化可能存在一定趋势性。本研究将基于创投小世界网络的实际规模，选取网络规模（网络所含创投机构数）在310～341家的六区小世界网络图进行对比（图9-4）；针对规模远大于其他四区的硅谷与128公路，选取1998年硅谷1421家与2005年128公路1435家进行大规模小世界网络图的对比（图9-5）。对比的指标包括小世界网络规模占整体网络规模比例、孤立点占整体网络规模比例、小世界Q指数等。

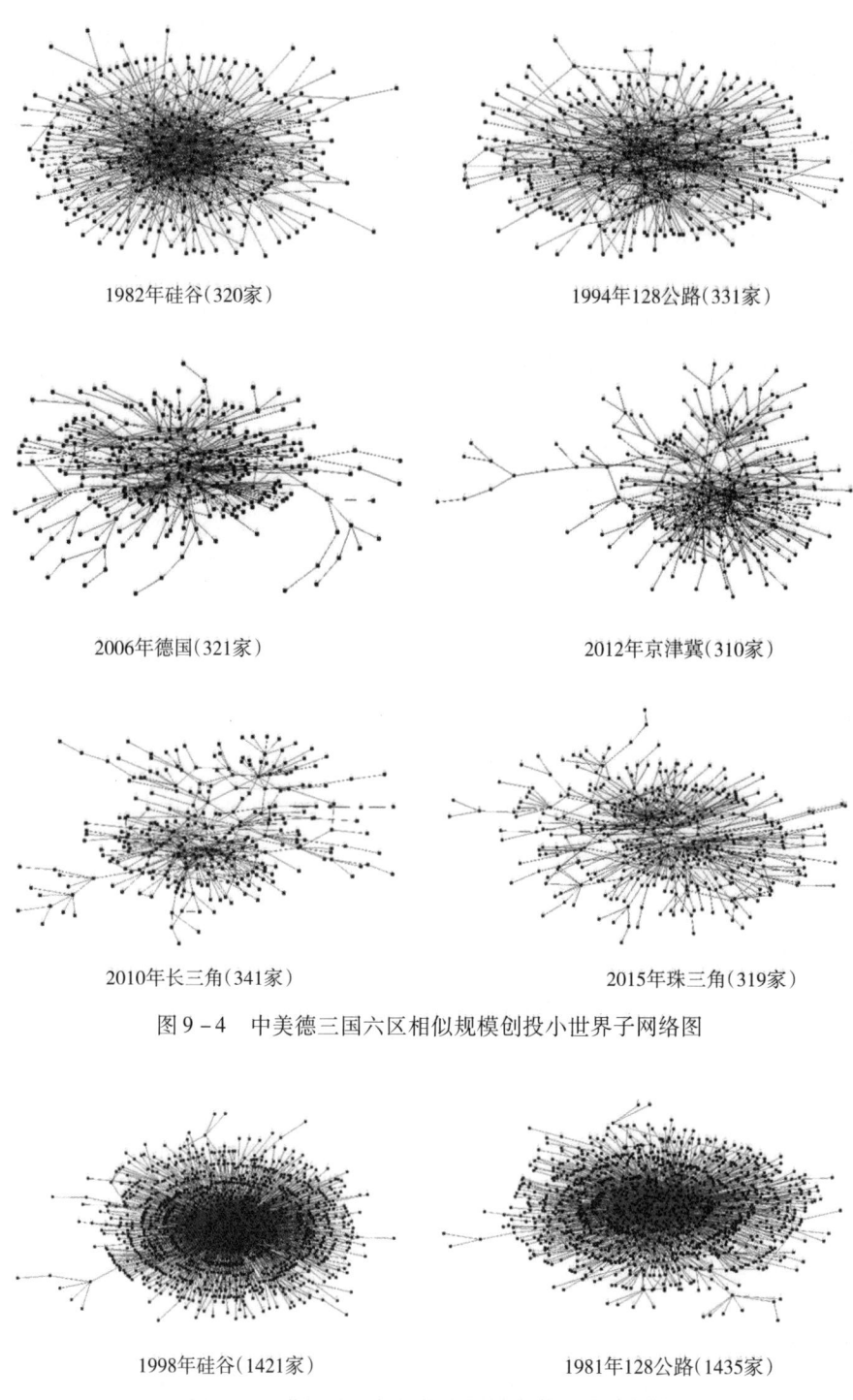

图9-4 中美德三国六区相似规模创投小世界子网络图

图9-5 美国两区相似规模创投小世界子网络图

在相似规模下，德国与中国三区创投小世界子网络的小世界特性较强，但在整体网络中的影响力不足。而美国两区创投小世界子网络的小世界虽特性不足，但在整体网络中拥有绝对的控制力。这进一步说明了回归模型中控制小世界子网络的相对规模是很有必要的。

相对于美国两区而言，德国与中国三区的小世界子网络图比较稀疏，集聚不够明显，中心化程度不高，其中珠三角的中心化程度最低，尚未形成一个拥有绝对优势的中心团体。结合表9-5分析，虽然德国与中国三区的创投网络孤立点与成分数较多，小世界子网络在整体网络中的影响力较差，从而导致整体的连通性较差，但是其小世界子网络内部的中心度与中心势较低，使得其小世界网络结构的特征较为明显。以小世界 Q 值比较，以下相似规模的网络图中，珠三角的小世界子网络图小世界特性最高。美国两区虽然连通性好，但中心化程度与中心势过高，冗余关系较多，相似规模下小世界特性反而不如其他四区。这说明模型中控制网络中心势的合理性。

表9-5 基于相似规模的创投小世界子网络指标对比

小世界 网络规模/家		整体网络 规模/家	小世界子网 络相对规模/%	机构数大于 1的成分数	孤立点 占比/%	小世界 Q 值
310~341	硅谷（1982年）	356	89.89	5	7.87	25.292
	128公路（1994年）	390	84.87	8	10.77	37.073
	德国（2006年）	474	67.72	23	20.25	74.458
	京津冀（2012年）	598	51.84	35	33.11	141.039
	长三角（2010年）	689	49.49	39	35.27	154.449
	珠三角（2015年）	738	43.22	55	36.18	302.153
约1400	硅谷（1998年）	1658	85.71	30	9.59	190.032
	128公路（2005年）	1618	88.69	31	6.06	181.722

鉴于美国两区整体网络规模远大于其他四区的特点，在相似规模下，对硅谷与128公路创投小世界子网络图进行对比，并没有发现显著差异。

9.3.3 模型回归结果

基于前面的模型设定，当不考虑R&D投入部门的异质性，为验证假设 H_{1a} 和 H_2，引入人均全体部门R&D资本存量进行个体固定效应回归，所得结果如表9-6所示；当考虑R&D投入部门的异质性，为验证假设 H_{1b} 和 H_3，引入人均全体部门R&D资本存量进行个体固定效应回归，所得结果如表9-7所示。

表9-6 固定效应模型结果（使用全体部门 R&D 投入指标）

被解释变量-区域创新系统产出		面板固定效应模型		
		调节效应模型（3）	主效应模型（2）	基准模型（1）
解释变量	创业投资小世界网络结构	0.197***	0.106**	
		(0.049)	(0.044)	
	创投小世界指标 * 全体部门 R&D 投入指标	0.146***		
		(0.043)		
控制变量	全体部门 R&D 资本存量	0.065**	0.084**	0.088***
		(0.031)	(0.032)	(0.033)
	创业投资发展水平	1.053***	1.311***	1.453***
		(0.366)	(0.378)	(0.384)
	就业情况	1.705	5.044	4.934
		(3.096)	(3.104)	(3.188)
	高技术产业专业化	40.97***	39.06***	45.52***
		(7.432)	(7.838)	(7.917)
	人力资本	28.74***	25.60***	28.77***
		(6.481)	(6.784)	(6.839)
	小世界网络规模	3.806***	3.105***	3.201***
		(0.810)	(0.828)	(0.850)
	网络中心势	−7.942***	−7.182***	−6.829***
		(1.203)	(1.250)	(1.275)
截距		−1.847*	−2.919***	−2.807**
		(1.072)	(1.083)	(1.111)
观察值		102	102	102
地区数		6	6	6
残差平方和		8.213	9.293	9.917
R^2/%		74.98	71.54	71.04
F 值		78.22	77.38	83.02

1. 不考虑 R&D 投入部门异质性的结果

当不考虑 R&D 投入部门的异质性，即只考虑全体部门 R&D 投入，为研究创业投资小世界网络结构对区域创新系统产出的直接影响，以及创业投资小世界网络结构在全体部门 R&D 投入对区域创新系统产出影响的调节作用，引入人均全体部门 R&D 资本存量进行个体固定效应回归，所得结果如表9-6所示。仅包含控制变量的基准模型（1）中，人均全体部门R&D资本存量（RDC）对区域创新系统产出有显著正向影响（系数为0.088，$p<0.001$）。因此，就区域角度而言，人均部门R&D资本存量越高，区域创新系统产出越有可能提升。创业投资的发展水平（创业投资发展水平）也显著正向影响了区域创新系统产出（系数为1.453，$p<0.001$），以2011年不变购买力平价美元加权的创业投资事件数与人均创业投资交易额相对比，从另一个角度来看更能反映一个地区创业投资的热情。

此外，产业效应也显著影响了区域创新系统产出。高技术产业（制造业）就业人数比重［高技术产业（制造业）专业化］与区域创新系统产出显著正相关（系数为45.52，$p<0.001$），这也证实了Sleuwaegen等（2014）、Miguelez等（2018）、Varga等（2017）对于高技术产业（制造业）部门效应的结论，高技术产业（制造业）的集中度越高，因其技术密集型的特点，越可能有更多的创新产出，进而提升区域创新系统产出。人力资本对区域创新系统产出的影响也不容忽视（系数为28.77，$p<0.001$）。高等教育在校生数占人口比重（人力资本）越高，储备劳动力的受教育水平越高，越有可能提升创新产出与效率（Noni等，2018），提升区域创新系统产出。尽管区域中的就业情况影响不显著，但是其影响方向为正，基本符合以往研究（如Anokhin等，2018；Barra等，2018）的论断。

主效应模型（2）包含了创业投资小世界网络结构（以小世界Q值取对数衡量，即创业投资小世界网络结构），用以H_{1a}，进而证明H_1。从主效应模型（2）的结果来看，本研究发现创业投资小世界网络结构对区域创新系统产出起显著正向影响（系数为0.106，$p<0.1$）。由于创投网络属于区域创新系统内诸多组织网络的重要组成部分，创投小世界网络结构属性越强，其作为一种能部分代理区域创新系统资源流通配置效率的指标，所带来的提升经济、社会资源流通效率，稳定竞合关系等作用，直接显著提升了区域创新系统产出。此外，小世界子网络规模的大小有一个显著为正的影响（$p<0.001$），这说明小世界子网络在创投网络中的地位与区域创新系统产出有一个正向关系；而创业投资网络的集中性，即中心性的集聚度与区域创新系统的关系显著负相关（$p<0.001$），这可能是由于网络中心性集聚度过高，很多处于中心地位的创投机构关系条数较多，产生"信息过载"（Kastelle等，2010），降低了创投网络的资源流通配置效率，不利于区域创新系统产出的提升。

调节效应模型（3）在主效应模型（2）的基础上进一步考虑了创投小世界网络结构在全体部门R&D投入对区域创新系统产出影响中的调节作用，即用于验证H_2。从结果来看，小世界网络结构与全体部门R&D投入的交互项（lnSRDC）系数显著为正（系数为0.146，$p<0.001$），支持了H_2。创业投资在区域创新系统各组织中具有特殊地位，是创新经济发展的重要驱动力。创投小世界网络结构能部分代理区域创新系统的资源流通配置效率，尤其代表了创业投资资本的流通配置效率，创投小世界网络结构特性越高，越能提高一个区域R&D投入的效率和改善创新投入的不

足,从而越能正向调节 R&D 投入对区域创新系统产出的影响。与基准模型相比,主效应模型(2)和调节效应模型(3)的控制变量系数并未发生根本变化,因此,模型结果支持了我们的假设 H_{1a}、H_1 和 H_2。

2. 考虑 R&D 投入部门异质性的结果

如前文所述,由于 R&D 投入部门内部存在不同,即企业部门往往是完全市场化运作,非企业部门(包括政府部门和大学部门等)是非完全市场化运作,而创业投资往往与创业企业尤其是高技术产业企业联系更加紧密,因此创业投资网络对创新主体创新投入的"增值作用"会更多地体现在企业部门。本节将全体部门 R&D 投入分为企业部门 R&D 投入和非企业部门 R&D 投入,在模型中同时引入进行个体固定效应回归。因受限于各国政府部门及大学部门 R&D 投入数据统计方法不同与数据缺失问题,本研究暂不对非企业部门作更具体的划分。模型回归结果如表 9-7 所示。

基准模型(4)与基准模型(1)相似,其结果证实了人均企业部门 R&D 资本存量(BERDC)对区域创新系统产出有正向显著影响($p<0.05$),以及人均非企业部门 R&D 资本存量(NOBERDC)对区域创新系统产出有正向显著影响($p<0.005$)。而其他控制变量系数符号及其显著性没有较大波动,故不再赘述。

主效应模型(5)的结果考虑了不同部门 R&D 投入的异质性,并根据企业部门 R&D 投入和非企业部门 R&D 投入进行区分,发现创业投资小世界网络结构对区域创新系统产出的直接影响依旧显著为正,支持了假设 H_{1b},进一步检验了 H_1。创业投资小世界网络结构作为一种区域创新系统资源流通配置效率的代理,其有助于区域创新系统产出的提高。

调节效应模型(6)在主效应模型(5)的基础上引入了创业投资小世界网络结构与人均企业部门 R&D 资本存量的交互项、创业投资小世界网络结构与人均非企业部门 R&D 资本存量的交互项,用以检验创业投资小世界网络结构的调节作用在不同部门间是否存在差异。模型(6)结果显示,创业投资小世界网络结构与人均企业部门 R&D 资本存量的交互项显著为正(系数为 0.204,$p<0.005$),而创业投资小世界网络结构与人均非企业部门 R&D 资本存量的交互项不显著。因此,H_3 得到检验,即创业投资小世界网络结构的正向调节作用在企业部门、非企业部门间存在异质性。

表9-7 固定效应模型结果（区分企业与非企业部门R&D投入指标）

被解释变量-区域创新系统产出		面板固定效应模型		
		调节效应模型（6）	主效应模型（5）	基准模型（4）
解释变量	创业投资小世界网络结构	0.148*** (0.054)	0.084* (0.044)	
	创投小世界指标*企业部门R&D投入	0.204*** (0.065)		
	创投小世界指标*非企业部门R&D投入	-0.109 (0.154)		
控制变量	企业部门R&D资本存量	0.064** (0.031)	0.080** (0.032)	0.082** (0.032)
	非企业部门R&D资本存量	0.315** (0.148)	0.378*** (0.138)	0.441*** (0.137)
	创业投资发展水平	1.036*** (0.361)	1.268*** (0.371)	1.366*** (0.373)
	就业情况	-1.394 (3.444)	1.438 (3.456)	0.630 (3.481)
	高技术产业专业化	48.34*** (8.240)	46.23*** (8.343)	50.27*** (8.190)
	人力资本	33.38*** (6.790)	29.77*** (6.910)	32.99*** (6.802)
	小世界网络规模	3.496*** (0.833)	2.750*** (0.827)	2.750*** (0.839)
	网络中心势	-7.759*** (1.195)	-7.052*** (1.225)	-6.761*** (1.234)
截距		-1.484 (1.074)	-2.537** (1.074)	-2.377** (1.087)
观察值		102	102	102
地区数		6	6	6
残差平方和		7.822	8.807	9.176
R^2/%		74.23	71.70	71.18
F值		66.03	72.29	78.51

一方面，受优质创投机构支持的创业企业，受益于小世界网络结构属性较高带来的创投网络资源获取效率的提升、资源获取范围的扩大（Fleming 等，2007；Sullivan 等，2014）和创投小世界网络较为稳定的优势（Kogut 等，2001），能长期持续改善自身创新投入表现，拥有更多创新产出，进而持续提升区域创新系统产出。

而另一方面，区域创新系统中的组织包罗万象，而创投机构作为众多组织中的一员，受限于其行业特性，创投机构与创业企业联系相对更加紧密，对政府部门以及大学部门影响有限；政府部门 R&D 的投入初衷是弥补市场行为的不足，但是政府部门干预会造成市场扭曲，减少了企业部门乃至于其他相关部门对创投小世界网络结构的依赖。因此，创投小世界网络结构在非企业部门 R&D 投入对区域创新系统产出影响中的调节作用受到削弱。但是，存在的局限是无法对非企业部门作进一步区分，而大学部门 R&D 投入与企业部门 R&D 投入联系紧密（Maietta，2015），在大学部门 R&D 投入对区域创新系统产出的影响中，创业投资小世界网络结构也很有可能起着正向调节作用，这有待进一步探讨。

9.3.4 稳健性检验

在模型设定方面，考虑到表 9-7 的模型同时引入人均企业部门 R&D 存量、人均非企业部门 R&D 存量可能存在一定程度的共线性，因此在模型中分别引入人均企业部门 R&D 存量、人均非企业部门 R&D 资本存量，观察其结果是否存在显著不同。当只引入人均企业部门 R&D 资本存量时，所得结果如表 9-8 所示；当只引入人均非企业部门 R&D 资本存量时，所得结果如表 9-9 所示。

表 9-8 固定效应模型结果（只引入企业部门 R&D 投入指标）

被解释变量 - 区域创新系统产出		面板固定效应模型		
		调节效应模型（9）	主效应模型（8）	基准模型（7）
解释变量	创业投资小世界网络结构	0.196***	0.112**	
		(0.047)	(0.044)	
	创投小世界指标 * 企业部门 R&D 投入	0.209***		
		(0.056)		

续表 9-8

被解释变量-区域创新系统产出		面板固定效应模型		
		调节效应模型（9）	主效应模型（8）	基准模型（7）
控制变量	企业部门 R&D 资本存量	0.051*	0.065**	0.065*
		(0.0305)	(0.033)	(0.034)
	创业投资发展水平	1.042***	1.339***	1.494***
		(0.367)	(0.383)	(0.390)
	就业情况	2.337	6.742**	6.835**
		(3.010)	(2.967)	(3.057)
	高技术产业专业化	39.57***	35.43***	38.64***
		(7.200)	(7.622)	(7.743)
	人力资本	31.47***	27.87***	31.99***
		(6.721)	(7.125)	(7.148)
	小世界网络规模	3.799***	2.925***	2.966***
		(0.831)	(0.855)	(0.880)
	网络中心势	-7.792***	-6.844***	-6.383***
		(1.210)	(1.267)	(1.292)
截距		-1.789	-3.126***	-3.035***
		(1.079)	(1.091)	(1.123)
观察值		102	102	102
地区数		6	6	6
残差平方和		8.243	9.567	10.269
R^2/%		73.77	68.52	67.74
F 值		77.90	74.85	79.94

表 9-8 结果显示，在只引入企业部门 R&D 投入时，主效应模型（8）中创业投资小世界网络结构（创业投资小世界网络结构）依旧显著为正（系数为 0.112，$p<0.05$），这支持了假设 H_1。而调节效应模型（9）中创业投资小世界网络结构与人均企业部门 R&D 资本存量的交互项也显著为正（系数为 0.209，$p<0.001$），这支持了假设 H_3，也辅证了 H_2。

表9-9 固定效应模型结果（只引入非企业部门R&D投入指标）

被解释变量-区域创新系统产出		面板固定效应模型		
		调节效应模型(12)	主效应模型(11)	基准模型(10)
解释变量	创业投资小世界网络结构	0.128**	0.088*	
		(0.057)	(0.045)	
	创投小世界指标*非企业部门R&D投入	0.167		
		(0.144)		
控制变量	非企业部门R&D资本存量	0.239	0.319**	0.383***
		(0.156)	(0.14)	(0.138)
	创业投资发展水平	1.283***	1.340***	1.445***
		(0.383)	(0.381)	(0.383)
	就业情况	4.923	4.826	4.076
		(3.270)	(3.275)	(3.303)
	高技术产业专业化	36.75***	38.52***	42.53***
		(8.115)	(7.985)	(7.833)
	人力资本	40.90***	42.68***	46.42***
		(4.982)	(4.750)	(4.409)
	小世界网络规模	2.010**	1.703**	1.673**
		(0.780)	(0.735)	(0.746)
	网络中心势	-5.902***	-5.586***	-5.238***
		(1.140)	(1.109)	(1.111)
	截距	-2.874***	-3.002***	-2.847**
		(1.093)	(1.090)	(1.104)
	观察值	102	102	102
	地区数	6	6	6
	残差平方和	9.300	9.444	9.849
	$R^2/\%$	69.85	69.13	68.89
	F值	67.95	75.97	83.68

表9-9结果显示，在只引入企业部门R&D投入时，主效应模型（11）中创业投资小世界网络结构依旧显著为正（系数为0.088，$p<0.1$），这支持了假设H_1。而调节效应模型（9）中创业投资小世界网络结构与人均非企业部门R&D资本存量的交互项不显著。结合表9-8和表9-9，可知创业投资小世界网络结构的正向调节作用在企业部门、非企业部门间确实存在异质性，H_3得以检验。

在回归方法的对比上,使用极大似然估计法(MLE)代替 OLS 估计法进行面板回归,所得结果分别如表 9-10 和表 9-11 所示,与前面结论基本一致。

表 9-10　面板 MLE 回归结果(使用全体部门 R&D 投入指标)

被解释变量-区域创新系统产出		面板 MLE 回归模型		
		调节效应模型(15)	主效应模型(14)	基准模型(13)
解释变量	创业投资小世界网络结构	0.209***	0.115***	
		(0.047)	(0.042)	
	创投小世界指标 * 全体部门 R&D 投入	0.153***		
		(0.042)		
控制变量	全体部门 R&D 资本存量	0.035	0.054*	0.057*
		(0.027)	(0.029)	(0.0303)
	创业投资发展水平	0.896**	1.170***	1.320***
		(0.353)	(0.364)	(0.372)
	就业情况	3.842	7.286***	7.361***
		(2.707)	(2.719)	(2.8729)
	高技术产业专业化	36.33***	34.38***	37.75***
		(6.721)	(7.129)	(7.338)
	人力资本	31.870***	28.69***	32.36***
		(6.010)	(6.326)	(6.455)
	小世界网络规模	3.376***	2.647***	2.716***
		(0.743)	(0.765)	(0.797)
	网络中心势	-7.395***	-6.597***	-6.177***
		(1.132)	(1.185)	(1.223)
截距		-2.260*	-3.361***	-3.287**
		(1.178)	(1.229)	(1.299)
观察值		102	102	102
地区数		6	6	6
LR 卡方		212.55	199.71	192.46

表9-11 面板 MLE 回归结果（区分企业与非企业部门 R&D 投入指标）

被解释变量-区域创新系统产出		面板 MLE 回归模型		
		调节效应模型(18)	主效应模型(17)	基准模型(16)
解释变量	创业投资小世界网络结构	0.203***	0.109**	
		(0.051)	(0.043)	
	创投小世界指标*企业部门 R&D 投入	0.201***		
		(0.063)		
	创投小世界指标*非企业部门 R&D 投入	0.024		
		(0.145)		
控制变量	企业部门 R&D 资本存量	0.035	0.051*	0.056*
		(0.028)	(0.0307)	(0.0329)
	非企业部门 R&D 资本存量	0.024	0.127	0.226
		(0.111)	(0.138)	(0.159)
	创业投资发展水平	0.882**	1.168***	1.310***
		(0.352)	(0.362)	(0.363)
	就业情况	3.546	6.547**	5.197
		(2.797)	(3.277)	(3.793)
	高技术产业专业化	37.09***	35.88***	41.68***
		(6.986)	(8.009)	(8.590)
	人力资本	32.62***	30.04***	34.20***
		(6.561)	(6.715)	(6.63)
	小世界网络规模	3.465***	2.524***	2.530***
		(0.795)	(0.798)	(0.818)
	网络中心势	-7.451***	-6.540***	-6.211***
		(1.147)	(1.193)	(1.222)
截距		-2.132*	-3.313**	-3.078**
		(1.181)	(1.318)	(1.547)
观察值		102	102	102
地区数		6	6	6
LR 卡方		213.60	200.06	193.79

综合以上检验，可知本结论有较好的稳健性。

第10章 构建创业投资协同创新网络

传统的创业投资网络研究大多以创投机构间联合投资形成的狭义创业投资网络为主，但创投机构在"募""投""管""退"的过程中，不仅与行业内其他创投机构、所投资企业有密切联系，与行业大公司、政府部门、其他金融机构等利益相关者亦无时无刻不处在资金互通、信息互换、知识互补的协同互动中。因此，从广义的角度来考察创业投资网络，即考虑包含创业企业、创投机构、科研机构、政府、大公司、其他金融机构等利益相关者的创业投资协同创新网络具有重要的研究意义。在创新驱动理念盛行的当下，把握协同创新网络中多主体的非线性、交叉式、网络化关系，优化各类创新要素尤其是知识性要素的配置，激发网络中各主体的创新潜能，都是极具现实意义的研究课题。

10.1 创业投资协同创新网络

10.1.1 创业投资的协同创新网络的动因分析

1. 内生动因分析

（1）信息不对称。

创业投资是一个信息严重不对称的市场，创业投资者是否投资一个项目取决于自身对该项目信息的获取、甄别及判断，而与其他创业投资者、行业专家等交流信息能增加其判断的准确性，降低投资风险。创投与企业、行业内大公司、政府、投行等金融机构相互分享信息等资源，有助于创业投资者全方位了解候选企业的团队情况、技术前景、相关政策及企业的信用情况，缓解信息不对称所带来的道德风险问题，帮助作出正确的投资决策。

（2）提供促进企业成长所需的增值服务。

创业投资不仅为创业企业提供资金支持，还为其提供各类投资后管理服务。Large等（2008）通过整理文献，总结了创投为企业提供的种种融资外增值服务，包括公司内部的人力资源管理（招聘管理层和关键人员、确立人事制度）、委任（解决负责问题、列席董事会）、战略发展设计、指导（参谋、提供非正式信息）、咨询（收集行业、市场、技术、竞争信息）、运营（制定经营计划、风险管理、监控公司绩效、决策机制、建立信息收集机制、提高管理和财务竞争力、提高专业化）；公司外部的认证功能、外延功能（帮助获取外部融资、介绍潜在的供应商和顾客、分享行业内专业人脉关系、打开国外新市场）等。可见，创业投资机构不仅能将自身所具有的丰富资源分享给创业企业，而且还能通过杠杆传递作用，将有合作关系的各方的资源整合传递给创业企业，帮助创业企业实现价值增值。

2. 外生动因分析

（1）创业投资所处的制度环境处于变迁之中。

近年来，与创业投资相关的法律法规在不断地改进与完善，制度在变迁的过程中总会存在一定的政策偏向。在我国创业投资发展初期，为吸引外资创投机构，学习其先进投资经验，制度环境一度偏待外资创投，给予外资创投诸多政策便利，比如1991年4月9日通过的《外商投资企业和外国企业所得税法》（现已废止）曾明确规定，对外国投资者从外商投资企业取得的利润免征所得税。随着中资创投的逐渐兴起，制度环境逐渐为中资创投松绑，对外资的诸多政策限制显现，如2008年1月1日起施行的现行《企业所得税法》规定中资创投机构投资于未上市的中小高新技术企业，可在股权持有满2年的当年按该创投机构对中小高新技术企业投资额的70%抵扣其应纳税所得额。但是离岸基金直接从境外对中国企业进行投资却无法享受投资额70%抵免应纳税所得额的优惠，而且取得股息收入还需要承担10%的预提所得税。在制度偏待之下，不同的创投机构作为"经济人"势必会寻求多种渠道的合作来获取所需资源，规避制度环境变迁带来的劣势，而构建协同创新网络正是寻求资源合作的有益途径。

（2）市场环境不稳定。

商业世界瞬息万变，创业投资随着企业创新成功获得高收益的同时，也面临着巨大风险，这些风险源自市场环境、企业经营的不确定性等诸多方面。商业世界竞争激烈，创业投资市场高度的信息不对称，更加剧了投资风险。不少投资者和企业都存在盲目追风的行为倾向，在市场繁荣阶段，投资商严重的投资模仿行为导致市场高涨；在市场衰退阶段，则导致市场大幅下挫，加速了泡沫的破裂进程。经济环境的变化会引起创业投资主体行为的变化，经济走向下坡，投资风险日益严峻之时，选择缔结广泛的合作关系，与多主体协同创新来获取高的投资绩效，是规避市场不确定性风险的有益途径。

10.1.2 创业投资的协同创新网络基本构架

1. 创新主体识别

在协同创新动因的驱动下，创业投资机构将选择与其他主体构建协同创新关系，以克服创业投资活动中所面临的信息不对称、制度环境变迁、市场环境不稳定等问题。

（1）VC—VC—创业企业。

创业投资机构（以下简称为VC）是专门从事创业投资的专业机构，由拥有良好的专业知识和丰富的经验，能够识别机会、管控风险的专业投资人组成。VC根据出资或管理背景的不同还分为公司创投（CVC）、政府创投（GVC）、银行创投（BVC）等。

VC不仅与外界主体协同合作，而且与行业内其他VC具有更加紧密的联结关系。VC常倾向于联合其他VC进行投资，从而分享投资机会、分散投资风险、共享相关信息以应对不确定的环境（Kaplan等，2004；Hopp等，2011），同时，VC间的联合使双方的经验、技能、契约设计、资金等资源优势互补，更好地选择项目并促进项目的发展，提高投资成功率。因此，VC间的协作组成了协同创新网络的资源转化层，将VC外的各主体的信息资源协同共享，转化成适合创业企业成长的营养。

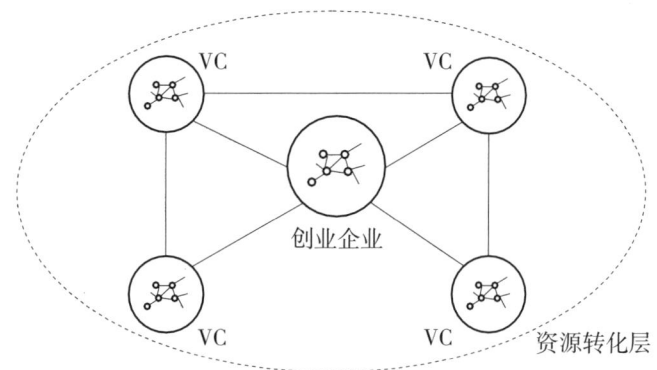

图10-1 VC与创业企业的微观网络

(2) 政府—VC—创业企业。

①政府作为协同创新网络的外部环境支持者。政府部门通过政策引导、政策激励、法律保护、关系协调等方式，能够对整个协同创新网络产生推动作用。通过与创投相关主体的协同交流，政府能制定更适合创投发展、推动地区创新的系统性政策和法规，将政策支持作用于撬动各方资源的着力点。通过对创投信息的获知，掌握市场创新发展的趋势，提前做好监管和政策准备；创投支持下的热点企业往往产生了新的市场，对旧有市场秩序产生改革颠覆性影响，协同创新网络中的政府能使政策从滞后性向前瞻性转变，减少市场无序带来的社会经济影响。

②政府作为协同创新网络的参与主体。相关研究证明了政府对创投、企业的贡献是来源于财力，或者说，撬动资本的能力（Gompers等，1999）。创业企业获得政府创投和创投投资时所获融资总量比单独从政府/创投中获得的融资量要大。这说明了政府资金的涌入并不会挤出民间资金，相反提高了资本总量，政府资金对总投资资金的带动作用明显。在对企业的帮助上，获得了政府创投和独立创投两者投资的企业的成功退出率更高，究其原因，是政府资金加入时总融资量增加导致的效应。Brander等（2015）通过比较政府"直营"的VC和政府支持的VC两者效益，后者在增量效应、成功退出率上表现更好，也说明了政府对创业企业的支持，更多地需要通过专业的创投机构，释放创投行业的活力。另外，对于创投机构来说，和政府

合作可以寻求更多投资机会，获取更多政策上的优惠，运用政府背书提供信用度，增加融资数量，分散投资的风险。

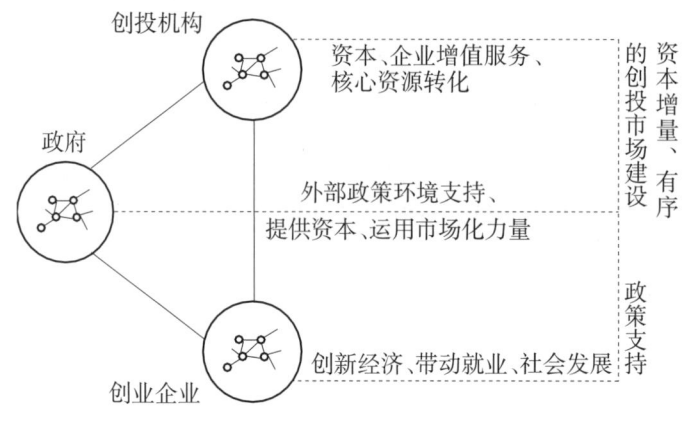

图 10 – 2　政府与 VC 与创业企业的微观网络

（3）孵化器（大学、研究机构）—VC—创业企业。

孵化器是创业企业进入创投的协同创新网络的入口。创业企业的成长一般分为种子期、创业期、扩张期和成熟期四个阶段。孵化器从创业企业的种子期就开始介入，并关注孵化企业的全程发展，通过提供研究、生产、经营的场地，通信、网络与办公等方面的共享设施，系统的培训和咨询，政策、融资、法律和市场推广等方面的支持，降低或分摊创业企业的风险和成本，提高企业成活率和成功率（秦军等，2009）。孵化器往往根植于高校资源、高新技术园区等知识、技术密集型机构创建，或是与之有紧密的联结关系，因此在此将大学、科研机构纳入孵化器的主体当中一起讨论。

孵化器与 VC 存在多方面的资源互补：

①优秀的项目来源。从创投机构的角度来说，由于其逐利性、信息不对称、企业发展不确定性和逆向选择风险的存在，选择经过孵化器培育初创企业进行投资不失为一个优秀高效的项目来源途径。孵化器从项目成型、组建团队起，就对所孵企业具有深刻了解，因此，孵化器的存在使创投更容易对项目作出判断。近年来，孵化器还出现专业化发展的趋势，根据不同领域企业的发展特点不同，围绕某一特定领域，在孵化对象、孵化条件、服务内容和管理队伍上实行专业化，培育特定领域的高新技术企业，如软件孵化器、互联网孵化器、生物医药孵化器、新材料孵化器等。孵化器的专业化也必将大大降低创业投资的搜寻成本。

②管理资源互补。企业孵化器通常能获得大量政府的支持，提供企业主商业知识、财务、法律培训等，与创投投资后管理提供指导也奠定了基础。孵化器会引进和利用律师事务所、会计师事务所、资产评估事务所、咨询公司、信用评级机构、商业银行、证券商、标准认证机构、知识产权估值机构、履行监管和自律职能的行

业协会等社会中介服务体系,为新创企业提供必要的管理咨询服务。孵化器和创投机构各有自身的管理优势和特点,且各自的管理资源网络也存在交叉重叠的部分。所以,孵化器和创投机构可以实现管理资源的优势互补。

③资金优势互补。在各个阶段,企业对资金的需求是不一样的。随着企业的从无到有、从小到大,对资金的需求也会日益增加。但是初创阶段的企业面临技术、市场、管理三大风险,风险高且不易测评,因此一般很难获得银行贷款以及创业投资。相反,孵化器在政策优待下对在孵企业提供多种帮扶支持,不仅有无偿划拨、无息、低息或贴息贷款、贷款担保、税收返还等,还有各种创新基金、孵化基金、科技发展基金贷款、财政贷款担保等信贷资金和科技投资。而当企业进一步发展时,此时的资金需求更加大,就需要引入创投,才能满足企业发展的需求。可以预见,创投与孵化器的结合,由于后者的信息优势可降低投资风险,可以引导创业投资流向企业的早期阶段,帮助企业快速成长。

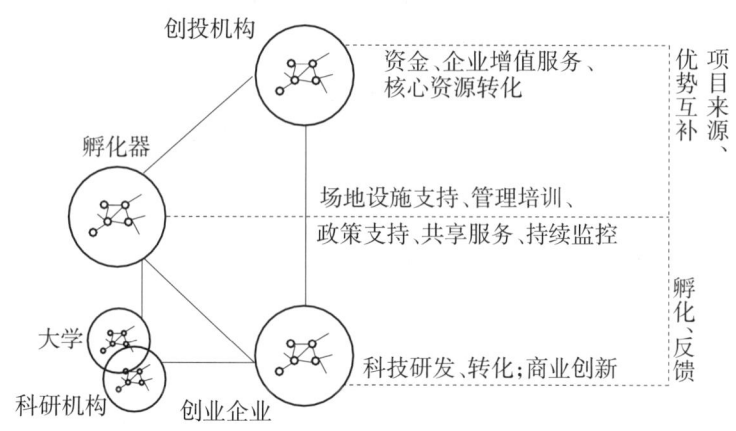

图 10-3 孵化器与 VC 与创业企业的微观网络

(4) 大公司—VC—创业企业。

在协同创新网络中,大公司是指那些在行业内已经取得一定的业界地位,相比初创企业在财力、管理经验、商业资源上更有优势,亦更懂得运用法律力量保护自身的企业,在我国参与创业投资的主要是上市公司,如航空工业集团、大唐电信、腾讯等。大型公司在创投市场也十分活跃,不仅提供雄厚的资金支持,其所拥有的独特资源,更使其在创投市场上占据优势,成为 VC 争相合作的对象(Kei 等,2010)。

①专家知识、行业经验等信息资源流动:大公司,特别是高新技术行业的,以正式或非正式形式,在协同创新网络中传递其专家知识、行业经验,对于 VC 来说,能够帮助其看懂技术、了解该行业的技术趋势,从而更好地评价、选择备选项目。一个创投机构拥有越多的大公司关系,也能成为一种资源,使其名声提高,提升网络地位,获取更多的项目机会。VC 还可以将大公司的技术专家、管理专家列入自己

投资企业的管理团队名单中，从而为所投企业和大公司建立连接，对于创业企业来说具有很大的帮助。例如企业能发现需求，发展大公司所需要的技术、产品，在利基（niche）市场深耕；企业更快地使用大公司的"名牌效应"跻身行业，获得其丰富的社会资本等，即使在 VC 退出后这个关系也能被新创企业好好利用（Maula 等，2005；Weber，2007）。大公司在创投中活跃，同样有助于其结识更多行业的技术专家、了解行业发展趋势（Lantz 等，2011）。通过与外部年轻企业的交流，大公司反过来促进自身的创新能力提高进而维持自身的核心竞争力（Keil 等，2004）。在全球化和区域性创新的社会经济背景下，跨国公司和专注于本土的 VC 之间通过非正式沟通、正式协议而形成的合作网络，已经成为创投界的重要机制，共同寻找潜在的投资机会，取长补短，VC 还能通过这一关系获取地区外的知识、技术、经验（Watkins，2010）。对于创业企业来说，创投机构与大公司之间的合作使被投企业从创投机构的资金、管理经验和大公司的技术、商业知识相结合中获益最大化。

②上下游资源整合：大公司能够帮助创业企业快速提高制造能力、介绍潜在的供应商和顾客，甚至共用分销渠道（Teece，1986）。

③公司并购退出：创业企业被兼并收购也是创业投资退出的主要方式之一。相比于 VC 以追求财务收益为最终目的，公司还有其自身的战略目标，即通过投资外部企业，促进自身的产品创新、技术创新（Birkinshaw 等，2002），寻找收购机会是 CVC 的重要动力（Benson 等，2010）。在探究公司在创投市场对创业企业创造的价值时，亦指出公司单纯以财务回报为目的的参与收效甚微，只有在关注提升双方技术的战略目的时，公司创投才起到最大作用。因此，公司在创投中与企业双向协作，共同挖掘和激发创新潜能，VC 与公司双向协作，能扩宽创投项目的退出通道。

总的来说，创投机构与大公司合作，主要是为了交换行业信息，获取互补信息从而在选择项目时更加高效准确，增加项目源，以及为成功退出铺路；其次是双方结合的商业、科学、技术的专业知识可以为创业企业提供增值服务。

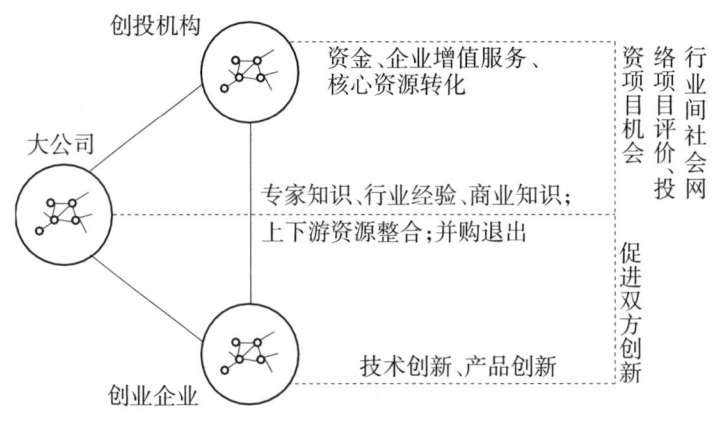

图 10-4 大公司与 VC 与创业企业的微观网络

(5) 金融机构—VC—创业企业。

商业银行、保险公司等金融机构是创投基金的重要融资来源。

信贷融资是创业企业除了股权融资外的重要融资方式，因此商业银行在创投协同创新网络中还可以起到特别的作用。银行通过协同创新网络作为获取创业企业的补充信息途径，创业企业的信息共享促使企业维持自身的良好信用、努力经营业绩、维持财务健康，从而为银行提供贷款增强了信心，并提供更优惠的贷款条件，与企业建立长期关系。同时，银行在与网络各方的协同共享中更加了解企业的融资需求，开发股权质押、知识产权质押、企业互保等符合企业发展需要的创新金融方式。

商业银行运用自身强大的信息、渠道和客户等资源优势，在提供资金募集、托管、财务顾问、客户推荐等为一体的综合性服务的基础上，也在积极开拓股权投资业务，与 VC 开展日趋紧密的合作。多渠道多模式开展"投贷联动"是近年来银行业的研究热点，指商业银行为客户提供信贷支持，创投为企业提供股权融资服务，以"股权 + 债权"的模式，给处于初创期或成长期的中小科技型企业提供融资（杨再平等，2015）。还有一个理解是银行参与创投有其战略目标，在投资业务和贷款业务之间寻求互补性利益，投资于更可能带动其贷款业务的企业，即创投业务可被视作银行的一种跨期的交叉销售，扩大银行的业务范围、增加收入。对于企业来说，和银行保持良好的关系可以获取较有利的贷款条件，获得名声好的银行投资可以作为一种背书，提高自身声誉（Hellmann 等，2008）。

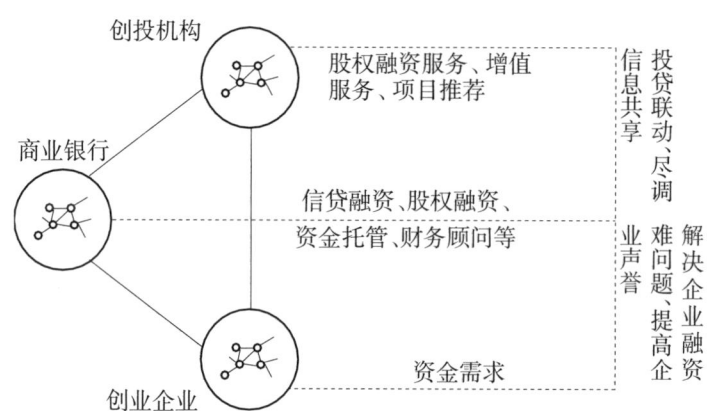

图 10-5　商业银行与 VC 与创业企业的微观网络

(6) 中介机构—VC—创业企业。

除了上述主体外，中介机构还是协同创新网络中不可或缺的辅助者和耦合剂。创业投资行业协会、会计师事务所、律师事务所、信用评级机构、知识产权估值机构、资产评估机构、投融资信息咨询机构、标准认证机构等为创业投资行业的规范化发展、创投协同创新网络的有效运行提供了基础。

10.1.3 创业投资协同创新路径

1. 基于自组织的协同有序——信息共享、资源互补

协同创新网络为政府、创投机构、企业、大公司等提供了资源交流的环境和平台，各种正式和非正式的交流途径使得人力资源、物力资源和信息资源以及科技成果资源能够有效地在各网络节点之间传递，通过交互式学习促进创业企业价值增值。资源共享机制、沟通信任机制的建立进一步推进协同创新网络的高效运作，消除或降低在非协同状态下出现的一系列负面效应，减少或避免内耗和重复行动，充分利用资源。

2. 基于企业发展推进价值创新链的协同——共同目标

协同创新网络梳理创投中各利益主体的目标，将之凝聚在共同为了通过创业企业发展促进区域创新的统一目标之下。各主体在参与创投时会有自身的战略目标规划，创投机构为了退出获利，商业银行有在投资业务和贷款业务之间寻求互补性利益的需求，大公司在创业企业中找寻创新因子，补充自身创新动力，政府发展创投是为了经济转型。本质上各方的利益并不矛盾，创业企业的健康发展，是各方的利益都能得以实现的源泉，因此各方在共同目标的驱动下，积极为企业发展提供价值创造，打通内部资源传导通道，推进价值创新链形成，形成协同创新的生态平衡机制。

3. 基于主体间的深度合作——公平互惠的分配制度

创投协同创新网络中各主体行动遵循公平互惠的利益分配机制，在双向或多向的商务往来和信息交流过程中，任何一方都不是单纯接受而是进行物质或信息的交换和互惠，即在双方互动中分享利益，而不是把自己的利益单方面建立在其他主体单纯付出的基础上。只有公平互惠的分配制度，才能调动各方积极参与价值创造的积极性，在互动过程中，实现各自资源的统筹规划，提高资源的利用率和使用效益。

10.2 创业投资的协同创新网络内部博弈分析

本节构建两个博弈模型来说明创业投资的协同创新网络中各主体进行信息共享的可行性，从而说明协同机制的可行性。通过多方博弈，各方分别选择了一种策略，使得整体利益达到了一种相对的最优状态，任何一方想要改变原有策略都不会得到好处，因此在政府的有效引导下，各方能形成信息协作、利益共享、风险共担的合作，从而使社会创新资源得到更好的优化，为创业企业传递其所需营养。

10.2.1 大公司与创业企业博弈分析

1. 信息困境

在创业投资网络中，假设存在大公司 C 和初创企业 E。大公司在行业内已经取得一定的业界地位，相比初创企业在财力、管理经验、商业资源上更有优势，亦更

懂得运用法律力量保护自身；初创企业的关键内核是其创新技术或创新商业模式。双方协作中，大公司先参与对初创企业的投资后再参与对其的增值管理，而进行投资决策则需要大公司对初创企业有充分的了解，亦即进行全面的尽职调查。

对于企业来说，将自身的技术创新和技术秘密和盘托出固然能获得加大争取公司投资的砝码，但同时也可能带来很大的被侵占风险：当创业企业的核心技术与公司自有技术互补的情况下，此时大公司采取机会主义行为侵占创业公司技术秘密的动机相对较小，因为双方的合作对公司本身的业务来说是有利的，创业企业成功创业不仅可以给公司带来财务上的收益，其本身也会成为大公司一个稳定的合作伙伴或者建立稳定的上下游协作关系；但当创业企业与大公司是潜在竞争者时，即在其技术与大公司已有技术是相互替代关系下，风险就大得多，此时大公司选择将核心技术占为己有从而依靠自身成熟的商业运作体系加以产业化，理论上将获取更大的经济收益。

对于公司来说，在进行创业投资时，则面临是否采取投机行为、衡量其成本和收益的权衡。

总的来说，在不考虑其他约束的情况下，初创企业对大公司的忌惮使其倾向选择信息隐瞒，依靠自身力量缓慢发展、等待或寻找其他融资途径；而这一问题的存在则使大公司难以接触到其想投资的、优秀的创业企业，不能发挥其资源优势。这一信息交流问题如果得不到解决，就造成整个市场上效率的缺失。

2. 完全信息条件下的博弈分析

所谓完全信息条件，就是每个参与人的特征、战略空间及支付函数对参与博弈的各方来说都是已知的。以下首先通过一个在完全信息条件下的简单的模型，来分析公司与创业企业信息披露困境的实质，条件如表 10-1 所示。

表 10-1 大公司与创业企业完全信息博弈的假设条件

序号	假设条件
①参与人	大公司 C，创业企业 E (1)，E (2)，…，E (n)
②行动区间	C 的行动空间为 {C1, C2}：C1 即采取机会主义，侵占创业企业的核心技术；C2 是不采取机会主义，协作创业企业成长。E 的行动空间为 {E1, E2}：E1 为披露信息，E2 为隐瞒信息
③行动顺序	E 先行动，C 再决定其行动
④支付函数	E 所需的资金为 M（包括本金和其他相关费用），公司投资得到的股权比例为 λ。当 E 选择行动 E2 时，C 因无法了解 E 的质量而不对其进行投资，收益为 0，而 E 没有获得 C 的资金，但仍可通过自身积累或其他融资渠道得到资金，创造一个较小的价值 v。当 E 选择行动 E1 时，如果 C 选择 C2，双方合作，创造的价值为 V，C1 为监督、支持创业企业，此行为的成本为 $c1$，自身通过与创业企业的接触交流，所获得非财务的价值增长为 K。如果 C 采取 C1，即采取机会主义行为，则对 E 造成侵害的程度为 θ

（1）一期博弈分析。

博弈的完整过程可从图10－6直观得知。

图中 $V, v, M>0, 0<\lambda, \theta<1$。因为初创企业的核心技术受到大公司的侵占时，其所受到的损害是非常大的，因此 $v>(1-\lambda-\theta)V$。

用逆向归纳法来求解其均衡。在第二阶段 C 的最优战略是 C1，其收益 $(\lambda+\theta)V-M$ 大于 C2 时的收益 $\lambda V-M$；第一阶段，E 知道 C 将选择 C1，因此 E 会选择 E2，获

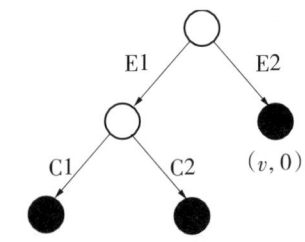

图10－6　大公司与创业企业信息困境的简单博弈模型

取更大的收益 v。所以，该博弈的纳什均衡是（E2，C1），即创业企业选择不披露信息，公司选择机会主义行为。显然，（E1，C2）是更为高效的均衡，但是帕累托改进无法实现，因为它不满足个人理性要求。在短期，即使双方就该均衡达成同盟也难以达到目的，因为没有一方会积极遵守协定。

（2）重复博弈。

在创投市场上，更贴近现实的状况是大公司作为一个长期参与者，与众多寻求资金的创业企业家进行重复博弈。此时模型中的各方收益将是各期博弈的平均值。

在上述博弈模型的基础上，我们先增加一期博弈，其他假设不变，进行一个两期博弈的分析。对于第二期博弈时进入博弈的企业家来说，其首先会观察大公司在第一期的行为，并以此作为判别标准。

显然，当第一期大公司如果采取的是 C1，则 E(2) 就会作出 C 是机会主义者的判断，因此不向其披露信息，选择 E2 的行为策略。反之，C 在第一期的选择是 C2，则 E(2) 会选择向其披露信息。

对于 C 来说，在两阶段博弈中，第二阶段无论如何都会选择 C1。当第一阶段选择为 C1 时，第二阶段会没有收益，两阶段的总收益为 $R1=(\lambda+\theta)V-M$。当第一阶段为 C2 时，两个阶段都有收益。这里引入贴现因子 α。则两阶段的总收益现值为 $R2=\lambda V-M+\alpha[(\lambda+\theta)V-M]$。即通过比较 $R1$、$R2$，若 $R2>R1$，

$$\lambda V-M+\alpha[(\lambda+\theta)V-M]>(\lambda+\theta)V-M \tag{10-1}$$

则 C 第一阶段侵占的利益小于第二阶段将获取的利益贴现值时，理性的 C 就不会在第一阶段采取机会主义，从而获得两期收益。同理，E(1) 在作出分析后也将采取 E1 而使双方合作成功。

可推导到博弈次数为 n 时，当 C 在当期选择 C2 所得到的总利益的贴现值要大于其采取机会主义所得的总利益时，即

$$(\lambda V-M)+\alpha(\lambda V-M)+\cdots+\alpha_{n-t}(\lambda V-M)+\alpha_{n-t+1}[(\lambda+\theta)V-M]>$$
$$(\lambda V-M)+\alpha(\lambda V-M)+\cdots+\alpha_{n-t-1}(\lambda V-M)+\alpha_{n-t}[(\lambda+\theta)V-M] \tag{10-2}$$

简化后同样得出 $\lambda V - M + \alpha[(\lambda + \theta)V - M] > (\lambda + \theta)V - M$，即式（10 - 1）。因此当博弈重复无穷次时，只要满足不等式（10 - 2），(E1, C2) 就有可能各期博弈精炼纳什均衡的结果，即创业企业披露信息而大公司不采取投机主义行为。

3. 不完全信息条件下的博弈分析

在不完全信息条件下，至少有一个参与人不知道其他参与人的支付函数，一个参与人所拥有的私人信息被称为其类型。为了使模型与实际情况更为贴近，假设博弈参与人具有不同的类型，每个参与人只知道自己的类型而不了解对手的类型，但是参与人属于哪种类型的概率是公共知识，所以在每个阶段该博弈都是不完全信息动态博弈。下面建立不完全信息条件下大公司与创业企业的博弈模型，并对模型进行分析和求解，条件如表 10 - 2 所示。

表 10 - 2　大公司与创业企业不完全信息博弈的假设条件

序号	假设条件
①参与人	大公司 C，创业企业 E(1)，E(2)，…，E(n)
②行动区间	C 的行动空间为 {C1, C2}：C1 为采取机会主义，侵占创业企业的核心技术；C2 是不采取机会主义，协作创业企业成长。E 的行动空间为 {E1, E2}：E1 为披露信息，E2 为隐瞒信息
③行动顺序	E 先行动，C 再决定其行动
④信息集	假设 C 分声誉型和机会型两种类型，E(n) 也分乐观型和谨慎型。博弈开始时，C 属于声誉型的概率为 p，E 是乐观型的概率为独立 q。参与人清楚自己的类型，不清楚对方的类型，博弈的历史是共同知识
⑤参与人的战略	声誉型 C 永远不采取机会主义行为，机会型 C 根据利益最大化原则采取行动；乐观型 E 总是向 C 披露信息，谨慎型 E 的行动视情况而定
⑥支付函数	同表 10 - 1

（1）一期博弈的序贯均衡。

我们知道乐观型 E 和声誉型 C 的战略都是唯一的，因此我们讨论：对于机会型 C 来说，只要 E(n) 披露信息，他就会采取 C1 机会主义行为这一占优战略。而对于谨慎型 E 来说，如果选择 E1，期望收益为：

$$p(1-\lambda)V + (1-p)(1-\lambda-\theta)V \tag{10-3}$$

如果选择 E2，则期望收益为 v。

因此，只有当 $p(1-\lambda)V + (1-p)(1-\lambda-\theta)V > v$ 时，谨慎型 E 才会对 C 披露信息。

即

$$P > \frac{[v - (1-\lambda-\theta)V]}{\theta V} = P^* \tag{10-4}$$

（2）连续博弈。

根据对单期博弈的分析，可以知道机会型 C 在最后一期总是会采取 C1 机会主义行为，我们关心的是其在什么情况下会出于维护声誉的需要而不采取机会主义行为。

若机会型 C 在第一期采取机会主义行为，则谨慎型 E(2) 一定不会披露信息，此时 C 所可能取得的最大收益为

$$(\lambda + \theta)V - M + \alpha q[(\lambda + \theta)V - M] \tag{10-5}$$

当机会型 C 在第一期采取 C2 时，其所建立的声誉则可能获得谨慎型 E(2) 的信任，引入贴现因子 α，C 可能获得的最大收益为

$$\lambda V - M + \alpha[(\lambda + \theta)V - M] \tag{10-6}$$

观察上面两个式子，可知建立声誉能够为机会型 C 带来的最大收益增加为 $\alpha(1-q)[(\lambda+\theta)V-M]$，而为此花费的成本是侵害 E 所得的收益 θV。

要使公司 C 为了维护声誉而不采取机会主义，即要求当 $\alpha(1-q)[(\lambda+\theta)V-M] > \theta V$，得出式（10-7），建立声誉的收益大于所花费的成本。

$$q < 1 - \frac{\theta V}{\alpha[(\lambda+\theta)V-M]} = q^* \tag{10-7}$$

由于各参与者处于动态博弈当中，博弈历史是公共信息，令 p^1 为第一期博弈结束后 C 属于声誉型的后验概率，则 C 没有对 E(1) 采取机会主义则 $p^1 = 1$，否则 $p^1 = 0$。

引申到第 N 期博弈序贯均衡，机会型 C 在 t 期不采取机会主义就是为了获取 t+1 期谨慎型 E(n) 的信任。因此，C 在 t 期选择 C2 取得的最大收益增加为 $\alpha(1-q)[(\lambda+\theta)V-M]$，而为此花费的成本是侵害 E 所得的收益 θV。

同样，当 $q < q^*$ 时，C 不采取机会主义行为所带来的收益增加超过了当前付出的成本。而又只有 $p > (p^*)^{N-1}$ 时，谨慎型 E(n) 才会信任 C，而谨慎型 E 根据对 C 的历史观察，修正后的后验概率至少不会比 p 小，因此它们在每次博弈中都会披露自己的信息。

通过以上分析可知，只要 q 足够小，当 $p > (p^*)^{N-1}$ 时，机会型公司就不会采取机会主义，而通过良好的声誉赢得更多的收益。这一结论符合现实情况，即大多数创业企业都十分谨慎，乐观型企业概率小，当 $N \to \infty$ 时，$(p^*)^{N-1} \to 0$，只要有很少的不确定信息，声誉机制就能令企业和大公司参与者进行信息共享。

4. 对博弈结果的说明

通过以上的分析可以看到，在一次性的博弈中，双方的唯一纳什均衡是 (E2, C1)。当博弈参与人具有自身类型的私有信息时，只要大公司是一个长期参与者，那么在重复博弈中就很有可能触发声誉机制，使得前 n-1 期的博弈结果均为更有效率的 (E1, C2)。

这个结果对于大公司和创业企业都是有利的,尤其是当博弈的次数趋于无穷时,也就是大公司并非短期投机者而是要长期开展创业投资活动时,触发声誉机制的条件非常容易达到,而且在声誉机制的作用下,即使有采取机会主义行为的动机,理性的机会型大公司的行为在长期中会表现得与声誉型没有差别,从而实现了从机会型到声誉型的转变。如果大多数大公司在进行投资时都不是只顾眼前利益而更加注重长期收益,那么就有可能开启声誉机制,使创业企业放心与之共享信息,从而双方更好地成长。

在以上的博弈模型中,我们假设除了博弈参与者的类型,其他所有信息都属于公共知识。但现实中,博弈参与者的信息收集能力是有限的,尤其是创业企业,它们缺乏丰富的社会网络和各种信息渠道,可能处在一个相对"信息隔绝"的状态,对大公司的博弈历史很难完全了解。而要使得市场得到充分的信息或者说是接近充分信息,这就需要协同创新的信息平台,使信息尽量透明,让历史的博弈过程尽可能地成为公共知识,这样机会主义者采取机会主义行为后被大家所知的可能性大大增强,也就增强了机会主义者采取机会主义行为的成本。

10.2.2 创业投资机构间的博弈分析

1. 竞争困境

前述部分我们介绍了 VC 出于获取更多的项目流、降低风险、分散投资等原因倾向于联合投资,并形成联合投资网络,对其投资绩效产生积极影响。然而,VC 本身不可避免地存在同业竞争,在投中数据库记录的 VC 从 2008 年的 943 家到 2016 年 7464 家,大量新 VC 进入市场,而相对而言创业企业的数量、优质标的项目并没有迅猛增长,即整个创投市场呈现"狼多肉少"的局面。在这样的情况下,VC 为了竞争项目,免不了不断提高估值,以更多的资本换取更少的股权争取项目,随之带来的影响是多方面的:①在竞争者的压力下,已容不得 VC 花费大量时间考察,而是需要速战速决;②VC 向早期、风险高的项目转移,因为 VC 的增多使企业的议价能力增强,这种议价能力的优势,在双方选择中,慢慢使那些风险高的早期企业也能获得 VC 投资;③高估价在这些项目上体现得更加明显,因为 VC 和企业之间的选择是双向的,基本上高质量的 VC 与高质量的企业、低质量的 VC 与低质量的企业相匹配。新进入的 VC 数量多,争取进行投资获取经验积累的热情更大,因此投资早期、风险高的项目,提高估价的动力更大;④VC 的最终目的是实现退出获利,VC 为了降低不确定风险所作出的绝妙设计是阶段性投资,即 VC 也可以通过在企业进入下一阶段融资时退出。VC 在竞争中抬高的估值在退出时面临考验。VC 在获利的驱动下隐藏项目信息而使他人接手后利益蒙损。如现在市场上存在 VC 与企业共谋,对外夸大融资数额的"潜规则",VC 通过此举使企业获得宣传关注。因此,VC 间能否共享信息,达到真正的从竞争向协作转变,是我们需要考虑的。

2. 完全信息条件下的博弈分析

同样,我们先通过一个完全信息下的简单模型,刻画 VC 间的竞争问题,条件如表 10-3 所示。

表 10-3 VC 与 VC 完全信息博弈的假设条件

序号	假设条件
①参与人	VC_1，VC_2
②行动区间	VC_1 的行动区间是 {A1, A2}：A1 是隐瞒信息，抬高估价；A2 是分享信息，合理估价。VC_2 的行动区间是 {B1, B2}，选择投资或是不投资
③行动顺序	对于同一个项目，VC_1 需要退出，VC_2 需要投资，VC_1 先行动，VC_2 后行动
④支付函数	VC_1 投资的股权比例为 λ，合理估价资本所需为 M_0，企业融资后创造的价值 V。VC_1 以高于 M_0 出价 M_1 在竞争中赢取了项目。VC_1 选择行动 A1 时，若 VC_2 选择 B1，则需要估价为 M_2，若 VC_2 选择 B2，VC_2 没有收益，而 VC_1 则通过其他方式退出得到少于 M_2 的收入 R；VC_1 选择 A2 时，若 VC_2 选择 B1，则 VC_2 估价是原始 M_0 的基础上加上增值的 m。为了简化方便，忽略相关费用

（1）一期博弈分析。

博弈的完整过程如图 10-7 所示。

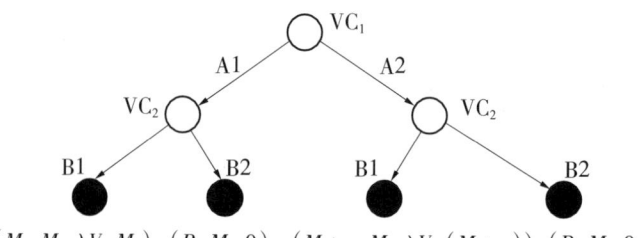

图 10-7 VC 与 VC 竞争困境的简单博弈模型

用逆向归纳法来求解其均衡。在正常情况下，合理的估值使创投获益，$\lambda V - (M_0 + m) > 0$，即当 VC_2 判断 $\lambda V - M_2$ 也大于 0 时，VC_2 无论 VC_1 如何行动也会选择 B1，投资该项目。在竞争形成的创投市场一片火热的氛围下，VC_2 相信 $\lambda V - M_2$ 大于 0，即 VC_2 一定选择 B1。在第一阶段，VC_1 知道 VC_2 一定选择 B1，而 M_2 比 $M_0 + m$ 大，因此，VC_1 选择 A1，放出迷惑市场的信息，抬高估价。所以该博弈的纳什均衡是（A1，B1），即 VC_1 在高估价投资企业后，在退出时放出模糊信息，抬高估价，从而使其他 VC_2 利益受损，若企业发展并不如 VC_1 所描述的那么好时，VC_2 利益受损更加严重。同时，变化的市场中，VC 会成为 VC_1 也有机会是 VC_2，侵害了他人利益反过来也会被他人侵害利益，所以（A1，B1）是子博弈的纳什均衡，却绝不是帕累托最优。总之，VC 间倾向于隐瞒自身获知的项目信息以便在退出时迷惑市场。

这里我们也可以知道，高估价不可能无限制提高，当 VC_2 不认为 $\lambda V - M_2$ 大于 0 的时候，其宁愿选择收益为 0 的不投资策略，使整个投资市场都不能良好地运行。

（2）重复博弈。

现在我们考虑更现实的情况，即 VC 在市场上进行多次投资，是长期博弈者。各方收益是各期博弈的期望收益。在上述博弈模型的基础上，我们增加一期博弈，其他假设不变，先进行一个两期博弈的分析。

对于第二期进入博弈的 VC_2 来说，其会观察 VC_1 在第一期的行为，当 VC_1 提高估价时，VC_2 认为 VC_1 是机会主义者，不信任 VC_1 从而选择不投资，反之，VC_1 第一期选择 A_2 时，VC_2 则会选择信任 VC_1 而投资。

对于 VC_1 来说，从自身利益最大化考虑，第二阶段一定会选择 A_1，退出时获取高收益。当 VC_1 的两期行动策略是 $A_1 \rightarrow A_1$ 时，两期总收益为 $W_1 = (M_2 - M_1) + \alpha(R - M_1)$，$\alpha$ 为贴现因子。VC_1 的两期行为策略是 $A_2 \rightarrow A_1$ 时，两期总收益为 $W_2 = (M_0 + m - M_1) + \alpha(M_2 - M_1)$。

当 $W_2 > W_1$，化简得

$$\alpha(M_2 - R) > M_2 - (M_0 + m) \tag{10-8}$$

则 VC_1 在第二阶段抬高估价获得收益的贴现大于第一阶段抬高退出的收益时，VC_1 就会选择 $A_2 \rightarrow A_1$ 而不是 $A_1 \rightarrow A_1$ 策略。

当博弈次数为 n 时，

$$W_{1n} = (M_0 + m - M_1) + \alpha(M_0 + m - M_1) + \cdots + \alpha_{n-1}(M_2 - M_1) + \alpha_n(R - M_1) \tag{10-9}$$

$$W_{2n} = (M_0 + m - M_1) + \alpha(M_0 + m - M_1) + \cdots + \alpha_{n-1}(M_0 + m - M_1) + \alpha_n(M_2 - M_1) \tag{10-10}$$

要使 $W_{2n} > W_{1n}$，即当 VC_1 预期当期不采取机会主义而赢得 VC_2 信任，所能获得的未来退出收益更高时，VC_1 就将与 VC_2 共享信息，与 VC_2 合作进行合理估价，(A_2, B_1) 就有可能是各期博弈精炼纳什均衡的结果。

3. 不完全信息条件下的博弈分析

在完全信息一期博弈的简单模型中，我们已经提及 VC_2 是否选择 B_1，还取决于 VC_2 对 VC_1 的判断。在不完全信息条件市场下，VC_2 不能确定 VC_1 会采取的行动，但是 VC_2 认为 VC_1 抬价的概率为 p，即投机型 VC 在整个 VC 市场中所占的比率，或者说整个创投市场竞争情况，是属于公共知识，并且 p 属于后验概率，在每次博弈中观察 VC_1 行为从而得到调整。

对于 VC_2，做出 B1 选择的期望收益为

$$E(VC_2)_{B1} = p(\lambda V - M_2) + (1-p)[\lambda V - (M_0 + m)] \tag{10-11}$$

B_2 的期望收益 $E(VC_2)_{B2} = 0$，当 $E(VC_2)_{B1} > E(VC_2)_{B2}$，即

$$p < \frac{\lambda V - (M_0 + m)}{M_2 - (M_0 + m)} = p^* \tag{10-12}$$

VC_2 选择 B1，进行投资。观察上式可知，p^* 是 M_2 的减函数，也就是当 M_2 越大，VC_1 的估价越高，p^* 越小，即要求 VC_2 认为 p 很小，竞争情况很温和，VC_2 才会进行投资。显然这是很严格的规定，要求 VC 之间的信任度很高，VC_2 才会接受 VC_1 的估价，实行 B1 的投资战略。又由于 p 是后验概率，VC_2 会观察 VC_1 的历史行动而作出判断，因此，VC_1 想要取得 VC_2 的信任，需要在过往的交易中表现良好，注重声誉，从而获得更多未来的投资机遇。

4. 对博弈结果的说明

通过以上分析可以看到：在一次性的博弈中，双方的唯一纳什均衡是（A1，B1）。当 VC_1 预期当期不采取投机主义而赢得 VC_2 信任，所能获得的未来退出收益更高时，VC_1 就将与 VC_2 共享信息，与 VC_2 合作进行合理估价，（A2，B1）就有可能是各期博弈精炼纳什均衡的结果。

尽管投资者放出模糊市场的信号，如哄抬估价、寻求接盘等行为短期来看是合理的，但是长期来说，这种行为可能损害其在投资网络中的名声，阻止他人以后邀请其参加项目的联合投资。名声对于一个 VC 联合他人在对同一个项目的后续投资以及后续交易中都至关重要。在一个需要不断联合他人协作的市场中，需要表现公平才能获取好名声，获得持续性发展。进一步说，当一个主体担任先行者时采取了投机行为，损害他人的利益，则当自身处于非先行者地位时也可能受到投机行为的侵害。在协同创新网络当中，VC 对市场信息公正透明有更好的预期，从而有更大的信心去开放共享，率先走出竞争困境。VC 协同合作，可将在合理估价中盈余的资金和获得的利润增值投入更多的项目，花更多精力关注于项目的投资后管理，而不是陷入恶性竞争的漩涡之中。

10.2.3 孵化器、政府、银行、创业投资机构与创业企业

政府参与创投，是政府调解创新市场失灵问题的重要方法。政府为了促进创业创新发展，维护创投市场的健康发展，与协同创新网络各主体特别是创投机构、孵化器、创业企业有强烈的联结动机，并且促使各方的信息交流和协作。贷款是企业除股权融资外的重要融资方式，在企业刚发展，未形成成熟的股权结构或未引进创投时，银行贷款是更为企业熟知的融资方式。银行有开拓更多贷款业务，在把控风险的前提下创新业务形式增加营收的需求。在创投协同创新网络的信息共享下，提高了商业银行对创业企业还贷能力的判断准确度，通过与各方的联结更提高了其对贷款预期收益的信心，从而使银行对合乎条件的创业企业积极放贷，最终使创业企业收益。下面我们进一步阐述多方联结、信息共享的互惠关系。

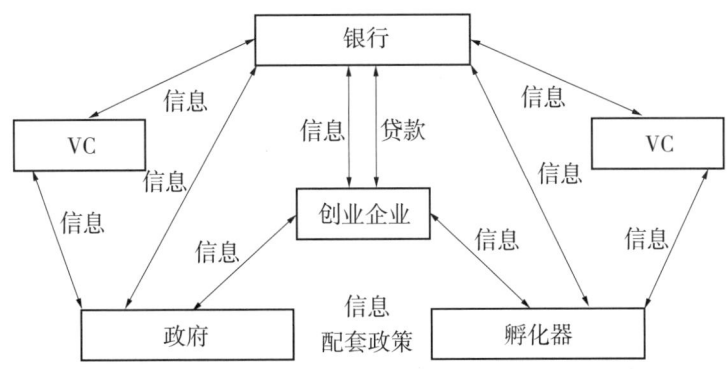

图 10-8 创业企业、政府、孵化器、银行、VC 的信息交流局部图

政府与 VC 联结。相关研究证明,政府对创投机构、企业的创新贡献是其撬动资本的能力,而单独由政府主导的投资,则很容易出现地区由于政治压力、投资绩效激励不足,以及行政效率低下而导致投资效率低下的情况,甚至政府可能利用其强势地位,获取寻租空间的问题。如今政府通过政府性创业投资引导基金,强调其尊重市场化运作的原则,主要目的是撬动更多民间资本进入高新技术行业,缓解创新所缺资金的限制;同时,利用 VC 对创业企业选择的专业知识、丰富的信息网络,辨认具有潜力的企业并且为其提供增值服务,指导其更好地成长。相对于政府直接提供税收优惠和研发补贴的传统做法,政府能通过创投机构缓解信息不对称而造成的道德风险,将资金用于正确的地方,使企业可以将资金用于需要的地方,例如市场营销、生产部门,而不仅仅是限制于研发投入。因此,政府会积极参与到与 VC 的协作中,通过市场的力量掌握创新创业的发展动态。

政府通过孵化器与创业企业联结。每年有众多创业企业成立,创业企业加入当地的孵化器能够得到自身新创期所需的硬件、软件资源的帮助,以及政府通过孵化器集体提供的税收优惠等财务支持。孵化器对在孵企业的情况定期记录,在协同创新网络中互享,为企业引入所需的外部资源,同时孵化器之间加强沟通交流,分享孵化经验,相互学习,并牵头各在孵企业同业或跨界交流,进一步使创业企业主动融入协同创新网络当中。政府亦能通过协同创新网络了解企业的信息,评估自身相应的政策绩效,甚至建立每个创业企业自身的信用档案,建立创业企业的信用平台,弥补这方面的空白,进一步形成工商市场健康的运行局面。

创业企业与银行联结。贷款融资是创业企业除股权融资外重要的融资方式。然而出于对风险控制的高要求,商业银行并不轻易接受创业企业的贷款申请,即使贷款通过,其利息之高也让企业望而却步,打击了创业企业家的积极性。创业企业的贷款风险来源于两个方面,一是其经营的不确定性,二是企业履约还款的信用风险。当我们将企业与银行置身于创投的协同创新网络中,这一问题便得以解决。信息共享的协同创新网络成为商业银行获取企业信息的低成本途径,信息不对称的矛盾有所缓解;孵化器与企业、政府联结,孵化器对在孵企业的经营现状、团队情况最为熟知,在政府的支持下,孵化器可以在在孵企业之间组织互保组,统一为企业担保,与银行协作进行风险定价;企业在网络中拥有自身的信用档案,一次失信将打上不守信的烙印,企业违约的信用风险大大降低。银行对创业企业的风险预期降低,从而从自身的利益出发,将选择降低创业企业贷款的门槛,并提供优惠的合同,使创业企业得以解决融资难题,发挥其发展潜力。

银行与VC联结。随着政策对银行开展股权投资业务的逐渐放松,银行也将成为创业投资市场中的重要投资者,从以往的间接参与向直接参与转变。间接参与,即银行提供资金给创投机构,由创投机构投资企业并回报给银行,银行不会再与企业有投资方面的业务接触,也就是金融机构投资创投机构从而获取回报的传统方式。直接参与即银行成立创业投资部门,不经过创投机构,直接对接创业企业进行投资,这种方式是银行多业务发展的衍生品,经典的例子如著名的硅谷银行。银行创投机构通常追随创投机构参与联合投资,而不是单打独斗,如硅谷银行创业投资的基本理念之一是在创业投资公司之后投资,规定所服务的客户对象必须是有创业投资支持的公司,并寻找更多的创业投资公司来合作。可以推断,无论是哪种参与方式,商业银行参与创投,都必须与VC建立紧密的合作关系,与创业投资相关利益者建立共享信息、共同合作的关系网络。

大多数研究在谈论竞争战略时,往往忽略了公司间合作关系的重要性(Echols等,2005),既然竞争与合作是同时存在的,我们就应该学会从公司间合作的网络关系结构中获益。对于高风险、低流动性、规模不经济创业投资而言,合作尤其重要。网络化发展是创业投资行业的一个显著特征(Hochberg等,2007),任何创业投资机构都会主动或被动地置身于网络化发展的中观环境之中,借助网络寻求投资机会、分担投资风险、最大限度地为创业企业增值,并提高自身绩效(Abell等,2007;Ewens,2010)。对国家和地区而言,创业投资网络与区域经济繁荣紧密相关,政策制定者可以通过了解区域创业投资网络的发展状态,制定出政策促进创业活动以刺激经济的发展(MacLean等,2010)。紧密合作的创业投资网络有利于地区创新资源的高效配置(Castilla,2003)。在新兴经济体创业投资网络的作用更大,因为新兴经济体在制度变迁的过程中网络甚至可以补充或代替不完善的正式制度(Ahlstrom等,2010)。

中国经济处于稳步发展之中,全球的创业资本都看中了中国经济发展带来的资本增值的机会。过去,投资经验并不丰富的中资创业投资在众多商业计划书中筛选投资项目的同时,忽略了合作网络关系的建设,以至于将本土市场创业投资网络的核心位置拱手相让给外资创业投资,令自身处于网络边缘。实证证明,这样就等于把获取更高投资绩效的途径也放弃了。另外,在国家相关政策的引导和鼓励下,越来越多的本土资金加入创业投资之列,中资创业投资机构的数目也迅速增加。但是,这些新增的中资创业投资机构对合作网络关系建设的重要作用更加无从得知,以至于从网络合作的紧密程度来看,过往中国创业投资网络的质量一度有下降的趋势。

如此下去，对国家创新经济的发展、对本土创业投资机构的成长都是不利的，为此，基于前文的实证研究对中国创业投资网络建设提出以下建议。

10.3 构建优质创业投资协同创新网络的建议

对政府部门而言，在鼓励各类资本进入创业投资领域时，还要重视对其进行引导，加强行业管理，建立创业投资机构间合作交流的平台，通过行业协会等交流平台对新成立的创业投资机构进行专业知识的培训，及时总结和宣传发达国家的创业投资经验，加强对本国创业投资的理论研究，鼓励合作投资，营造合作共赢的文化氛围，避免民间资本的盲目性投资。

加强创业投资协同创新网络的研究，引导其体系建设，充分发挥协同创新网络的聚合效应、共担效应和反馈效应，从而使创业投资在我国创新经济发展中更好地发挥其"引擎"和"杠杆"作用。创业投资的协同创新网络的提出，是一种管理思维的转变，要求政府从个体创新激励的传统做法向协同创新主体间的互动激励转变，由解决"市场失灵"为核心扩展到兼顾"系统失灵"，从而提高公共创新政策的灵活性、针对性、有效性，保证各项政策之间的系统性、综合性和连贯性，形成各个主体分工合理、优势互补的结构。一个风险共担、利益共享、共同发展的创投协同创新网络，才能充分吸纳和及时利用一切智力资源和政策资源，建立充满活力的创新型国家。

引导各方从竞争自利思想向协同互惠思想转变。合作共享是时代发展的趋势，引导创业企业、创投机构、商业银行、大公司等协同创新网络主体转变思维，各方需要改变以往狭隘的竞争自利思维，从长远利益出发，从自利向利他从而互利互惠转变。政府可通过建立相应的信用制度、声誉机制作为协同合作支撑，建立公平公正的市场秩序，如强化合同意识，完善相关知识产权保护的规制，贯彻利益共享、风险共担的原则，构建保护一个开放、互信的协同创新环境和制度。

引导各主体运用协同机制促进自身创新。在协同创新网络下，创投机构可以对其花费大量精力的尽调、监控等环节进行改革，将更多精力转向为企业提供积极有用的增值建议、退出管理上；担保机构可以探索发展企业互助式会员制担保，构建高效便捷的创业企业信用担保体系；商业银行可探索和尝试企业互保组债权融资和打包贷款等创新形式；高校、科研机构等高新技术密集型部门，可以充分利用协同创新网络的资源促进其科研结果向商业化、产业化转变实现，反过来也将为整个网络产生更多的创业企业。对于创业企业，要引导其重视社会网络价值发展，在协同创新网络中以开放的姿态建立广泛的人际关系，并主动在网络中寻求有利的结构位置。

建立面向创业投资的信息集成与服务系统，助力创业投资协同创新网络建设。通过各种软硬件设施、信息技术工具，在各主体的协作下，投资环境、投资对象、投资过程、投资管理及资金退出的实时监测将更容易实现，不仅为企业发展提供适时的所需资源，更能进一步使市场更好地掌握行情信息，降低信息收集难度，缓解信息不对称及其带来的道德风险问题。该系统同时可开发信息聚类、情报检索、信息推送等高度智能功能。

10.3.1　给政府部门的有关政策建议

1. 搭建创业投资机构合作交流平台

政府为所管辖的企业提供信息服务，有利于整合资源，实现资源的高效配置。既然创业投资机构的合作网络对创业投资机构及地区经济的建设都有着重要的作用，那么为创业投资机构搭建合作交流的平台就非常必要了。相对而言，外资创业投资机构成立的时间较早，其投资经验和对投资机会的把握能力会强些，但是它们来到他国的市场进行跨国投资，也许会存在"非本土劣势"（许德音，2002）。与当地创业投资机构合作（Hochberg 等，2007），便是外资进入中国创业投资市场的策略之一。而大多中资创业投资机构缺乏的就是经验和技巧，但是苦于既没意识到建立合作网络的作用，也有可合作投资的伙伴，所以就出现了中资创业投资机构占据弱势网络地位的现象。

政府及相关部门可以通过推动构建全国创业投资机构交流合作平台，来拓宽创投机构之间的联系沟通渠道。对于创投机构来说，占据结构洞位置可以带来垄断的信息资源，从而控制信息在不同群体之间的流动以达到获利的目的；建立全国创业投资机构交流合作平台可以为创投机构提供更加高效的沟通渠道，推动不同创投机构形成合作关系、创投机构间特异性知识资源的共享和交流。这在一定程度上使不同创投机构的合作伙伴数量以及拥有的特异性知识资源的差异缩小，从而促进占据较多的结构洞位置的创投机构和占据较少的结构洞位置的创投机构之间的控制优势均衡化，降低信息不对称的风险。因此，为创业投资机构搭建合作交流的平台，有利于中资创业投资机构进行更多的行业互动，分享投资经验和信息，降低信息不对称的风险，有效地提高资源配置，也有利于中外资创业投资机构开展优势互补的合作投资，构建起有利于我国创业投资资本的高效配置和创投机构密切合作的创业投资网络。

2. 建立健全创业投资征信体系

现代经济是信用经济，信用作为特定的经济交易行为，是商品经济发展到一定阶段的产物。信任是合作行为得以开展的基础，通过过去积累的交易经验，进而产生规范性的标准，继续影响未来的合作行为与信任关系，从而实现长期利益（罗家德，2010）。但是大多数中资创业投资机构缺乏的就是时间和经验，于是就出现了在创业投资网络中，原有网络地位越强的创业投资机构更可能被邀请进行下一次的联合投资，而新成立或成立不久的中资创业投资机构就只能眼睁睁地看着自身的网络地位越来越弱，这显然不利于我国创业投资行业的发展。但是，Hopp（2008）通过实证发现，创业投资机构出于战略的考虑，并不愿意与自身地位相当的同行进行合作，合作更容易在具有互补性能力的机构间展开，也就是无论强弱谁都有合作的机会，这时信用就会在合作当中起到相当重要的作用。此时，如果专业化的、独立的第三方——政府或者协会，能为创业投资机构、创业投资家个人、创业企业、创业企业家个人建立征信体系，建立信用档案，依法采集、客观记录其信用信息，让合作双方更容易了解对方的资信状况，这有利于没有太多经验的中资创业投资机构参与联合投资，占据更有利的网络地位。

3. 完善与创业投资相关的制度环境

经济主体处于制度环境之下就会受制度的约束，被制度环境影响。我国创业投资行业的发展一直以来受政策制度的影响，在既有制度环境下，大多数创投机构在制度面前首先都是被动的，而制度直接影响创投的资源获取能力，进而影响绩效。要保持创业投资持续健康发展，制度的创新和完善是关键。中国创投制度的逐步完善和政府的政策扶持可以减少中外资创投由于制度分离现象造成的不公平竞争和绩效差异，对创投行业整体的发展意义重大。因此，不断完善国内创投税收优惠制度、优化多层次资本市场的退出制度，综合改善各类创业投资相关制度从而优化国内创投的制度环境，对于创业投资行业稳步发展意义重大。

4. 适时开展专业投资知识培训

近年来，由于政府创业投资引导基金起到的重要杠杆作用，加之相应政策法规的鼓励，中国市场上兴起了"全民 PE"的热潮，大量小型本土私募股权基金涌现。在这一过程中，民间资本成为中资创业投资基金中一支重要的力量，民间资本的加入既丰富了中国创业投资的力量，也为希望在境内 IPO 的创业企业提供更多的资本选择。与此同时，民间资本存在的问题也不容忽视。首先，相比外资大型投资机构而言，本土投资机构无法为企业提供全球化战略和融资安排；其次，民间资本基金规模普遍偏小，对于资金需求较大的项目力不从心；最后，国内民间资本投资项目经验不足，尚不成熟。因此，加强对民间资本的引导，通过行业协会适时开展专业投资知识培训，及时总结和宣传发达国家、发展中国家的创业投资经验，鼓励合作投资，营造合作共赢的文化氛围，避免民间资本的盲目性投资，成为当前需要重视的问题。

5. 鼓励学者加强对我国创业投资的理论研究

理论是对实践的总结，立足于实践的理论才是好理论，更重要的是，好的理论能够总结出实践的"规律"。这样的理论是有建设性的，可以对实践起到指导作用。相较于发达国家，我国的创业投资起步较晚，经验较少。我们当然可以通过时间去积累经验，但是这样的成本会比较高。经验没有可能也没有必要完全用时间去复制，理论总结可以帮助我国的创业投资以更小的代价健康快速成长。美国是世界上最早开始创业投资，也是最早开始对创业投资进行理论研究的国家，相关私募股权数据库最为完善，同时也是全世界创业投资做得最好的国家。目前，我国已有专业数据收集商投中集团和清科集团建立起中国私募股权的数据库,这使学者对我国创业投资进行相关理论研究成为可能,但是其存在数据收集不够完整和收费较高的问题,高额的年费让许多有志从事私募股权理论研究的学者望而却步,而学者自己向时间观念极强的创业投资家收集一手数据难度更高。因此,给学者创造研究的条件,鼓励学者加强对我国创业投资理论的研究不应该被忽视。

10.3.2 对创业投资机构自身建设的建议

1. 善用"舍得"策略

通过前文的实证,我们发现外资创业投资机构非常重视网络地位的建设,其原因是优势的网络位置能为其带来更高的投资绩效。那么对于网络地位较弱的中资创业投资机构而言,怎么样才能提高自身的网络地位、获取优势的网络位置呢?

Hochberg 等(2007,2010)在进行创业投资网络绩效效应研究时提到,主动邀请他人进行联合投资可以为将来带来更多的投资机会。本研究给处于弱势网络地位的中资创业投资机构的建议是,采用"舍得"策略,先舍而后得。先将好的投资机会与他人分享,尤其是与现有网络地位较高的创业投资机构合作,利用对方较高的网络地位提高自身在网络中的影响力,而后再逐步提高自己的各项网络能力,从而获得更好的网络位置。

为了检验"舍得"策略的可行性,将标准点出度的滞后一期作为自变量,代表上一年主动邀请他人联合投资的情况。将本期各项网络中心度指标作为因变量。在通用模型(7-9)的基础上构建通用模型(10-13),检验滞后一期的标准点出度(发出邀请的情况)对本期各项网络指标的影响。检验结果见表 10-4。

$$Centrality_{it} = \alpha + \varphi L.\text{nrmloutdeg}_{it} + \beta Source_i + \sum_{i=1}^{k} \gamma_i Control_{it} + \varepsilon_{it} \quad (10-13)$$

$$Centrality_{it} = \alpha + \varphi L3.\text{nrmloutdeg}_{it} + \beta Source_i + \sum_{i=1}^{k} \gamma_i Control_{it} + \varepsilon_{it} \quad (10-14)$$

表 10-4 的检验结果表明,滞后一期的标准点出度对网络标准度数中心度、标准点出度、标准点入度、标准中介中心度都有显著影响,唯独对网络的标准接近中心度没有显著影响。这说明上一年主动发出合作邀请可以显著地增加当年的网络局部影响力、发出邀请的能力、被邀请联合投资的次数及成为网络中介的能力,但是还不能显著地影响到该创业投资机构在整体网络中的影响力。但是,我们将滞后三期的网络点出度作为自变量,用通用模型(10-14)再次进行回归时,发现滞后三期的网络点出度对 5 个网络中心度指标都有显著的影响,说明创业投资机构主动发出合作邀请的策略对 3 年后的网络地位的提高将产生全面的、显著的影响,也就是说,主动的邀请行为对将来的网络地位建设有非常显著的好处(表 10-5)。所以说,"舍得"策略对中资创业投资机构将来提高自身的网络地位是有效的,可以成为中资创业投资机构提高网络地位的可行策略。表 10-6、表 10-7 则是用滞后二期和滞后四期的点出度作为自变量进行回归,结果说明该结论具有稳健性。

表10-4 "舍得"策略对网络地位提高的面板数据检验——滞后一期

变量		标准度数中心度	标准化点出度	标准化点入度	接近中心度	中间中心度
		(1)	(2)	(3)	(4)	(5)
滞后一期标准化点出度		0.7895***	0.5832***	0.3320***	2.1110	2.6575***
		(0.029)	(0.016)	(0.016)	(2.056)	(0.161)
所有权性质		0.0369***	0.0138**	0.0178***	6.0456***	0.0025
		(0.011)	(0.006)	(0.006)	(1.469)	(0.058)
投资经验	此次投资前创业投资总投资轮次	0.0011*	0.0015***	0.0011***	0.0570	0.0283***
		(0.001)	(0.000)	(0.000)	(0.046)	(0.003)
	距离创业投资第一次投资的时间	0.0050	0.0036	0.0037	0.0974	0.0403
		(0.006)	(0.003)	(0.003)	(0.478)	(0.034)
投资风险	投资时创业企业平均年龄	0.0098	-0.0015	0.0028	1.6043***	0.0120
		(0.008)	(0.004)	(0.005)	(0.491)	(0.044)
	投资时创业企业平均被投轮次	0.0057	0.0004	-0.0003	-0.0293	-0.1317**
		(0.012)	(0.006)	(0.007)	(0.790)	(0.066)
	投资时创业企业平均被投阶段	-0.0386**	0.0065	-0.0185**	0.1198	0.0713
		(0.016)	(0.008)	(0.009)	(0.999)	(0.087)
行业竞争	年市场新募集创业投资资金量	-0.0171	-0.0227***	-0.0214***	3.4339***	0.1378*
		(0.013)	(0.007)	(0.008)	(0.839)	(0.073)
	年市场创业投资机构投资资金量	-0.0154	-0.0084	-0.0013	-0.4040	-0.0819
		(0.013)	(0.007)	(0.007)	(0.711)	(0.072)
市场机会	二级证券市场年平均市盈率	0.0011*	0.0011***	0.0007**	-0.2365***	-0.0070**
		(0.001)	(0.000)	(0.000)	(0.030)	(0.003)
截距		0.2012**	0.1667***	0.1513***	11.0472*	-0.2810
		(0.092)	(0.049)	(0.052)	(5.706)	(0.505)
观察值		15 446	15 446	15 446	15 446	15 446

表 10-5 "舍得"策略对网络地位提高的面板数据检验——滞后三期

变量		标准度数中心度	标准化点出度	标准化点入度	接近中心度	中间中心度
		(1)	(2)	(3)	(4)	(5)
滞后三期标准化点出度		0.5259***	0.3373***	0.1912***	4.7634***	1.9245***
		(0.030)	(0.018)	(0.016)	(1.713)	(0.134)
所有权性质		0.0527***	0.0304***	0.0274***	5.8104***	0.0795
		(0.012)	(0.007)	(0.007)	(1.460)	(0.059)
投资经验	此次投资前创业投资总投资轮次	0.0015**	0.0021***	0.0015***	0.0747*	0.0188***
		(0.001)	(0.000)	(0.000)	(0.044)	(0.003)
	距离创业投资第一次投资的时间	-0.0016	0.0006	0.0007	0.0331	0.0288
		(0.007)	(0.004)	(0.004)	(0.476)	(0.032)
投资风险	投资时创业企业平均年龄	0.0109	0.0026	0.0028	1.5598***	0.0094
		(0.009)	(0.006)	(0.005)	(0.490)	(0.041)
	投资时创业企业平均被投轮次	-0.0032	-0.0083	-0.0032	-0.0907	-0.1385**
		(0.014)	(0.008)	(0.008)	(0.786)	(0.062)
	投资时创业企业平均被投阶段	-0.0185	0.0200*	-0.0092	0.2888	0.1119
		(0.018)	(0.011)	(0.010)	(0.993)	(0.081)
行业竞争	年市场新募集创业投资资金量	-0.1175***	-0.0925***	-0.0678***	2.9736***	-0.1425**
		(0.014)	(0.009)	(0.008)	(0.807)	(0.063)
	年市场创业投资机构投资资金量	0.0368**	0.0313***	0.0177***	-0.0144	0.1025
		(0.015)	(0.009)	(0.008)	(0.718)	(0.066)
投资机会	二级证券市场年平均市盈率	0.0019***	0.0015***	0.0011***	-0.2372***	-0.0045*
		(0.001)	(0.000)	(0.000)	(0.030)	(0.003)
截距		0.4829***	0.3108***	0.3225***	11.4444**	0.1909
		(0.107)	(0.064)	(0.058)	(5.737)	(0.467)
观察值		15 446	15 446	15 446	15 446	15 446

表 10-6 "舍得"策略对网络地位提高的面板数据检验——滞后二期

变量		标准度数中心度	标准化点出度	标准化点入度	接近中心度	中间中心度
		(1)	(2)	(3)	(4)	(5)
滞后二期标准化点出度		0.5824***	0.5073***	0.2351***	4.3575**	2.2415***
		(0.034)	(0.018)	(0.018)	(1.905)	(0.152)
所有权性质		0.0558***	0.0212***	0.0265***	5.8926***	0.0761
		(0.012)	(0.007)	(0.007)	(1.461)	(0.059)
投资经验	此次投资前创业投资总投资轮次	0.0017**	0.0015***	0.0014***	0.0585	0.0191***
		(0.001)	(0.000)	(0.000)	(0.044)	(0.003)
	距离创业投资第一次投资的时间	0.0023	0.0018	0.0025	0.1139	0.0445
		(0.007)	(0.004)	(0.004)	(0.477)	(0.032)
投资风险	投资时创业企业平均年龄	0.0146	0.0022	0.0048	1.6460***	0.0245
		(0.009)	(0.005)	(0.005)	(0.490)	(0.041)
	投资时创业企业平均被投轮次	-0.0023	-0.0063	-0.0036	-0.0177	-0.1328**
		(0.014)	(0.008)	(0.008)	(0.788)	(0.062)
	投资时创业企业平均被投阶段	-0.0167	0.0218**	-0.0091	0.2741	0.1209
		(0.019)	(0.010)	(0.010)	(0.996)	(0.081)
行业竞争	年市场新募集创业投资资金量	-0.0722***	-0.0514***	-0.0461***	3.5294***	0.0418
		(0.015)	(0.008)	(0.008)	(0.818)	(0.066)
	年市场创业投资机构投资资金量	-0.0104	-0.0062	0.0009	-0.4439	-0.0779
		(0.015)	(0.008)	(0.008)	(0.708)	(0.066)
市场机会	二级证券市场年平均市盈率	0.0018***	0.0015***	0.0010***	-0.2399***	-0.0051*
		(0.001)	(0.000)	(0.000)	(0.030)	(0.003)
截距		0.4870***	0.3047***	0.2809***	9.9351*	0.1159
		(0.107)	(0.057)	(0.057)	(5.670)	(0.463)
观察值		15 446	15 446	15 446	15 446	15 446

表 10－7　"舍得"策略对网络地位提高的面板数据检验——滞后四期

变量		标准度数中心度	标准化点出度	标准化点入度	接近中心度	中间中心度
		(1)	(2)	(3)	(4)	(5)
滞后四期标准化点出度		0.2627***	0.1979***	0.1221***	2.3669*	0.9486***
		(0.028)	(0.017)	(0.014)	(1.369)	(0.118)
所有权性质		0.0745***	0.0426***	0.0321***	6.0363***	0.1841***
		(0.013)	(0.008)	(0.007)	(1.462)	(0.063)
投资经验	此次投资前创业投资总投资轮次	0.0029***	0.0028***	0.0018***	0.0502	0.0165***
		(0.001)	(0.000)	(0.000)	(0.044)	(0.004)
	距离创业投资第一次投资的时间	-0.0010	0.0004	0.0009	0.0339	0.0355
		(0.008)	(0.005)	(0.004)	(0.478)	(0.033)
投资风险	投资时创业企业平均年龄	0.0080	0.0012	0.0013	1.5646***	0.0060
		(0.010)	(0.006)	(0.005)	(0.491)	(0.042)
	投资时创业企业平均被投轮次	0.0006	-0.0070	-0.0021	-0.1017	-0.1273**
		(0.015)	(0.009)	(0.008)	(0.788)	(0.065)
	投资时创业企业平均被投阶段	-0.0221	0.0185	-0.0120	0.3214	0.1079
		(0.020)	(0.012)	(0.010)	(0.998)	(0.084)
行业竞争	年市场新募集创业投资资金量	-0.1133***	-0.0910***	-0.0603***	3.0072***	-0.1611**
		(0.016)	(0.010)	(0.008)	(0.822)	(0.067)
	年市场创业投资机构投资资金量	0.0077	0.0148	0.0078	-0.2519	0.0072
		(0.017)	(0.010)	(0.008)	(0.709)	(0.067)
市场机会	二级证券市场年平均市盈率	0.0026***	0.0020***	0.0013***	-0.2294***	-0.0014
		(0.001)	(0.000)	(0.000)	(0.030)	(0.003)
截距		0.6902***	0.4357***	0.3565***	13.0118**	1.0383**
		(0.117)	(0.070)	(0.059)	(5.762)	(0.482)
观察值		15 446	15 446	15 446	15 446	15 446

2. 加强网络联结、提升网络位置

创投机构应该加强和已有的合作伙伴之间的联系关系强度，同时建立更多的强联系关系。随着强关系数量增加到一定程度，过去占据较多的结构洞位置、网络地位高、特异性知识资源丰富对未来继续占据较多的结构洞位置的负向效应将被完全消除，创投机构过去占据结构洞位置的程度越高、网络地位越高、特异性知识资源越丰富，创投机构在未来更倾向于占据更多的结构洞位置，更多的结构洞位置可以带来信息优势和控制优势，而且由于强关系的信任机制，强关系有助于创投机构清晰认知、分辨出来自四面八方的信息中确实可信并且蕴含着潜在的投资机会的高质量信息，从而充分利用信息中的潜在机会转化为切实的收益，因此强关系有助于创投机构用较低的成本和更高的效率来挖掘、实现、赚取信息带来的潜在收益，从而提高创投机构的投资绩效。

在既有制度环境下，加强网络内部联结、提升网络位置对于制度环境相对落后的中西部创业投资机构尤为重要。中西部创投机构大多处于联合投资网络的边缘，加强与其他投资机构尤其是珠三角地区、长三角地区和京津冀地区投资机构的网络联结可以创造互惠，实现优势互补，从而规避正式制度带来的劣势以获得更高的投资绩效。

参考文献

[1] Abell P, Nisar T. Performance effects of venture capital networks [J]. Management Dicision, 2007, 45 (5): 923–936.

[2] Acs Z J, Anselin L, Varga A. Patents and innovation counts as measures of regional production of new knowledge [J]. Research Policy, 2002, 31 (7): 1069–1085.

[3] Afuah A. Are network effects really all about size? The role of structure and conduct [J]. Strategic Management Journal, 2013, 34 (3): 257–273.

[4] Ahlstrom D, Bruton G D. Venture capital in emerging economies: networks and institutional change [J]. Entrepreneurship Theory & Practice, 2010, 30 (2): 299–320.

[5] Alex M. Ties of survival: specialization, inter-firm ties, and firm failure in the U. S. venture capital industry [J]. Journal of Business Research, 2018, 86: 153–165.

[6] Alizadeh M, Cioffi-Revilla C, Crooks A. Generating and analyzing spatial social networks [J]. Computational & Mathematical Organization Theory, 2017, 23 (3): 362–390.

[7] Aparicio S, Urbano D, Audretsch D. Institutional factors, opportunity entrepreneurship and economic growth: panel data evidence [J]. Technological Forecasting & Social Change, 2016, 102: 45–61.

[8] Arregle J L, Miller T L, Hitt M A, et al. Do regions matter? An integrated institutional and semiglobalization perspective on the internationalization of MNEs [J]. Strategic Management Journal, 2013, 34 (8): 910–934.

[9] Atanasov V A, Ivanov V I, Litvak K. VCs and the expropriation of entrepreneurs [J]. Social Science Electronic Publishing, 2006.

[10] Audretsch D B, Link A N, Scott J T. Public/Private technology partnerships: evaluating SBIR-supported research [J]. Research Policy, 2002, 31 (1): 145–158.

[11] Aydin N, Sayim M, Yalama A. Foreign ownership and firm performance: evidence from turkey [J]. International Research Journal of Finance and Economics, 2007, 11: 103–111.

[12] Bai J H. On Regional innovation efficiency: evidence from panel data of China's different provinces [J]. Regional Studies, 2013, 47 (5): 773–788.

[13] Barkus J R, Hassan M K. Specialization versus diversification in venture capital Investing [J]. Journal of Financial Regulation, Compliance, 2009, 17 (2): 134–145.

[14] Baron R M, Kenny D A. The moderator-mediator variable distinction in social psychological research: conceptual, strategic, and statistical considerations [J]. Journal of Personality and Social Psychology, 1986, 51 (6): 1173–1182.

[15] Batjargal B, Liu M. Entrepreneurs' access to private equity in China: the role of social capital [J]. Organization Science, 2004, 15 (2): 159–172.

[16] Beaudry C, Schiffauerova A. Who's right, Marshall or Jacobs? The localization versus urbanization

debate [J]. Research Policy, 2009, 38 (2): 318 – 337.

[17] Bell R G, Filatotchev I, Rasheed A A. The liability of foreignness in capital markets: sources and remedies [J]. Journal of International Business Studies, 2012, 43 (2): 107 – 122.

[18] Benson D, Ziedonis R H. Corporate venture capital and the returns to acquiring portfolio companies [J]. Journal of Financial Economics, 2010, 98 (3): 478 – 499.

[19] Bernile G, Cumming D, Lyandres E. The size of venture capital and private equity fund portfolios [J]. Journal of Corporate Finance, 2007, 13 (4): 564 – 590.

[20] Birkinshaw J, Batenburg R, Murray G. Venturing to succeed [J]. Business Strategy Review, 2002, 13 (4): 10 – 17.

[21] Boase J, Wellman B. Personal relationships: on and off the internet [Z]. The Cambridge handbook of personal relationships. Cambridge University Press, 2006, 709 – 726.

[22] Brander J, Du Q, Hellmann T. The effects of government-sponsored venture capital: international evidence [J]. Review of Finance, 2015, 19: 571 – 618.

[23] Breusch T, Pagan A. The LM test and its applications to model specification in econometrics [J]. Review of Ecomomic Studies, 1980, 47: 239 – 254.

[24] Broekel T. Do cooperative research and development (R&D) subsidies stimulate regional innovation efficiency? Evidence from Germany [J]. Regional Studies, 2015, 49 (7): 1087 – 1110.

[25] Bruggeman J. Social networks [M]. Routledge, London, 2008.

[26] Burt R S, Minor M J. Applied network analysis: a methodological introduction [M]. Beverly Hills, CA: Sage Publication, 1983.

[27] Burt R S. Structural holes: the social structure of competition [M]. Cambridge, Mass: Harvard University Press, 1992.

[28] Burt R S. Structural holes and good ideas [J]. American Journal of Sociology, 2004, 110 (2): 349 – 399.

[29] Bygrave W D. Syndicated investments by venture capital firms: a networking perspective [J]. Journal of Business Venturing, 1987, 2 (2): 139 – 154.

[30] Bygrave W D. The structure of the investment networks of venture capital firms [J]. Journal of Business Venturing, 1988, 3 (2): 137 – 157.

[31] Carney M. The competitiveness of networked production: the role of trust and asset specificity [J]. Journal of Management Studies. 1998, 35 (4): 457 – 479.

[32] Carvalho A G, Calomiris C W, Matos J A. Venture capital as human resource management [J]. Journal of Economics and Business, 2008, 60 (3): 223 – 255.

[33] Castaldi C, Frenken K, Los B. Related variety, unrelated variety and technological breakthroughs: an analysis of US state-level patenting [J]. Regional Studies, 2015, 49 (5): 767 – 781.

[34] Castilla E J, Hwang H. The silicon valley edge: a habitat for innovation and entrepreneurship [J]. Social Networks in Silicon Valley, Chapter 11, Stanford University Press, 2000.

[35] Castilla E J. Networks of venture capital firms in Silicon Valley [J]. International Journal of Technology Management, 2003, 25 (1/2): 136 – 150.

[36] Chahine S, Wright M, Filatotchev I. Venture capitalists, business angels, and performance of entrepreneurial IPOs in the UK and France [J]. Journal of Business Finance and Accounting,

2007, 34 (3-4): 505-528.

[37] Checkley M S. Inadvertent systemic risk in financial networks: venture capital and institutional funds [J]. Long Range Planning, 2009, 42 (3): 341-358.

[38] Chen Y Y, Jaw Y L. How do business groups' small world networks effect diversification, innovation, and internationalization? [J]. Asia Pacific Journal of Management, 2014, 31 (4): 1019-1044.

[39] Clercq D, Dimov D. Internal knowledge development and external knowledge access in venture capital investment performance [J]. Journal of Management Studies, 2008, 45 (3): 585-612.

[40] Clercq D, Sapienza H J, Zaheer A. Firm and group influences on venture capital firms' involvement in new ventures [J]. Journal of Management Studies, 2008, 45 (7): 1169-1194.

[41] Collins R. Theoretical sociology [M]. New York: Harcourt Brace Jovanovich, 1988.

[42] Cornelli F, Goldreich D. Bookbuilding and strategic allocation [J]. Journal of Finance. 2001, 56: 2337-2369.

[43] Cote L. Mediation [J]. Journal of Consumer Psychology, 2001, 10 (1/2): 93-94.

[44] Cowan R, Jonard N. Network structure and the diffusion of knowledge [J]. Journal of Economic Dynamics & Control, 2004, 28 (8): 1557-1575.

[45] Crescenzi R, Rodríguez-Pose A. R&D, socio-economic conditions, and regional innovation in the US [J]. Growth & Change, 2013, 44 (2): 287-320.

[46] Crespo J, Suire R, Vicente J. Lock-in or lock-out? How structural properties of knowledge networks affect regional resilience [J]. Papers in Evolutionary Economic Geography, 2012, 14 (1): 199-219.

[47] Cumming D J, Grilli L, Murtinu S. Governmental and independent venture capital investments in Europe: a firm-level performance analysis [J]. Journal of Corporate Finance, 2017, 42: 439-459.

[48] Cumming D J, MacIntosh J G. A cross-country comparison of full and partial venture capital exits [J]. Journal of Banking, Finance, 2003, 27 (3): 511-548.

[49] Cumming D, Johan S. Venture capital investment duration [J]. Journal of Small Business Management, 2010, 48 (2): 228-257.

[50] Cumming D, Fleming G, Schwienbacher A. Legality and venture capital exits [J]. Journal of Corporate Finance, 2006, 12 (2): 214-245.

[51] Cumming D, Dai N. Local bias in venture capital investments [J]. Journal of Empirical Finance, 2010b, 17, 362-380.

[52] Davis G F, Yoo M, Baker W E. The small world of the American corporate elite, 1982-2001 [J]. Strategic Organization, 2003, 1 (3): 301-326.

[53] Dellarocas C. The digitization of word of mouth: promise and challenges of online feedback mechanisms [J]. Management Science, 2003, 49 (10): 1407-1424.

[54] Devigne D, Manigart S, Wright M. Escalation of commitment in venture capital decision making: differentiating between domestic and international investors [J]. Journal of Business Venturing, 2016, 31 (3): 253-271.

[55] Diestre L, Rajagopalan N. Are all "sharks" dangerous? New biotechnology ventures and partner

selection in R&D alliances [J]. Strategic Management Journal, 2012, 33 (10): 1115 – 1134.

[56] Dimov D, Shepherd D A, Sutcliffe K M. Requisite expertise, firm reputation, and status in venture capital investment allocation decisions [J]. Journal of Business Venturing, 2007, 22 (4): 481 – 502.

[57] Dunbar C G, Foerster S R. Second time lucky? Withdrawn IPOs that return to the market [J]. Journal of Financial Economics, 2008, 87 (3): 610 – 635.

[58] Echols A, Tsai W. Niche and performance: the moderating role of network embeddedness [J]. Strategic Management Journal, 2005, 26 (3): 219 – 238.

[59] Eden L, Miller S. Distance matters: liability of Foreignness, institutional distance and ownership strategy [J]. Advances in International Management, 2004, 16: 187 – 221.

[60] Everett M, Borgatti S P. Ego network betweenness [J]. Social Networks, 2005, 27 (1): 31 – 38.

[61] Ewens M. Venture capital returns, new firms and social networks [D]. San Diego: University of California, 2010.

[62] Ferrary M, Granovetter M. The role of venture capital firms in Silicon Valley's complex innovation network [J]. Economy, Society, 2009, 38 (2): 326 – 359.

[63] Fitza M, Matusik S F, Mosakowski E. Do VCs matter? The importance of owners on performance variance in start-up firms [J]. Strategic Management Journal, 2009, 30 (4): 387 – 404.

[64] Fleming L, King C, Juda A I. Small worlds and regional innovation [J]. Organization Science, 2007, 18 (6): 938 – 954.

[65] Florida R L, Kenney M. Venture capital-financed innovation and technological change in the USA [J]. Research Policy, 1988, 17 (3): 119 – 137.

[66] Francis B B, Hasan I, Sun X. Political connections and the process of going public: evidence from China [J]. Journal of International Money and Finance, 2009, 28 (4): 0 – 719.

[67] Freeman L C. The gatekeeper. Pair dependency and structrual centrality [J]. Quality and Quantity, 1980, 14: 585 – 592.

[68] Freeman L C. The sociological concept of group: an empirical test of two models [J]. American Journal of Sociology, 1992, 98: 152 – 166.

[69] Freeman L C. Centrality in social networks: conceptual clarification [J]. Social Networks, 1979, 1: 215 – 239.

[70] Fried V H, Hisrich R D. The venture capitalist: a relationship investor [J]. California Management Review, 1995, 37 (2): 101 – 113.

[71] Fuller D B. How law, politics and transnational networks affect technology entrepreneurship: explaining divergent venture capital investing strategies in China [J]. Asia Pacific Journal of Management, 2010, 27 (3): 445 – 459.

[72] Fund B R, Pollock T G, Baker T, et al. Who's the new kid? The process of developing centrality in venture capitalist deal networks [J]. Advances in Strategic Management, 2008, 25: 563 – 593.

[73] Ghosh A, Rosenkopf L. Small worlds in macro organizational behavior research: challenges and opportunities. Working Paper, 2012.

[74] Gkypali A, Kokkinos V, Bouras C, et al. Science parks and regional innovation performance in

[75] Gloor P A. Swarm creativity: Competitive advantage through collaborative innovation networks [J]. Innovation: Management, Policy & Practice, 2006, 8 (4): 407-408.

[76] Gnyawali D R, Madhavan R. Cooperative networks and competitive dynamics: a structural embeddedness perspective [J]. Academy of Management Review, 2001, 269 (3): 431-445.

[77] Gompers P, Lerner J. An analysis of compensation in the U.S. venture capital partnership [J]. Journal of Financial Economics, 1999, 51: 3-44.

[78] Gompers P, Lerner J. The use of covenants: an empirical analysis of venture partnership agreements [J]. Journal of law and Economics, 1996, 39 (2): 463-498.

[79] Gompers P, Lerner J. What drives venture capital Fund raising? [J]. Brookings Papers on Economic Activity: Microeconomics. 1998 (August): 149-192.

[80] Gompers P. Grandstanding in the venture capital industry [J]. Journal of Financial Economics, 1996, 42: 133-156.

[81] Gompers P. The rise and fall of venture capital [J]. Business and Economic History, 1994, 23: 1-26.

[82] Gorman M, Sahlman W A. What do venture capitalists do? [J]. Journal of Business Venturing, 1989, 4 (4): 231-248.

[83] Granovetter M S. The strength of weak ties [J]. American Journal of Sociology, 1973, 78 (6): 1360-1380.

[84] Granovetter M. Economic action and social structure: the problem of embeddedness [J]. American Journal of Sociology, 1985, 91 (3): 481-510.

[85] Griliches Z. R & D and the productivity slowdown [J]. American Economic Review, 1980, 70: 343-348.

[86] Gu W, Luo J D, Liu J. Exploring small-world network with an elite-clique: bringing embeddedness theory into the dynamic evolution of a venture capital network [J]. Social Networks, 2019, 57: 70-81.

[87] Gulati R. Network location and learning: the influence of network resources and firm capabilities on alliance formation [J]. Strategic Management Journal, 1999, 20: 397-420.

[88] Gulati R. Social structure and alliance formation patterns: a longitudinal analysis [J]. Administrative Science Quarterly, 1995, 40 (4): 619-652.

[89] Guler I, Guillèn M F. Home country networks and Foreign expansion: evidence from the venture capital industry [J]. Academy of Management Journal, 2010, 53 (2): 390-410.

[90] Guo D, Guo Y, Jiang K. Government-subsidized R&D and firm innovation: evidence from China [J]. Research Policy, 2016, 45 (6): 1129-1144.

[91] Guo D, Jiang K, Kim B Y, et al. The political economy of private firms in China [J]. Journal of Comparative Economics, 2014, 42 (2): 286-303.

[92] Guo D, Zhang L, Liu M. Equity venture capital platform model based on complex network [C]. International Conference on Computer-aided Design, 2018.

[93] Gupta A K, Sapienza H J. Determinants of venture capital firms' preferences regarding the industry diversity and geographic scope of their investments [J]. Journal of Business Venturing, 1992, 7

(5): 347-362.
[94] Hall P. Creative cities and economic development [J]. Urban Studies, 2000, 37 (4): 639-649.
[95] Hallen B L. The purchase of embeddedness: can venture capital firms buy network embeddedness? [R]. Academy of Management Annual Meeting Proceedings, 2009: 1-6.
[96] Harary F. Gragh theory [M]. MA: Addison-Wesley, 1969.
[97] Hargadon A. How breakthroughs happen: the surprising truth about how companies innovate [J]. Technology and Culture, 2004, 45 (2): 464-465.
[98] Harvey A C. The economic analysis of time series [M]. New York: Wiley, 1981.
[99] Hauser C, Siller M, Schatzer T, et al. Measuring regional innovation: a critical inspection of the ability of single indicators to shape technological change [J]. Technological Forecasting & Social Change, 2018, 129: 43-55.
[100] Hausman J A. Specification tests in econometrics [J]. Econometrica, 1978, 46: 1251-1271.
[101] Hellmann T, Lindsey L, Puri M. Building relationships early: banks in venture capital [J]. Review of Financial Studies, 2008, 21 (2): 513-541.
[102] Hellmann T, Puri M. Venture capital and the professionalization of start-up firms: empirical evidence [J]. Journal of Finance, 2002, 57 (1): 169-197.
[103] Hochberg Y V, Lindsey L A, Westerfield M M. Resource accumulation through economic ties: evidence from venture capital [J]. Journal of Financial Economics, 2011, 118 (2): 245-267.
[104] Hochberg Y V, Ljungqvist A, Lu Y. Networking as a barrier to entry and the competitive supply of venture capital [J]. The Journal of Finance, 2010, 65 (3): 829-859.
[105] Hochberg Y V, Ljungqvist A, Lu Y. Whom you know matters: venture capital networks and investment performance [J]. The Journal of Finance, 2007, 62 (1): 251-301.
[106] Hopp C. Are firms reluctant to engage in inter-organizational exchange relationships with competitors? [J]. Economics Letters, 2008, 100 (3): 348-350.
[107] Hopp C. The evolution of inter-organizational networks in venture capital financing [J]. Applied Financial Economics, 2010a, 20 (22): 1725-1739.
[108] Hopp C. When do venture capitalists collaborate? Evidence on the driving forces of venture capital syndication [J]. Small Business Economics, 2010b, 35 (4): 417-431.
[109] Jaffe A B, Lerner J. Innovation and its discontents [M]. Princeton: Princeton University Press, 2004.
[110] Johanson J, Mattsson L G. Interorganizational relations in industrial systems: a network approach compared with the transation cost approach [J]. International Studies of Management and Organization, 1987, 7 (1): 34-48.
[111] Jones C M, Rhodes-Kropf M. The price of diversifiable risk in venture capital and private equity [R]. Working paper, Columbia University, 2003.
[112] Kaplan S N, Schoar A. Private equity returns: persistence and capital flows [J]. Journal of Finance, 2005, 60: 1791-1823.
[113] Kaplan S N, Sreomberg P. Characteristics, contracts and actions: evidence from venture capital analyses [J]. Journal of Finance, 2004, 59: 2177-2210.

[114] Keil T, Maula M V, Wilson C. Unique resources of corporate venture capitalists as a key to entry into rigid venture capital syndication networks. Entrepreneurship theory and practice [J]. 2010, 34 (1): 83–102.

[115] Kogut B, Walker G. The small-world of german corporate networks in the global economy [J]. American Sociological Review, 2001, 66 (3): 317–335.

[116] Kortum S, Lerner J. Assessing the contribution of venture capital to innovation [J]. Rand Journal of Economics, 2000, 31 (4): 674–692.

[117] Kusharsanto Z S, Pradita L. The important role of science and technology park towards Indonesia as a highly competitive and innovative nation [J]. Procedia-Social and Behavioral Sciences, 2016, 227: 545–552.

[118] Lantz J S, Sahut J M, Teulon F. What is the real role of corporate venture capital? [J]. International Journal of Business, 2011, 16 (4): 368–382.

[119] Large D, Muegge S. Venture capitalists' non-financial value-added: an evaluation of the evidence and implications for research [J]. Venture Capital, 2008, 10 (1): 20–53.

[120] Lerner J. Venture Capital special issue: the syndication of venture capital investments [J]. Financial Management, 1994, 23 (3): 16–27.

[121] Lerner J. Venture capitalists and the decision to go public [J]. Journal of Financial Economics, 1994, 35 (3): 293–316.

[122] Lichtenthaler U, Ernst H. Attitudes to externally organising knowledge management tasks: a review, reconsideration and extension of the NIH syndrome [J]. R & D Management, 2006, 36 (4): 367–386.

[123] Luo Y, Shenkar O. Toward a perspective of cultural friction in international business [J]. Journal of International Management, 2011, 17 (1): 1–14.

[124] MacLean M, Mitra D, Wielemaker M. Less-versus well-developed venture capital networks: the venture capital acquisition process in New Brunswick [J]. Journal of Small Business and Entrepreneurship, 2010, 23 (4): 527–542.

[125] Madsen P M, Desai V. Failing to learn? The effects of failure and success on organizational learning in the global orbital launch vehicle industry [J]. Academy of Management Journal, 2010, 53 (3): 451–476.

[126] Maietta O W. Determinants of university-firm R&D collaboration and its impact on innovation: a perspective from a low-tech industry [J]. Research Policy, 2015, 44 (7): 1341–1359.

[127] Marsden P V. Brokerage behaviour in restricted exchange networks [M]. Beverly Hills, CA: Sage Publications, 1982.

[128] Maula M, Autio E, Murray G. Corporate venture capitalists and independent venture capitalists: what do they know, who do they know, and should entrepreneurs care? [J]. Venture Capital, 2005, 7 (1): 3–21.

[129] Meuleman M, Mitra D, Wielemaker M. Private equity syndication: agency costs reputation and collaboration [J]. Journal of Business Finance, Accounting, 2009, 36 (5/6): 616–644.

[130] Mia R, Torben P, Nicolai J F. Why a central network position isn't enough [J]. Academy of Management Journal, 2011, 54 (6): 1277–1297.

[131] Miguelez E, Moreno R. Relatedness, external linkages and regional innovation in Europe [J]. Regional Studies, 2018, 52: 1-14.

[132] Mudambi R. Location, control and innovation in knowledge-intensive industries [J]. Journal of Economic Geography, 2008, 8 (5): 699-725.

[133] Nahata R. Venture capital reputation and investment performance [J]. Journal of Financial Economics, 2008, 90 (2): 127-151.

[134] Neal Z. Is the urban world small? The evidence for small world structure in urban networks [J]. Networks & Spatial Economics, 2018: 1-17.

[135] Neal Z. Making big communities small: using network science to understand the ecological and behavioral requirements for community social capital [J]. American Journal of Community Psychology, 2015, 55 (3-4): 369-380.

[136] Newman M E. The structure of scientific collaboration networks [J]. Proceedings of the National Academy of Sciences of the United States of America, 2001, 98 (2): 404-409.

[137] Nieminen V. On centrality in a graph [J]. Scandinavian Journal of Psychology, 1974, 15 (1): 332-336.

[138] Noni I, Orsi L, Belussi F. The role of collaborative networks in supporting the innovation performances of lagging-behind European regions [J]. Research Policy, 2018, 47 (1): 1-13.

[139] North D C. Institutional change and economic growth [J]. Journal of Economic History, 1971, 31 (1): 118-125.

[140] North D C. Institutions, institucional change and economic performance [M]. Cambridge University Press, 1990.

[141] North D C. The contribution of the new institutional economics to an understanding of the transition problem [M]. Wider Perspectives on Global Development, 2005.

[142] Parnell, M. F. Chinese business guanxi: an organization or non-organization? [J]. Journal of Organisational Transformation and Social Change, 2005, 2 (1): 29-47.

[143] Podolny J M. Networks as the pipes and prisms of the market [J]. American Journal of Sociology, 2001, 107 (1): 33-60.

[144] Polidoro F, Ahuja G, Mitchell W. When the social structure overshadows competitive incentive: The effects of network embeddness on joint venture dissolution [J]. Academy of Management Journal, 2011, 54 (1): 203-223.

[145] Prato G D, Nepelski D. Global technological collaboration network: network analysis of international co-inventions [J]. MPRA Paper, 2014, 39 (3): 358-375.

[146] Reagans R, Mcevily B. Network structure and knowledge transfer: the effects of cohesion and range [J]. Administrative Science Quarterly, 2003, 48 (3): 554-554.

[147] Ritter T, Gemunden H G. Network competence: its impact on innovation success and its antecedents [J]. Journal of Business Research, 2003, 56: 745-755.

[148] Ritter T, Wilkinson L F, Wesley, et al. Measuring network competence: some international evidence [J]. Journal of Business, Industrial Marketing, 2002, 17 (3): 119-138.

[149] Rodrik D, Subramanian A, Trebbi F. Institutions rule: the primacy of institutions over geography and integration in economic development [J]. Journal of Economic Growth, 2004, 9 (2): 131-

165.

[150] Rosenkopf L, Nerkar A. Beyond local search: boundary-spanning, exploration and impact in the optical disk industry [J]. Strategic Management Journal, 2001, 22: 287 – 306.

[151] Sahlman W A. The structure and governance of venture-capital organizations [J]. Journal of Financial Economics, 1990, 27 (2): 473 – 521.

[152] Salancik G, Pfeffer J, Kely J. A Contingency model of influence in organizational decision-making [J]. Pacific Sociological Review, 1978, 21 (2): 239 – 256.

[153] Sampson G F. Private equity as an asset class [M]. John Wiley & Sons, 2007.

[154] Schilling M A, Phelps C C. Interfirm collaboration networks: the impact of large-scale network structure on firm innovation [J]. Management Science, 2007, 53 (7): 1113 – 1126.

[155] Seasholes M S, Zhu N. Individual investors and local bias [J]. The Journal of Finance, 2010, 65 (5): 1987 – 2010.

[156] Seidman S B. Network structure and minimum degree [J]. Social Network, 1983, 5: 269 – 287.

[157] Shepherd D A. Venture capitalists' assessment of new venture survival [J]. Management Science, 1999, 45 (5): 621 – 632.

[158] Sheremata W A. Competing through innovation in network markets: strategies for challengers [J]. Academy of Management Review, 2004, 29 (3): 359 – 377.

[159] Shi Y, Guan J C. Small-world network effects on innovation: evidences from nanotechnology patenting [J]. Journal of Nanoparticle Research, 2016, 18 (11): 329.

[160] Shipilov A V, Li S X. The prince and the pauper: search and brokage in the initiation of status-heterophilous ties [J]. Organization Science, 2010, 22 (6): 1418 – 1434.

[161] Sleuwaegen L, Boiardi P. Creativity and regional innovation: evidence from EU regions [J]. Research Policy, 2014, 43 (9): 1508 – 1522.

[162] Smith D A, Lohrke F T. Entrepreneurial network development: trusting in the process [J]. Journal of Business Research, 2008, 61 (4): 1 – 322.

[163] Soh P H. Network patterns and competitive advantage before the emergence of dominant design [J]. Strategic Management Journal, 2010, 31 (4): 438 – 461.

[164] Sorenson O, Stuart T E. Bringing the context back in: settings and the search for syndicate partners in venture capital investment networks [J]. Administrative Science Quarterly, 2008, 53 (2): 266 – 294.

[165] Sorenson O, Stuart T E. Syndication networks and the spatial distrbution of venture capital investments [J]. American Journal of Sociology, 2001, 106 (6): 1546 – 1588.

[166] Strauss A. Health policy and chronic illness [J]. Society, 1987, 25 (1): 33 – 39.

[167] Suarez F F. Network effects revisited: the role of strong ties in technology selection. [J]. Academy of Management Journal, 2005, 48 (4): 710 – 720.

[168] Sullivan B N, Tang Y, Marquis C. Persistently learning: how small-world network imprints affect subsequent firm learning [J]. Strategic Organization, 2014, 12 (3): 180 – 199.

[169] Teece D J. Profiting from technological innovation: implications for integration, collaboration, licensing and public policy [J]. Research Policy, 1986, 15: 285 – 305.

[170] Telesford Q K, Joyce K E, Hayasaka S, et al. The ubiquity of small-world networks [J]. Brain

Connectivity, 2011, 1 (5): 367.

[171] Teten D, Farmer C. Where are the deals? Private equity and venture capital funds' best practices in sourcing new investments [J]. The Journal of Private Equity, 2010, 14 (1): 32-52.

[172] Tortoriello M, Reagans R, Mcevily B. Bridging the knowledge gap: the influence of strong ties, network cohesion, and network range on the transfer of knowledge between organizational units [J]. Organization Science, 2012, 23 (4): 1024-1039.

[173] Uzzi B, Spiro J. Collaboration and creativity: the small world problem [J]. American Journal of Sociology, 2005, 111 (2): 447-504.

[174] Uzzi B. Social structure and competition in interfirm networks: the paradox of embeddness [J]. Administrative Science Quarterly, 1997, 42 (1): 35-67.

[175] Varga A, Sebestyén T. Does EU framework program participation affect regional innovation? The differentiating role of economic development [J]. International Regional Science Review, 2017, 40 (4): 405-439.

[176] Wasserman S, Faust K. Social network analysis: methods and applications [M]. Cambridge University Press, 1994.

[177] Watkins A. The venture capital perspective on collaboration with large corporations/MNEs in London and the south east: pursuing extra-regional knowledge and the shaping of regional venture capital networks? [J]. Review of Policy Research, 2010, 27 (4): 491-507.

[178] Watts D J, Strogatz S H. Collective dynamics of "small-world" networks [J]. Nature, 1998, 393: 440-442.

[179] Watts D J. Networks, dynamics, and the small-world phenomenon [J]. American Journal of Sociology, 1999, 105 (2): 1-10.

[180] Weber C, Weber B. Exploring the antecedents of social liabilities in CVC triads – a dynamic social network perspective [J]. Journal of business venturing, 2011, 26 (2): 255-272.

[181] Weber C. Corporate venture capitalists with a bird's-eye view – a dynamic social network perspective [J]. Schmalenbach Business Review (SBR), 2009, 61 (2): 195-224.

[182] Wright M. Venture capital and private equity: a review and synthesis [J]. Journal of Business Finance & Accounting, 1998, 25 (5&6): 50-68.

[183] Wu Y B. R&D stock, knowledge function and productive efficiency [J]. China Economic Quarterly, 2006: 1129-1156.

[184] Zhang G, Guan J, Liu X. The impact of small world on patent productivity in China [J]. Scientometrics, 2014, 98 (2): 945-960.

[185] Zhang J, Wong P K. A contingent model of network utilization in early financing of technology ventures [J]. Entrepreneurship Theory and Practice, 2008, 32 (4): 593-613.

[186] Baltagi B H. 面板数据计量经济分析 [M]. 北京: 机械工业出版社, 2011.

[187] Brut R S. 结构洞: 竞争的社会结构 [M]. 任敏, 李璐, 林虹, 译. 上海: 格致出版社, 上海人民出版社, 2008.

[188] Freeman L C. 社会网络分析发展史 [M]. 张文宏, 刘军, 王卫东, 译. 北京: 中国人民大学出版社, 2008.

[189] Gujarati D N. 经济计量学精要 [M]. 3版. 张涛, 译. 北京: 机械工业出版社, 2007.

[190] Hamilton L. 应用 STATA 做统计分析 [M]. 郭志刚, 译. 重庆: 重庆大学出版社, 2011.

[191] Iacobucci D. 中介作用分析 [M]. 李骏, 译. 上海: 格致出版社, 上海人民出版社, 2012.

[192] Scott J. 社会网络分析法 [M]. 刘军, 译. 重庆: 重庆大学出版社, 2007.

[193] 彼得·德鲁克. 创新与创业精神 [M]. 北京: 机械工业出版社, 2012.

[194] 边燕杰. 找回强关系: 中国的间接关系、网络桥梁和求职 [J]. 国外社会学, 1998 (2): 50-65.

[195] 蔡宁, 何星. 社会网络能够促进风险投资的"增值"作用吗: 基于风险投资网络与上市公司投资效率的研究 [J]. 金融研究, 2015 (12): 178-193.

[196] 陈昌智. 2015—2016 中国风险投资年鉴 [M]. 北京: 民主与建设出版社, 2017.

[197] 陈思, 何文龙, 张然. 风险投资与企业创新: 影响和潜在机制 [J]. 管理世界, 2017 (1): 158-169.

[198] 陈晓萍, 徐淑英, 樊景立, 等. 组织与管理研究的实证方法 [M]. 北京: 北京大学出版社, 2008.

[199] 成思危. 积极稳妥地推进我国的创业投资事业 [J]. 管理世界. 1999 (1): 2-7.

[200] 成思危. 2003 中国风险投资年鉴 [M]. 北京: 民主与建设出版社, 2003.

[201] 成思危. 2004 中国风险投资年鉴 [M]. 北京: 民主与建设出版社, 2004.

[202] 成思危. 2005 中国风险投资年鉴 [M]. 北京: 民主与建设出版社, 2005.

[203] 成思危. 2006 中国风险投资年鉴 [M]. 北京: 民主与建设出版社, 2006.

[204] 成思危. 2007 中国风险投资年鉴 [M]. 北京: 民主与建设出版社, 2007.

[205] 成思危. 2008 中国风险投资年鉴 [M]. 北京: 民主与建设出版社, 2008.

[206] 成思危. 2009 中国风险投资年鉴 [M]. 北京: 民主与建设出版社, 2009.

[207] 成思危. 2010 中国风险投资年鉴 [M]. 北京: 民主与建设出版社, 2010.

[208] 成思危. 2011 中国风险投资年鉴 [M]. 北京: 民主与建设出版社, 2011.

[209] 寸晓宏, 卢启程. 风险投资对区域创新系统的作用机理研究: 基于复杂网络理论视角 [J]. 经济学动态, 2014 (9): 79-87.

[210] 党兴华, 董建卫, 吴红超. 风险投资机构的网络位置与成功退出: 来自中国风险投资业的经验证据 [J]. 南开管理评论, 2011, 14 (2): 82-91.

[211] 党兴华, 董建卫, 杨敏利. 风险投资机构网络位置影响成功退出的机理 [J]. 科研管理, 2012, 33 (10): 129-137.

[212] 道恩·亚科布齐. 中介作用分析 [M]. 李骏, 译. 上海: 格致出版社, 上海人民出版社, 2012.

[213] 弗兰克·K. 赖利, 基思·C. 布朗. 投资分析与组合管理 [M]. 陈跃, 彭作刚, 王宏静, 译. 北京: 中信出版社, 2004.

[214] 付雷鸣, 万迪昉, 张雅慧. VC 是更积极的投资者吗: 来自创业板上市公司创新投入的证据 [J]. 金融研究, 2012 (10): 125-138.

[215] 关华, 潘明星. 我国股息重复征税及其减除 [J]. 管理世界, 2011 (5).

[216] 郝明金. 2017 中国风险投资年鉴 [M]. 北京: 中国发展出版社, 2018.

[217] 何建洪, 马凌. 政府引导基金下创业投资经理人与风险企业的合谋分析 [J]. 科技管理研究, 2008, 28 (9): 185-187.

[218] 胡海峰, 王佳. 美国创业投资若干经验分析 [J]. 管理世界, 2005, 10: 164-165.

[219] 黄福广,彭涛,田利辉. 风险资本对创业企业投资行为的影响 [J]. 金融研究, 2013 (8): 180-192.

[220] 李军,王玉荣. 制度学习、网络中心性和市场进入:跨国风险资本在华投资的实证研究 [J]. 国际贸易问题, 2013 (1): 131-145.

[221] 李玲. 技术创新网络中企业间依赖、企业开放度对合作绩效的影响 [J]. 南开管理评论, 2011, 14 (4): 16-24.

[222] 李严,庄新田,罗国锋,等. 风险投资策略与投资绩效:基于中国风险投资机构的实证研究 [J]. 投资研究, 2012, 31 (11): 88-100.

[223] 李扬,殷剑峰. 劳动力转移过程中的高储蓄、高投资和中国经济增长 [J]. 经济研究, 2005 (2): 4-15.

[224] 厉以宁. 中国创业投资业发展沿革、现状与问题 [J]. 中国创业投资与高科技, 2004 (7): 17-19.

[225] 林毅夫,刘明兴,章奇. 政策性负担与企业的预算软约束:来自中国的实证研究 [J]. 管理世界, 2004 (8): 81-89.

[226] 刘健钧. 促进创业投资企业发展的税收政策解读 [M] // 2008 中国创业投资年鉴, 北京:民主与建设出版社, 2008.

[227] 刘健钧. 认识中国的创业投资:历史、现状与问题 [M] // 2011 中国创业投资年鉴, 北京:民主与建设出版社, 2011.

[228] 刘健钧. 正确认识创业资本 努力推进创业投资体制建设 [J]. 管理世界, 1999 (4): 98-103.

[229] 刘军. 社会网络分析导论 [M]. 北京:社会科学文献出版社, 2004.

[230] 刘军. 整体网分析讲义:UCINET 软件实用指南 [M]. 上海:格致出版社, 上海人民出版社, 2009.

[231] 刘曼红. "创业投资"概念的界定 [M] // 2004 中国创业投资年鉴, 北京:民主与建设出版社, 2004.

[232] 刘幼迟. 弱关系优势的分析逻辑:绝对论与相对论的比较 [J]. 社会发展研究, 2018, 5 (04): 154-172, 245.

[233] 罗党论,唐清泉. 中国民营上市公司制度环境与绩效问题研究 [J]. 经济研究, 2009 (2): 106-118.

[234] 罗吉,党兴华,王育晓. 网络位置、网络能力与风险投资机构投资绩效:一个交互效应模型 [J]. 管理评论, 2016, 28 (9): 83-97.

[235] 罗吉,党兴华. 我国风险投资网络社群:结构识别与投资绩效 [J]. 系统工程, 2017, 35 (6): 65-73.

[236] 罗吉,党兴华. 我国风险投资网络社群识别、群间差异与投资绩效研究 [J]. 管理评论, 2017, 29 (9): 48-58.

[237] 罗家德. 社会网分析讲义 [M]. 北京:社会科学文献出版社, 2010.

[238] 罗纳德·伯特. 结构洞 [M]. 任敏,李璐,林虹,译. 上海:上海人民出版社, 2008.

[239] 吕萍. 企业所有权、内外部知识网络选择和创新绩效:基于中国 ICT 产业的实证研究 [J]. 科学学研究, 2012, 30 (9): 1428-1439.

[240] 倪正东,孙力强. 中国创业投资退出回报及其影响因素研究 [J]. 中国软科学, 2008 (4):

48-56.

[241] 戚湧, 陈尚. 创业投资网络位置属性对企业创新绩效的影响 [J]. 中国科技论坛, 2016 (7): 86-91.

[242] 钱苹, 张帏. 我国创业投资的回报率及其影响因素 [J]. 经济研究, 2007 (5): 78-90.

[243] 秦军, 殷群. 孵化器与风险投资融合模式研究 [J]. 科学学与科学技术管理, 2009, 5: 105-110.

[244] 石琳, 党兴华, 韩瑾, 等. 风险投资网络结构嵌入对投资绩效只有促进作用吗: 来自我国风险投资业的经验证据 [J]. 科技管理研究, 2016, 36 (17): 216-223.

[245] 石琳, 党兴华, 韩瑾. 风险投资机构网络中心性、知识专业化与投资绩效 [J]. 科技进步与对策, 2016, 33 (14): 136-141.

[246] 孙淑伟, 俞春玲. 社会关系网络与风险投资的退出业绩: 基于效率与效益视角的双重考察 [J]. 外国经济与管理, 2018, 40 (1): 107-123.

[247] 谈毅, 徐研. 创业投资机构介入、声誉信号与创新网络的动态演化 [J]. 研究与发展管理, 2017, 29 (1): 32-41.

[248] 王兰芳, 胡悦. 创业投资促进了创新绩效吗: 基于中国企业面板数据的实证检验 [J]. 金融研究, 2017 (1): 177-190.

[249] 王永健, 谢卫红, 王田绘, 等. 强弱关系与突破式创新关系研究: 吸收能力的中介作用和环境动态性的调节效应 [J]. 管理评论, 2016, 28 (10): 111-122.

[250] 王永钦, 杜巨澜, 王凯. 中国对外直接投资区位选择的决定因素: 制度、税负和资源禀赋 [J]. 经济研究, 2014 (12).

[251] 温军, 冯根福. 风险投资与企业创新: "增值"与"攫取"的权衡视角 [J]. 经济研究, 2018, 53 (2): 185-199.

[252] 伍晶, 张建, 聂富强. 网络嵌入性对联合风险投资信息优势的影响 [J]. 科研管理, 2016, 37 (4): 143-151.

[253] 许德音. 中国企业有本土优势吗? [N]. 经济观察报, 2002-06-24 (C4).

[254] 严子淳, 刘刚, 梁晗. 风险投资人社会网络中心性对新三板企业创新绩效的影响研究 [J]. 管理学报, 2018, 15 (4): 523-529.

[255] 杨再平, 白瑞明, 张亮, 等. 探索商业银行投贷联动新模式: 英国"中小企业成长基金"启示与借鉴 [J]. 中国银行业, 2015 (7): 18-30.

[256] 姚铮, 顾慧莹. 创始人社会资本结构特征对科技型创业企业风险投资可得性的影响 [J]. 浙江大学学报 (人文社会科学版), 2019, 49 (1): 195-213.

[257] 姚铮, 王笑雨, 程越楷. 风险投资契约条款设置动因及其作用机理研究 [J]. 管理世界, 2011 (2): 127-141.

[258] 余明桂, 潘红波. 政治关系、制度环境与民营企业银行贷款 [J]. 管理世界, 2008 (8): 9-21.

[259] 余琰, 罗炜, 李怡宗, 等. 国有风险投资的投资行为和投资成效 [J]. 经济研究, 2014 (2): 32-46.

[260] 袁方. 社会研究方法教程 [M]. 北京: 北京大学出版社, 1997.

[261] 张东生, 刘健钧. 创业投资基金运作机制的制度经济学分析 [J]. 经济研究, 2000 (4): 35-40.

[262] 张光曦. 如何在联盟组合中管理地位与结构洞：MOA 模型的视角［J］. 管理世界，2013（11）：89 - 100，129.

[263] 张华，张向前. 个体是如何占据结构洞位置的：嵌入在网络结构和内容中的约束与激励［J］. 管理评论，2014，26（5）：89 - 98.

[264] 张景安，洪磊. 2018 中国风险投资年鉴［M］. 北京：中国发展出版社，2019.

[265] 张世坤. 保税区向自由贸易区转型中建立离岸金融市场的研究：以大连保税区为例［J］. 管理世界，2004（12）：127 - 128.

[266] 曾鑫，赵黎明."科技企业孵化器、风险投资、创业企业"三方合作网络研究［J］. 中国科技论坛，2011，8：62 - 67.

[267] 张新立，杨德礼. 国外创业投资"红筹上市"运作模式的利弊探析［J］. 国际技术经济研究，2007，4：40 - 43.

[268] 张新立，杨德礼. 国外创业资本参与我国创业投资的相关问题研究［J］. 科学学研究，2006，24（1）：74 - 78.

[269] 赵武，李晓华，朱明宣，等. 风险投资、研发投入对技术创新产出的差异化影响研究［J］. 科技管理研究，2015（7）：1 - 5.

[270] 周伶，山峻，张津. 联合投资网络位置对投资绩效的影响：来自风险投资的实证研究［J］. 管理评论，2014，26（12）：160 - 169，181.

[271] 周业安. 中国制度变迁的演进论解释［J］. 经济研究，2000（5）：3 - 11.

[272] 周育红，宋光辉. 创业投资网络研究现状评介与未来展望［J］. 外国经济与管理，2012（6）：17 - 24，56.

[273] 周育红，宋光辉. 中国创业投资网络的动态演进实证［J］. 系统工程理论与实践，2014，34（11）：2748 - 2759.